ERFOLG
DURCH
QUALITÄT

Heinz Waldmüller

DER GROSSE
SCHNÄPPCHEN
führer
FABRIKVERKAUF

BAYERN

250 starke Marken in 1 Band

Einkaufsgutscheine
im Wert von 100

Schnäppchenführer–Verlag
via GeoCenter

Dieses Werk einschließlich aller seiner Teile ist urheberrechtlich geschützt. Jede Verwertung außerhalb der engen Grenzen des Urheberrechtsgesetzes ist ohne Zustimmung des Verlages unzulässig und strafbar. Das gilt insbesondere für Vervielfältigungen, Übersetzungen, Mikroverfilmungen und die Einspeicherung und Verarbeitung in elektronischen Systemen.

Die Daten und Fakten für diesen Schnäppchenführer wurden nach bestem Wissen erarbeitet und geprüft. Da diese Daten jedoch ständigen Veränderungen unterliegen, kann für deren Richtigkeit keine Garantie übernommen werden.

© 2005 Schnäppchenführer-Verlag GmbH
Postfach 44 29
70782 Filderstadt
Fax: 07 11/77 72 06
E-Mail: info@schnaeppchenfuehrer-verlag.de
www.schnaeppchenfuehrer.com

Herausgeber und Autor: Heinz Waldmüller
Redaktion, Produktionskoordination:
Beatrice Weber, Parkstrasse 62
Kartografie: Jens Ewers, Geokarta
Satz: Frank Weber, Typo·Grafik·DTP

ISBN: 3-936161-19-4

Liebe Leserin, lieber Leser!

Dieses Buch ist seit mehr als zehn Jahren der bekannteste und beliebteste Einkaufsführer in Bayern. Der einfache Grund: sein enorm hoher Nutzwert!

„Der große Schnäppchenführer Bayern" bringt Ihnen aber jetzt noch deutlich mehr Vorteile. Deshalb wird er noch mehr Sympathiepunkte sammeln als bisher. Zuverlässig wie eh und je, informiert er, wo Levi's-Jeans, Adidas-Laufschuhe, Triumph-Nachtwäsche, Strenesse-Kostüme und Rosenthal-Service zum halben Preis über den Ladentisch gehen. Er wurde aktualisiert und erweitert und bietet viele neue Fabrikverkäufe mit starken Marken, die für Sie, unsere Leser, höchst attraktiv sein werden.

Was neu und einmalig ist: Dieses Buch ist der erste Schnäppchenführer für Bayern mit Einkaufsgutscheinen! Ihr Gesamtwert beläuft sich auf 1000,-€. Damit wird dieser Schnäppchenführer für Sie noch wertvoller. Es springt noch mehr für Sie heraus, wenn Sie in den Fabrikläden einkaufen. Denn Sie erhalten beispielsweise im Adidas-Fabrikverkauf in Herzogenaurach ein Paar Adidas-Sportschuhe 30 bis 50 % günstiger als im Sportgeschäft. Zusätzlich bekommen Sie mit dem Einkaufsgutschein, der hinten im Buch abgedruckt ist, einen Nachlass von weiteren 10,-€. Sie haben also doppelt gespart!

„Der große Schnäppchenführer Bayern" bringt doppelten Nutzen:
1. Er verrät Ihnen jetzt über 250 Fabrikverkäufe mit starken Marken in ganz Bayern nach dem Motto: 100 % Marke, 50 % Preis.
2. Er bietet Ihnen Einkaufsgutscheine im Wert von 1000,-€ an, die Sie in den gekennzeichneten Outlets einlösen können.

Also, kaufen Sie von jetzt an immer mit Buch ein, mit Ihrem Einkaufsratgeber „Der große Schnäppchenführer Bayern".

Dieses Buch soll Ihnen dabei helfen, beste Qualität zum günstigsten Preis einzukaufen und das ganz in Ihrer Nähe, sozusagen vor der Haustür. Starten Sie Ihre Schnäppchentour mit Buch und Einkaufsgutscheinen.

Wir wünschen Ihnen erfolgreiche Einkäufe und freuen uns, wenn Sie das Buch weiter empfehlen.

Ihr
Heinz Waldmüller
Herausgeber und Erfinder der Buchreihe Schnäppchenführer

Schnäppchenführer- Programm

Im Programm des Schnäppchenführer-Verlages sind folgende Titel erhältlich:

Schnäppchenführer Deutschland 2006
Die besten Marken
Mit Einkaufsgutscheinen im Wert von 1000 €
ISBN: 3-936161-08-9
(ab September 2005)

Der große Schnäppchenführer Norddeutschland
Jetzt mit Einkaufsgutscheinen
ISBN: 3-936161-55-0

Der große Schnäppchenführer NRW
Jetzt mit Einkaufsgutscheinen
ISBN: 3-936161-29-1

Der große Schnäppchenführer Baden-Württemberg
Mit Einkaufsgutscheinen im Wert von 1000 €
ISBN: 3-936161-13-5

Der große Schnäppchenführer Norditalien
mit Südtirol, Gardasee, Toskana und Rom
ISBN: 3-936161-35-6

Es gibt die Schnäppchenführer überall, wo es Bücher gibt
oder unter www.schnaeppchenfuehrer.com.

Inhalt

Inhaltsverzeichnis alphabetisch nach Orten

Pressestimmen

„**Zeitgemäße Antworten...** liefert Heinz Waldmüller. Leitz-Ordnerweise hortet er Anwaltspost, Unterlassungserklärungen, Ermahnungen, Drohungen mit Vertragsstrafen. Der Einzelhandel hatte ihm den Krieg erklärt. Seine „Schnäppchenführer" sind die bekanntesten Einkaufsratgeber im deutschen Sprachraum. Gesamtauflage: über zwei Millionen."
stern

„Heinz Waldmüller, Deutschlands Schnäppchen-Papst, weiß stets, wo's billig zugeht. Seine Tipps im Taschenbuchformat: Gesamtauflage über 2 Millionen Exemplare."
„Die ZDF-Reportage"

„**'Das Buch ist eine Sauerei!'** wetterte der deutsche Textileinzelhandel über den Schnäppchenführer. Inzwischen ist er längst zum Bestseller geworden. Er verrät nämlich, wo man direkt ab Fabrik einkaufen kann."
„Heinz Waldmüller ist vom Fuß bis zum Scheitel eine Provokation. Er hatte Dinge getan, die ehrbare Ladeninhaber für unfassbar halten. Nichts an ihm, aber überhaupt gar nichts stammt aus dem Einzelhandel, und auch alles in seinem Kleiderschrank ist in der Fabrik gekauft. Das Schlimme daran, er hat – so die Einzelhandelsverbände – mit seinem unglückseligen Schnäppchenführer andere Kaufwütige erst auf die Idee gebracht, es ihm nachzumachen."
ZDF

„...Ein Schnäppchenführer zu Sonderangeboten ab Fabrik wurde zum Bestseller."
DER SPIEGEL

„Darauf haben alle gewartet: die neuen ‚Schnäppchenführer' für den preiswerten Einkauf direkt ab Fabrik sind da! Die ersten Bände dieser Reihe ... wurden bereits zu Bestsellern."
Zeitschrift „Brigitte"

„Fabrik-Adressen, bei denen Direktverkauf möglich ist, waren bisher eher Geheimtipps unter Schnäppchen-Jägern ... Lohnende Lektüre."
Zeitschrift „test" der Stiftung Warentest

Im Gespräch

Deutschlands oberster Schnäppchenjäger

Sparen, sparen, sparen: Ob Anzüge, Sportschuhe, Töpfe oder Pfannen, Sofa oder Küchenstuhl, Heinz Waldmüller, der Erfinder der Schnäppchenführer in Deutschland, hat den Fabrikverkauf als günstige Einkaufsquelle entdeckt.

Es gibt die Schnäppchenführer jetzt seit über 10 Jahren. Sind Sie ein bisschen stolz darauf?

Ja, die Schnäppchenführer sind heute die beliebtesten und bekanntesten Einkaufsführer in Deutschland. Die Verbraucher schätzen uns; sie halten uns seit über 10 Jahren die Treue.

Mit dem Buch „Der große Schnäppchenführer Bayern" werden die Leser belohnt?

Es gibt Einkaufsgutscheine im Wert von 1000,- €. Dieser Schnäppchenführer ist der erste in Bayern mit Einkaufsgutscheinen, die man beim Einkaufen ab Fabrik direkt beim Hersteller einlösen kann. Das Buch hilft also doppelt Geld sparen. Einmal, weil wir die Fabrikverkäufe bester Marken mit günstigsten Preisen verraten, und dann eben, weil es bei uns Einkaufsgutscheine für beste Fabrikläden gibt. Ein Beispiel: Wenn Sie im neuen adidas Factory Outlet in Herzogenaurach ein Paar Sportschuhe kaufen, bekommen Sie es zum Fabrikverkaufspreis, also 30 bis 50% günstiger als im Einzelhandel. Zusätzlich sparen Sie beim Kauf dieses Paars Sportschuhe 10,- €, weil Adidas einen Schnäppchen-Gutschein spendiert.

Wie kamen Sie auf die Schnäppchenführer-Idee?

Ich bin Journalist und habe aufgeschrieben, wo Levi's-Jeans, Strenesse-Kostüme und Rosenthal-Porzellan zum halben Preis über die Theke gehen. Das ist nichts Unanständiges! Das hilft dem Verbraucher. Auf die Idee kam ich nach einer Radiosendung zum Geldsparen. Die Sendung hatte zehn gute Geld-Spar-Ideen.

Eine kam von mir: Ich habe einfach meine guten Erfahrungen mit dem Einkaufen ab Fabrik reportiert. Mit Preisvergleich und Firmennamen und, und, und. Nach der Sendung standen die Telefone nicht mehr still. Alles Frauen. Alle hatten nur die eine Frage: Wo gibt es die Adressen der Fabrikverkäufe? Die stehen jetzt im Schnäppchenführer Bayern.

Der Bundesverband des deutschen Textileinzelhandels wetterte laut DER SPIEGEL: „Das Buch ist eine Sauerei!" Was war denn die Sauerei?

Die Sauerei war: Ich habe an den Grundfesten der Handelsstufen in Deutschland gerüttelt. Es ist ja so: An jeder Hose, die ein Hersteller schneidert, will auch der Einzelhändler verdienen. 100 % bis 150 % ist sein Preisaufschlag. Meine Schnäppchenführer verraten dem Verbraucher, wie er – am Handel vorbei – den Weg direkt zum Hersteller findet. Das wirbelt das System der traditionellen Handelsstufen gehörig durcheinander. Wer das tut macht sich Feinde.

Wie haben Sie recherchiert?

Also ich kaufe ja schon lange mit meiner Familie ab Fabrik ein. Ich mache mit den Schnäppchenführern erst einmal nur Folgendes: Ich gebe meine guten Erfahrungen mit dem Fabrikverkauf an die Leser weiter. Und dann habe ich neue Adressen recherchiert. Wie, das ist mein Geschäftsgeheimnis. Als ich die ersten 100 Adressen zusammen hatte, ging es richtig mit der Vor-Ort-Recherche los. Meine Frau und ich haben jeden Fabrikverkauf in den Sommerferien abgeklappert. Die Kinder hatten wir für vier Wochen ins Schullandheim geschickt. Das war der härteste Urlaub meines Lebens. Die Hersteller haben uns rausgeschmissen aus ihren Fabrikläden. Es hagelte Prozessandrohungen: „Wenn Sie unseren Fabrikverkauf veröffentlichen, verklagen wir Sie auf Schadenersatz!"

Die Hersteller sollten sich doch freuen, dass Sie Öffentlichkeit herstellen für ihre Fabrikverkäufe. Da brummt doch das Geschäft, wenn ich davon erfahre?

Das habe ich auch gedacht. Aber der Hersteller verkauft 90 % seiner Ware an den Fachhandel. Also ist der Fachhändler sein wichtigster Kunde. Für jeden Hersteller ist oberstes Gebot: Fachhandelstreue, Fachhandelstreue, Fachhandelstreue. Es schlagen aber zwei Herzen in seiner Brust. Der Hersteller will auch die Ware zu einem guten Preis verkaufen, die ihm der Fachhandel nicht abnimmt. Und das kann er, wenn er den Endverbraucher im Fabrikverkauf direkt bedient. Nur – der Fachhändler sollte das damals auf keinen Fall erfahren. Inzwischen hat der Fachhandel aber akzeptiert, dass der Hersteller an seinem Standort einen Fabrikverkauf durchführt.

Die Hersteller und die Einzelhändler haben Ihnen Angst eingejagt?

So war's. Nachts habe ich davon geträumt, dass der Gerichtsvollzieher den Kuckuck auf unser Einfamilienhäuschen klebt. Aber ich habe das Buch gemacht.

Wie werden die Schnäppchenführer vom Publikum angenommen?

Die Verbraucher mögen uns. Es wurden Schwarzmarktpreise für den ersten Schnäppchenführer bezahlt. Der Verlag kam mit dem Drucken nicht nach und viele Schnäppchenjäger befürchteten, die Schnäppchenführer könnten verboten werden. Inzwischen haben wir mit unseren Schnäppchenführern eine Auflage von über zwei Millionen erreicht.

Welche Schnäppchenführer sind Ihre Zugpferde?

Das wird Sie überraschen. Unsere Zugpferde sind ganz eindeutig die Ländertitel wie **„Der große Schnäppchenführer Bayern"**, **„Der große Schnäppchenführer Baden-Württemberg"**, **„Der große Schnäppchenführer Norddeutschland"** und **„Der große Schnäppchenführer Nordrhein-Westfalen"**. Unsere Leser sind scharf auf große Marken vor ihrer Haustür. Genau das ist der Stoff unserer Ländertitel.

Wie erklären Sie sich den Erfolg der Schnäppchenführer?

Der Leser spürt den hohen Nutzwert, den unsere Bücher bieten. Wir helfen ihm beim Geld sparen und zeigen Seite für Seite klipp und klar, wo es Markenqualität zum besten Preis gibt. Im Team haben wir ja Journalisten, die auf dem Ratgebersektor zu Hause sind. Die treffen eine verlässliche Auswahl. Wir stellen ganz bewusst nur Marken vor, weil wir überzeugt sind: Der Leser hat nichts von Adressmüll nach dem Motto: möglichst viele Adressen. Wir sagen: Klasse statt Masse. Wir bieten vor allem auch guten Service und führen unsere Leser hin zu den Marken. Wir helfen mit Übersichtskarten, Ortsplänen und Anreisebeschreibungen. Wir liefern jeweils auf einer Buchseite die für den Leser wichtigsten Fakten über eine Marke. Dieser hohe Kundennutzen schafft eine enorme Akzeptanz und große Kundenzufriedenheit.

Fabrikverkauf – was ist das?

Nicht alle Adressen in diesem Buch haben Fabrikverkauf im Rechtssinn. Für Fabrikverkauf im Rechtssinn gibt es strenge Rechtsnormen. Als Verbraucherjournalist habe ich meine Aufgabe nicht darin gesehen, zu überprüfen, ob die aufgeführten Firmen Fabrikverkauf im Rechtssinn durchführen. Ausschlaggebend war vielmehr die Frage: Ist dieser Verkauf für Sie eine gute Einkaufsadresse im Sinne von Marke, Warenqualität und Preisvorteil? Deshalb gibt es in diesem Buch auch Factory Outlets, Outlet Stores, Outlet Center, Vertriebsgesellschaften, Lagerverkäufe, Direktverkäufe, Werksläden oder auch Einzelhandelsgeschäfte, die Ware aus der eigenen Fabrik zu günstigen Preisen verkaufen. Die Firmenadressen geben keine Auskunft über die Rechtsform oder über die Gesellschaft, die den Verkauf betreibt.

Tipps erwünscht!

In dieser Reihe haben wir bisher ca. 3000 Fabrikverkäufe vor Ort recherchiert. Wir haben jedoch die Spreu vom Weizen getrennt und nur die besten Marken ausgewählt und veröffentlicht. Das heißt nicht, dass wir wirklich schon alle hervorragenden Einkaufsquellen aufgespürt hätten. Wir bitten hier um Ihre Mithilfe. Nachdem es nichts gibt, was man nicht noch besser machen könnte, bitten wir um Ihre Geheimadressen, aber auch um Ihre Anregungen, Ihre Kritik, Ihre Vorschläge. Bitte teilen Sie uns auch mit, wenn Ihnen Herstelleradressen nicht gefallen haben und warum. Wir prüfen jede Kritik und nehmen Hersteller, über die es Beschwerden gibt, wieder aus unseren Schnäppchenführern heraus. Wir sind allein Ihnen verpflichtet und sonst niemandem. Für die besten 100 Vorschläge von neuen Adressen gibt es Buchprämien.

Bitte schreiben Sie, Sie helfen damit allen Verbrauchern, die mit unseren Schnäppchenführern preisgünstig einkaufen wollen.

Der große Schnäppchenführer Bayern
Heinz Waldmüller
Schnäppchenführer-Verlag GmbH
Postfach 44 29
70782 Filderstadt

Fax: 07 11/77 72 06
E-Mail: info@schnaeppchenfuehrer-verlag.de
Internet: www.schnaeppchenfuehrer.com

Was spart man beim Fabrikverkauf ?

Zugegeben, eine schwierige Frage, weil echte Vergleiche zum Teil unmöglich sind. Der Fachhandel bietet die hochaktuelle Ware an. Zum Abverkauf in der Fabrik kommt dagegen auch Ware der vergangenen Saison. Wenn die identische Ware in den Fachgeschäften nicht zu finden ist, ist ein exakter Preisvergleich nicht möglich. Der Verbraucher will jedoch wissen, wie hoch die Ersparnis ist. Deshalb wurden für die Ermittlungen der Preise Hilfskonstruktionen gesucht. Beispiel aus dem Bekleidungsbereich: Es wurde die vergleichbare neue Kollektion als Maßstab herangezogen, auch wenn es nicht die gleiche Ware, sondern allenfalls vergleichbare Ware ist.

Als Faustregel lässt sich sagen: Im Textil- und Schuhbereich ist die Bandbreite der Ersparnis groß. Es konnte eine durchschnittliche Preisreduzierung zum empfohlenen Endverkaufspreis von zirka 25 bis 50 % ermittelt werden.

Und noch etwas ist wichtig: Die Prozentangaben sind immer Circa-Angaben. Wo es möglich war, diente als Preisvergleichsmaßstab der empfohlene Endverkaufspreis aus Händlerpreislisten und Prospekten oder es wurde vor Ort in Fachgeschäften recherchiert. Um zu einer möglichst objektiven Beurteilung zu kommen, wurde in Zweifelsfällen aus den unterschiedlichen Aussagen ein Mittelwert festgelegt.

Korrekturstand der vorliegenden Ausgabe: April 2005.

Vor- und Nachteile des Fabrikverkaufs

Vorteile
- Konkurrenzlos preisgünstige Einkaufsmöglichkeit.
- Markenqualität: Als Einkäufer ab Fabrik mit Markenbewusstsein treffe ich im Vorfeld meine Entscheidung, welcher Marke ich mein Vertrauen gebe.
- Sehr gute Preis-Leistungs-Relation (Qualität zum halben Preis).
- Produktpalette der jeweiligen Marke/Firma meist in großer Auswahl.
- Kennenlernen des Produktionsbetriebes und der Produktionsbedingungen.
- Fabrikverkauf als Chance für Kurzurlaub (Anlässe für Kurzurlaub schaffen oder Freunde besuchen).

Nachteile
- Nicht immer jeder Artikel in jeder Größe und Farbe vorhanden.
  Tipp: Winterware schon im September/Oktober, Frühjahrs- und Sommerware ab Mitte Februar einkaufen. Anrufen, ob neue Ware schon da ist.
- Oft nur Ware eines Herstellers.
- Vor Ort kein Waren-, Preis- und Qualitäts-Vergleich mit anderen Produkten anderer Firmen möglich.
  Tipp: Sich schon zu Hause informieren evtl. auch über Kataloge oder Internet.
- Anfahrtswege oft lang, Zeitverlust, Benzinkosten.
  Tipp: Fahrgemeinschaften mit Nachbarn, Freunde besuchen, Wochenendausflug, Shoppingurlaub, Schnäppchenreise oder Einkaufen ab Fabrik in normale Reiseroute einbeziehen.
- Kaufrausch, weil Ware so preisgünstig ist oder wenig Ware. Gefahr, dass man ohne Einkauf zurückkommt oder Ware kauft, die einem gar nicht gefällt.
  Tipp: Vor der Schnäppchentour Reiseroute ausarbeiten, die mehrere Fabrikverkäufe einbezieht.
- Preisgünstige Ware oft mit kleinen Fehlern. Kein Umtausch bei fehlerhafter Ware.
  Tipp: Ware genau anschauen.
- Kaum Beratung. Lagerhallen-Atmosphäre.
  Tipp: Solche Firmen auswählen, die inzwischen ihren Fabrikverkauf zu ihrer Visitenkarte gegenüber dem Endverbraucher gemacht haben. Mit ansprechendem Ambiente und sehr fachkundigen Kundenberaterinnen. Das ist der Trend im Fabrikverkauf.

Zum Gebrauch

Die Einkaufsgutscheine: Hat ein Hersteller einen Einkaufsgutschein zur Verfügung gestellt, so wird dies auf der entsprechenden Firmenseite im Hauptteil des Buches mit dem Button „Einkaufsgutschein" neben dem Markenlogo (oder den Logos) gekennzeichnet. Auf Seite 314 finden Sie die Rahmenbedingungen zum Einlösen der Gutscheine und auf den Folgeseiten sämtliche Gutscheine in der alphabetischen Reihenfolge der Markennamen.

Die Übersichtskarten auf den Seiten 30 bis 35 zeigen deutlich, wo sich die Orte mit Fabrikverkauf oder die Hersteller befinden. Diese Karten sind eine erste Orientierung für Ihre Schnäppchentour.

Das Inhaltsverzeichnis nach Orten (Seite 5 bis 21) gibt nun genauere Angaben. Hier werden in alphabetischer Reihenfolge alle Orte mit Fabrikverkauf aufgeführt. Darunter die Firmen, wiederum alphabetisch angeordnet nach Firmennamen, nicht nach Markenbegriffen, sowie deren Warenangebot.

Anwendungsbeispiel (Ort): Sie möchten wissen, welche Fabrikverkäufe es neben Hallhuber in München gibt. Im Inhaltsverzeichnis unter München stehen mehrere Firmen. Die Details finden Sie auf Seite 187 ff. Von der Anreisebeschreibung über die Karten bis hin zu Warenangebot, Ersparnis, Ambiente und Öffnungszeiten erfahren Sie hier Seite für Seite die Spezialinformationen zu jeder einzelnen Firma.

➤ Dieser Pfeil in den Orientierungskarten zeigt Ihnen den Standort der jeweiligen Firma an.

Ein Firmen- und Markenregister (Seite 364 ff.) und ein **Warenregister** (Seite 361 ff.) dienen als weitere Suchhilfen. Diese beiden Register geben darüber hinaus erste Hinweise auf die jeweiligen Warengruppen einer Verkaufsstelle.

Anwendungsbeispiele (Firma): Sie suchen die Firma Marc O'Polo. Sie finden das Unternehmen am schnellsten im **Firmen- und Markenregister**. Zusätzlich erhalten Sie die Information, dass diese Firma Damen-, Herren- und Kinderbekleidung ab Fabrik verkauft (Seite 238). Sie suchen Outdoor-Bekleidung. Hier gehen Sie am besten ins **Warenregister**. Dort erfahren Sie unter dem Stichwort Outdoor-Bekleidung, auf welchen Seiten entsprechende Hersteller beschrieben sind.

Im **Postleitzahlenregister** (Seite 371 ff.) können sie rasch feststellen, wie viele und vor allem welche Firmen es in Ihrem Umkreis bzw. in Ihrer Zielregion gibt.

Wichtig noch: Jede Firmenbeschreibung ist eine Momentaufnahme. Redaktionsschluss war im April 2005. Falls sich die Einkaufssituation geändert hat, berichten Sie uns Ihre Erfahrungen. Ihnen viel Spaß und Erfolg beim Einkaufen.

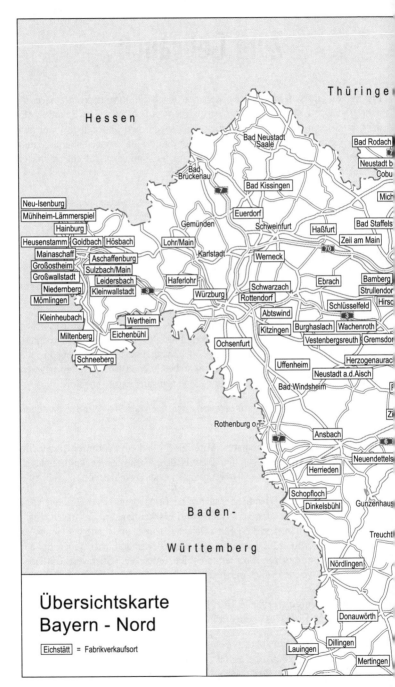

Übersichtskarte
Bayern - Nord

Eichstätt = Fabrikverkaufsort

30

Sachsen

Tettau

Selbitz

Hof | Selb

nefeld | Kronach

ental | Küps | Helmbrechts

tenfels

Presseck | Münchberg

tenkunstadt | Hohenberg/Eger

Thiersheim | Schirnding

Fichtelberg | Arzberg

Bayreuth | Bindlach | Marktredwitz

Waldershof

Speichersdorf | Mitterteich

Mistelbach | Kemnath | Tirschenreuth

Erbendorf

olsheim | Krummennaab

hheim | Eschenbach | Neustadt a.d.W.

gen | Weiden | Vohenstrauß

Hersbruck | Sulzbach-Rosenberg

Pfreimd

nberg | Amberg

Ottensoos | Altendorf/Nabburg | Waldmünchen

abach | Schwandorf | Neunburg vorm Wald | Furth im Wald

Postbauer-Heng | Schwarzenfeld

Neumarkt | Cham

Wald-Roßbach | Arnbruck

Falkenstein | Bodenmais

Greding | Lappersdorf | Zwiesel

Regensburg

Neutraubling

Eichstätt | Kelheim | Straubing | Deggendorf

Schierling | Hengersberg

Ingolstadt

burg | Landau | Bad Abbach

d.D. | Mainburg | Vilshofen

mes | Dingolfing

Landshut

Bad Birnbach | Bad Griesbach

TSCHECHIEN

31

Übersichtskarte
Bayern - Süd

Eichstätt = Fabrikverkaufsort

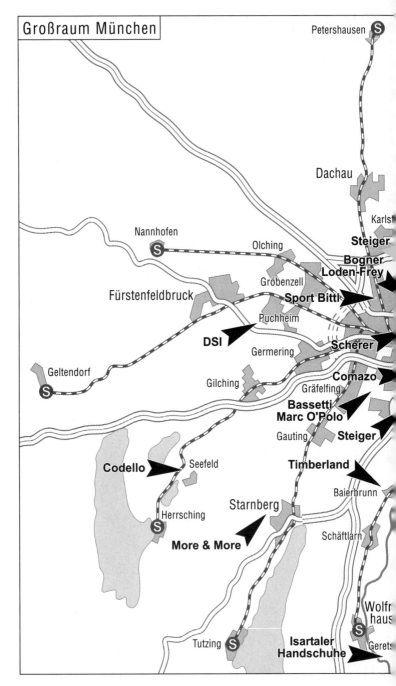

Großraum München

Petershausen Ⓢ

Dachau

Karls†

Nannhofen Ⓢ

Olching

Steiger

Bogner
Loden-Frey

Gröbenzell

Fürstenfeldbruck

Sport Bittl

Puchheim

DSI

Germering

Scherer

Geltendorf Ⓢ

Gilching

Gräfelfing

Comazo

Bassetti
Marc O'Polo

Gauting

Steiger

Codello Seefeld

Timberland

Baierbrunn

Starnberg

Schäftlarn

Herrsching Ⓢ

More & More

Wolfr
haus

Ⓢ

Tutzing Ⓢ

Isartaler
Handschuhe

Gerets†

34

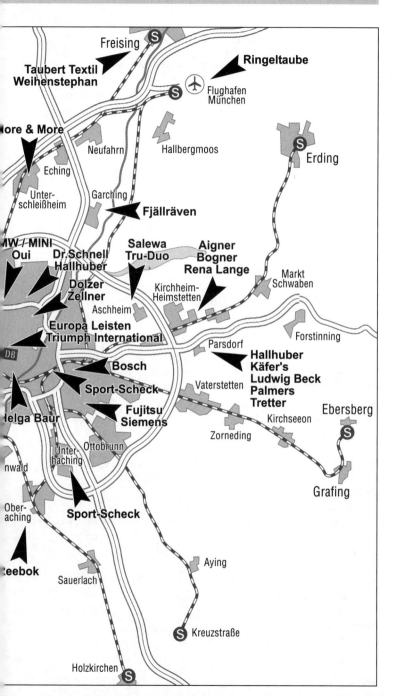

Freising

Ringeltaube

Taubert Textil
Weihenstephan

Flughafen
München

More & More

Neufahrn

Hallbergmoos

Erding

Eching

Unter-
schleißheim

Garching

Fjällräven

BMW / MINI
Oui

Dr.Schnell
Hallhuber

Salewa
Tru-Duo

Aigner
Bogner
Rena Lange

Markt
Schwaben

Dolzer
Zellner

Kirchheim-
Heimstetten

Aschheim

Europa Leisten
Triumph International

Forstinning

Parsdorf

DB

Bosch

Hallhuber
Käfer's
Ludwig Beck
Palmers
Tretter

Sport-Scheck

Vaterstetten

Helga Baur

Fujitsu
Siemens

Ebersberg

Kirchseeon

Zorneding

Unter-
haching

Ottobrunn

nwald

Grafing

Ober-
aching

Sport-Scheck

Reebok

Aying

Sauerlach

Kreuzstraße

Holzkirchen

35

EINKAUFS-
GUTSCHEIN

Der Familienbetrieb gehört zu den führenden Anbietern im Bereich Tee- und Kräuterwaren. Fünf Jahrzehnte Erfahrung machen Abtswinder Tees und Naturheilmittel zu Spitzenprodukten.

Die Teemeister

Warenangebot

Kräuter-, Früchtetees, Schwarztees, Heilkräuter, Gewürze, Kaffee, Bonbons, Spezialitäten für die Gesundheit, Diätprodukte, Körner und Getreide aus kontrolliert biologischem Anbau, Teesträuße, Suppen, Kerzen, Nudeln, geröstete Kürbiskerne, Erdnüsse, Honig.

Ersparnis

Ca. 50 bis 60%.

Ambiente

1000 verschiedene Artikel, davon ca. 150 Teesorten, sind übersichtlich und gut zugänglich in dem Laden sortiert. Probeausschank. Parkplätze vor dem Laden.

Besonderheiten

Gewürzmuseum auf 250 m² (Eintritt: 2,- €. Eigene Spezialitätenrösterei. Für Busse nach Absprache Führung durch Betrieb und Museum (45 Min.), Teeprobe, Einkauf. Versand-Preisliste anfordern. Ab 50,- € Warenwert Lieferung frei Haus.

Adresse

H. Kaulfuss, Abtswinder Kräuter, Gewürze, Teeladen, Ebracher Gasse 11-13, 97355 Abtswind, Telefon: 0 93 83/ 9 97 97, Fax: 9 97 98, E-Mail: teeladen

@t-online.de, Internet: abtswinder-kraeuterteeladen.de.

Öffnungszeiten

Montag bis Freitag 8.00 bis 18.00 Uhr, Samstag 9.00 bis 13.00 Uhr.

Anreise

A3 aus Richtung Würzburg, Ausfahrt Schweinfurt/Wiesentheid, durch Rüdenhausen Richtung Abtswind. In Abtswind am Marktplatz links, am Gasthof vorbei. Nach 100 m links.

Das Unternehmen Ralf Toll stellt in der dritten Generation Süßwaren her. Besonders beliebt und begehrt sind die schokolierten Trockenfrüchte, eine Spezialität, die dem Unternehmen schon viel Lob eingebracht hat.

Süße Spezialitäten

Warenangebot
Exotische und altbekannte Trockenfrüchte, Nüsse mit und ohne Schokolade, Rohkostpralinen, Schokoladentafeln in vielen Variationen, original belgische Pralinen, Schokoladenfiguren, Fruchtgummi, Saisonartikel, Geschenkideen und viele andere süße Überraschungen.

Ersparnis
40 bis 45 %.

Ambiente
800 verschiedene Artikel. Der Schwerpunkt liegt auf Trockenfrüchten und Schokolade. Übersichtliche Warenpräsentation. Fachpersonal berät in freundlicher Werksatmosphäre. Verkostung der hier angebotenen Confiserie-Ware ist möglich. Eine Versandpreisliste kann angefordert werden. Ab 50,- € Warenwert erfolgt die Lieferung frei Haus. Parkplätze ausreichend vorhanden.

Besonderheiten
Im gleichen Gebäude befinden sich das Abtswinder Gewürzmuseum und der Kräuter-Teeladen.

Adresse
Ralf Toll, Ebracher Gasse 11-13, 97355 Abtswind, Telefon: 0 93 83/90 23 50, Fax: 90 23 52, E-Mail: Toll-Ralf@t-online.de.

Öffnungszeiten
Montag bis Freitag 8.30 bis 18.00 Uhr, Samstag 9.00 bis 13.00 Uhr.

Anreise
A3 Würzburg–Nürnberg, Ausfahrt Schweinfurt/Wiesentheid. Durch Rüdenhausen Richtung Abtswind. Im Ort am Marktplatz links, am Gasthof vorbei, nach 100 m links.

Qualität – Funktion – Passform, das ist das Motto der Völkl-Schuhmacher. Für Trekking- und Alpinschuhe eine gute Adresse. Aber: Seien Sie nicht überrascht, wenn Sie das Gebäude sehen. Das Lagerhallen-Ambiente ist wirklich spartanisch, die Preise aber sind für den Käufer gut.

Outdoor, Trekking, Tracht …

Warenangebot
Trekking- und Alpinschuhe mit weichem PU-Keil für einen gelenkschonenden, sicheren Auftritt. Stollen-Lamellensystem mit Drehpunkt im Ballenbereich. Jagdschuhe und -stiefel, echt bayerische Trachtenschuhe, passend zur aktuellen Landhausmode. Damentrekkingschuhe werden über spezielle Damenleisten gefertigt. Gute Qualität.

Ersparnis
Ca. 30 bis 50 %.

Ambiente
Verkauf ab Lager, Auslaufartikel, Restposten, 2. Wahl, Fachberatung.

Adresse
Völkl GmbH & Co. KG, Seestraße 3, 85391 Allershausen, Telefon: 0 81 66/ 97 36, Fax: 34 04, E-Mail: info@voelkl-shoes.com.

Öffnungszeiten
Montag, Mittwoch, Donnerstag, 8.30 bis 17.00 Uhr, Freitag 8.30 bis 18.30 Uhr, Samstag 8.30 bis 13.00 Uhr. Dienstag geschlossen. Betriebsferien im August, bitte vorher anrufen.

Anreise
A9 München–Ingolstadt, Ausfahrt Allershausen. Im Ort 1. Ampel rechts, nächste rechts und wieder links; Verkauf links.

Baumann
DER HOSENHERSTELLER

Der Familienbetrieb fertigt seit über 70 Jahren in Altendorf Hosen. Beliebt und geschätzt, auch wegen des guten Preis-Leistungs-Verhältnisses, sind beim Endverbraucher Jeans und Freizeithosen für Damen und Herren. Der Hosenhersteller fertigt auch Berufsbekleidung in guter Qualität zu günstigen Preisen.

Die Erfolgsmarke

Warenangebot
Jeans in vielen aktuellen Farben und in klassischem Blau und Schwarz. Jeansjacken, Hosen aus anderen Stoffqualitäten, Arbeitsbekleidung jeder Art, auch große Größen.

Ersparnis
40 bis 50%.

Ambiente
Ware übersichtlich auf Ständern nach Größen sortiert. Vier Umkleidekabinen mit großem Spiegel.

Adresse
Baumann, Am Wasser 4, 92540 Altendorf/Nabburg, Telefon: 0 96 75/9 11 61, Fax: 9 11 60.

Öffnungszeiten
Montag bis Samstag 9.00 bis 12.00 Uhr.

Anreise
A93 Regensburg–Weiden, Ausfahrt Nabburg. Von Nabburg Richtung Neunburg vorm Wald bis Altendorf (ca. 10 km). Im Ort an der Raiffeisenbank rechts abbiegen. Verkauf am hinteren Ende des Firmengebäudes.

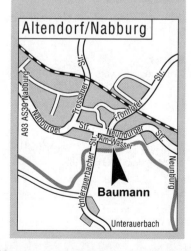

www.nici.de

Mit viel Humor, Fantasie und Liebe zum Detail entwickelte das Unternehmen unverwechselbare Kultfiguren. Ob aus Plüsch, auf Tassen, Geldbeuteln, Schreibwaren oder trendigen Accessoires – die niedlichen kleinen Persönlichkeiten wie „Wild Friends" oder „Jolly Mäh" lassen nicht nur Sammlerherzen höher schlagen.

Zum Knuddeln

Warenangebot
Auslaufartikel und 2. Wahl. Plüschtiere, Tassen, Schlüsselanhänger, Post- und Klappkarten, Schreibwaren, Taschen, Mäppchen, Geldbeutel, Socken, Bettwäsche, Frottierwaren, Uhren.

Ersparnis
30 bis 70 %.

Ambiente
300 m² Ladenfläche, behindertengerecht gestaltet. Übersichtliche Warenpräsentation. Parkplätze direkt vor der Halle. Achtung: Der Verkauf befindet sich nicht auf dem Firmengelände.

Adresse
Nici-Shop, Gewerbegebiet 4, 96264 Altenkunstadt, Telefon: 0 95 72/96 53, Internet: www.nici.de.

Öffnungszeiten
Montag bis Freitag 10.00 bis 18.00 Uhr, Samstag 9.00 bis 16.00 Uhr.

Anreise
Aus Richtung Bamberg/Lichtenfels: B173, Ausfahrt Lichtenfels Mitte, immer der Hauptstraße folgen, über Klosterlangheim nach Altenkunstadt. Am Kreisverkehr 3. Ausfahrt Richtung Burgkunstadt. Nach dem Opel-Händler auf der rechten Seite rechts abbiegen. Aus Richtung Kulmbach: B289, in Burgkunstadt links Richtung Altenkunstadt abbiegen. Vor dem Opel-Händler auf der linken Seite links abbiegen.

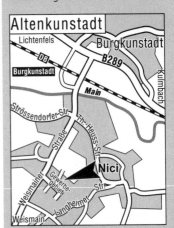

VATTER GMBH

Zehn Jahre Forschungsarbeit brauchte der amerikanische Chemiker Wallace H. Carothers, um eine neue Faser und ihre Verarbeitung zu entwickeln: Nylon. Das war im Mai 1940. Heute sind Elbeo, Bi, nur die, Bellinda und Ergee modische Qualitätsprodukte, die jede Frau/jeder Mann kennt.

Zarter Glanz am Bein

Warenangebot
Feinstrumpfhosen, Strümpfe, Kniestrümpfe, Söckchen, Strickwaren, Unterwäsche und Nachtwäsche für Damen, Herren und Kinder von bekannten Markenherstellern sowie Hemden.

Ersparnis
30 bis 70 % bei B-Qualitäten/2. Wahl.

Ambiente
Großer, mit Selbstbedienungsregalen eingerichteter Raum, übersichtliche Präsentation, Parkplätze direkt vor der Tür.

Adresse
Vatter GmbH, Niederhofener Straße 6-10, 86972 Altenstadt bei Schongau, Telefon: 0 88 61/9 31-1 38.

Öffnungszeiten
Montag bis Freitag 9.30 bis 12.00 und 13.00 bis 17.30 Uhr, Samstag 9.00 bis 12.00 Uhr.

Weitere Verkaufsstellen
● 87527 **Sonthofen** Hindelanger Straße 33, Telefon: 0 83 21/80 10, Fax: 2 26 52.

● 89415 **Lauingen/Donau**, Johann-Röhm-Straße 17, Telefon: 0 90 72/ 92 15 40, Fax: 92 15 41.

Anreise
A96 bis Landsberg am Lech. Auf der B17 weiter Richtung Schongau. Ausfahrt Schongau/Altenstadt abfahren und rechts auf die Franz-Josef-Strauß-Straße Richtung Schwabsoien. Am Kreisverkehr die 1. Möglichkeit rechts ist die Niederhofener Straße.

Allgäuer Keramik kommt nicht derb-rustikal daher, sondern eher leicht und frisch. Das ganze Geschirr lebt von der überzeugenden Aussage einer alten Töpferfamilie, die zusammen mit dem Allgäuer Heimatpfleger Dr. Alfred Weitnauer die echte „Allgäuer Keramik" wiederentdeckt hat und sich auf die Formen und Dekors von damals zurückbesinnt. Die luftigen Dekore liegen unter einer transparenten, harten Glasur aus natürlichen Rohstoffen.

Nicht nur für Kässpatzen

Warenangebot
Allgäuer Geschirr wie Kässpatzenschüssel, Milchsatte, Milchrutscher, Töpfe, Gugelhupfform, Käseglocke. Zusätzlich Gebrauchsgeschirr für Tisch und Herd, Haus und Garten, Geschenkartikel.

Ersparnis
Ca. 20 bis 30%. Bei Auslaufmodellen und Überhängen wird zu kaum mehr als den Herstellungskosten verkauft.

Ambiente
Ruhige Ladenatmosphäre: Verkäuferinnen mit sachkundiger Beratung. Blick in die Werkstatt möglich. Ausstellung im Glashaus.

Adresse
Allgäuer Keramik, Hans Rebstock KG, Töpferweg 16, 87527 Altstädten bei Sonthofen, Telefon: 0 83 21/34 54, Fax: 24 71, E-Mail: allgaeuer-keramik@ t-online.de.

Öffnungszeiten
Montag bis Freitag 10.00 bis 18.00 Uhr, Samstag 9.00 bis 13.00 Uhr.

Anreise
B19 Sonthofen Richtung Oberstdorf, Ausfahrt Sonthofen-Süd/Altstädten. Ab Sonthofen ausgeschildert.

Die Jeanshose: gefertigt nur in Italien, dort wo auch große Markenhersteller fertigen lassen. Modelle, Farben und Auswaschungen liegen stets im neuesten Trend, die Qualität ist hochwertig. Der größte Unterschied zur teuren Markenjeans: das Etikett.

Eine für alle Fälle

Warenangebot
Nur 1. Wahl. Jeans: Stretch-Jeans, Übergrößen-Jeans, Schlag-Jeans, Jeansjacken, Kinderjeans, Kinderjeansjacken, Sweatshirt- und T-Shirtmode für Erwachsene und Kinder.

Ersparnis
30 bis 60%.

Ambiente
Verkauf in einer großen Lagerhalle; übersichtliche Präsentation auf Ständern und in Regalen, Umkleidekabinen, Preisauszeichnung. Änderungsservice auf Wunsch über Nacht. Parkplätze vorhanden.

Adresse
Dimor Textilvertrieb, Siemensstraße 11 (Gewerbegebiet Wimpasing), 84539 Ampfing-Wimpasing, Telefon: 08636/1568, Fax: 1528, Internet: www.dimor.de.

Öffnungszeiten
Donnerstag 9.00 bis 20.00 Uhr, Freitag 9.00 bis 19.00 Uhr, Samstag 9.00 bis 16.00 Uhr.

Anreise
B12 München–Passau. Vor Mühldorf nach Ampfing. Nach der Ausfahrt links ins Gewerbegebiet, nächste Straße links, nächste rechts: Firma im Eckhaus.

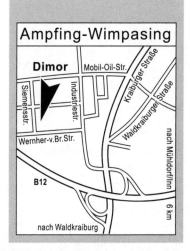

Seit 15 Jahren werden für die Marke Booga hochwertige Funktions-unterwäsche, Fleece-, Rad- und Laufbekleidung entwickelt und gefertigt. Namhafte Hersteller von Outdoor-Produkten runden das Angebot mit Sonderposten zu einem Komplettsortiment für Outdoor- und Rad-bekleidung ab.

Große Outdoor-Marken

Warenangebot
Funktionsunterwäsche, Fleece-, Travel-, Sport- und Kinderbekleidung, wasser- und winddichte Bekleidung, Rad- und Laufbekleidung, Rucksäcke, Schlafsäcke, Zelte, Trekking- und Wanderschuhe, Accessoires, Musterkollektionen.

Ersparnis
20 bis 60% auf alle Produkte. Einzel-stücke, Produktionsmuster bis zu 80%.

Ambiente
800 m² Verkaufsfläche, Schuhtest-Parcour, Zelte sind aufgestellt, kompe-tente Beratung. Parkplätze direkt vor dem Laden.

Adresse
Mountain-Shop GmbH & Co. KG, Schattbucher Straße 21, 88279 Amt-zell-Schattbuch, Telefon: 075 20/95 61-50, Fax: 95 61-31, E-Mail: info@ mountain-shop.de und info@booga.de, Internet: www.mountain-shop.de und www.booga.de.

Öffnungszeiten
Montag bis Freitag 10.00 bis 19.00 Uhr, Samstag 9.00 bis 16.00 Uhr.

Anreise
Von München/Memmingen/Ulm: auf der A96 Richtung Lindau, Ausfahrt Wangen-West, Richtung Amtzell/Ra-vensburg. Nach ca. 3 km in Geisel-harz bei der Shell-Tankstelle und dem Netto Markt links Richtung Schomburg/Neukirch. Im 1. Haus rechts ist der Mountain-Shop, direkt an der Kreuzung. Von Ravensburg: auf der B32 Richtung Wangen. Ca. 2 km nach Amtzell rechts Richtung Schomburg/Neukirch, weiter s.o.

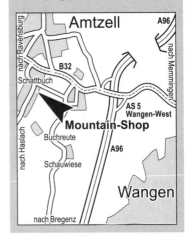

Schafft in Ansbach stellt innovative und qualitativ hochwertige Lebensmittel unter bekannten Marken wie „Bifi" und „Du darfst" her. Seit mehr als 125 Jahren genießen die Produkte von Schafft bei Verbrauchern und Handel einen ausgezeichneten Ruf. Im Werk hier geht's um die Wurst.

Food for Life

Warenangebot
Bekannte Markenartikel wie Bifi Snacks, Carazza, Ranger, „Du darfst"-Wurst und Becel Wurst, aber auch regionale Wurstprodukte wie Leberkäse. Dosenwürstchen und -suppen für den Discounthandel runden das Sortiment ab.

Ersparnis
20 bis 60%. Bei Sonderangeboten zusätzliche Ersparnis.

Ambiente
Ca. 100 m² Verkaufsraum. Ware in Tiefkühltruhen oder auf Paletten gestapelt.

Adresse
Schafft, Eyber Straße 81, 91522 Ansbach-Eyb, Telefon: 09 81/18 01-1 05, Fax: 1 80 11 09, Internet: www.schafft.de.

Öffnungszeiten
Freitag 15.00 bis 18.00 Uhr, Samstag 9.00 bis 14.00 Uhr.

Weitere Verkaufsstelle
● 87435 **Kempten**, Oberstdorfer Straße 7, Edelweiß Käsewerk, Factory Outlet Center, Telefon: 08 31/2 53 92 65, Fax: 2 53 92 69.

Anreise
A6 Heilbronn–Nürnberg, Ausfahrt Ansbach. Weiter auf der B13 in Richtung Ansbach. In Ansbach auf der Hauptstraße ca. 2 km bis zur Kreuzung. An der Ampel geradeaus über die Kreuzung in die Eyber Straße. Entlang der Eyber Straße fahren, nach ca. 400 m auf der rechten Seite befindet sich die Firma Schafft. Der Fabrikverkauf ist ausgeschildert.

Sportswear GmbH

EINKAUFS-GUTSCHEIN

Das junge Unternehmen verfügt nur über ein begrenztes Warenangebot. Gute Qualität und modernes Design.

Für Sportliche

Warenangebot

Tactel-Bekleidung, Jogginganzüge, Fitnessbekleidung, Freizeitanzüge, T-Shirts, Sweatshirts, Regenbekleidung, Tennissocken. Die Basisware sowie die kollektionsabhängigen Serien werden in 1. Wahl angeboten. Alle Artikel in 2. Wahl kosten zwischen 5,- und 10,- €; Ware hat kaum sichtbare Fehler oder ist leicht angeschmutzt.

Ersparnis

30 bis 50 %. 2.-Wahl-Ware noch günstiger.

Ambiente

Neuer Verkaufsraum mit zwei Kabinen; Präsentation der Ware im Boutiquestil; engagierte Beraterin, die gerne Artikel in anderen Größen und Farben aus dem Lager bringt.

Adresse

HM-Sportswear, Wolfartswinden 5, 91522 Ansbach-Wolfartswinden, Telefon: 09 81/50 48, Fax: 1 73 73.

Öffnungszeiten

Montag bis Donnerstag 9.00 bis 16.00 Uhr, Freitag 9.00 bis 15.00 Uhr, Samstag geschlossen.

Anreise

B13 von Ansbach Richtung München, 2. Ausfahrt Ansbach-Brodswinden abfahren. Nach Brodswinden kommt Ansbach-Wolfartswinden, wo der Verkauf ausgeschildert ist (es gibt keine Straßennamen).

Bayern ist traditionell das Land des Bieres. Dem Schnäppchen-Reporter fällt das vor allem bei Temperaturen um die 35 Grad im Schatten auf, wenn er auf bayerischen Landstraßen unterwegs ist und dürstet. Da scheint es, als seien einzig und allein Bierautos unterwegs. In und um Fischach ist das ganz anders: Da geben die Milch-Tanklastwagenfahrer Vollgas, auf dass die Milch nicht sauer wird und müde Männer munter werden.

Müller-Milch, die schmeckt

Warenangebot
Ware, bei der das Mindesthaltbarkeitsdatum (MHD) in ein bis zwölf Tagen erreicht ist; daher wechselt das Warenangebot täglich: Es sind die klassischen Müller-Produkte wie z.B. Schlemmerjoghurt, Buttermilch, Quark, Fruchtjoghurts usw. Alle Produkte nur in Großpackungen erhältlich.

Ersparnis
Je nach Zeitspanne bis zum Ablauf des Mindesthaltbarkeitsdatums (MHD) zwischen 20 und 80 %.

Ambiente
Die Kühlhalle ist als Haus- und Personalverkauf gekennzeichnet, aber für jedermann zugänglich; ca. 20 Parkplätze vor dem Gebäude; immer reger Betrieb.

Adresse
Molkerei Alois Müller, Zollerstraße 7, 86850 Aretsried-Fischach, Telefon: 0 82 36/9 99-0, Fax: 99 96 50.

Öffnungszeiten
Montag bis Freitag 12.30 bis 17.30 Uhr. Die Öffnungszeiten wechseln häufig, am besten vorher anrufen.

Anreise
B300 Memmingen–Augsburg, von Augsburg kommend links nach Aretsried/Fischach, nächste Möglichkeit rechts (bereits beschildert).

47

Weinfurtner

Bereits vor mehreren Jahrhunderten siegelten die Ahnen der Familie Weinfurtner ihre kostbare Ware.

Das Glasdorf

Warenangebot
1.- und 2.-Wahl-Ware. Glas in ungeahnten Varianten: Designerware, Lifestyle-Produkte, traditionelles Glas, Kristall-Kronleuchter, Schnäppchenmarkt, Galerie Kunst und Form.

Ersparnis
20 bis 50 %.

Ambiente
Das Glasdorf besteht aus sieben Häusern. Sehr große Auswahl auf ca. 800 m² Verkaufsfläche, ganzjährige Weihnachtswelt. Gastronomie und Trigema-Testgeschäft. Ausreichend Parkplätze vorhanden.

Besonderheiten
Besichtigung von Glashütte, Glasschleiferei, Glasmalerei, Glasgravur täglich 9.00 bis 18.00 Uhr, Samstag 9.00 bis 16.00 Uhr, Sonntag (1.5. bis 15.11.) 10.00 bis 16.00 Uhr. Kostenlose Führung; Erlebnis-Galerie Kunst und Form.

Adresse
Weinfurtner, das Glasdorf, Zellertalstraße 13, 93471 Arnbruck, Telefon: 0 99 45/94 11-0, Fax: 4 44, E-Mail: info@weinfurtner.de, Internet: www.weinfurtner.de.

Öffnungszeiten
Weinfurtner Glashütten: Montag bis Freitag 9.00 bis 18.00 Uhr, Samstag 9.00 bis 16.00 Uhr, Sonntag (1.5. bis 15.11.) 10.00 bis 16.00 Uhr.

Anreise
A3 Passau–Regensburg, Ausfahrt Deggendorf, weiter auf der B11 Richtung Viechtach-Bodenmais, in Teisnach weiter nach Arnbruck.

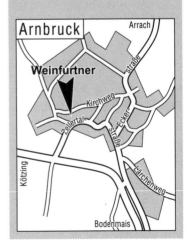

In dritter Generation steht der Name Kalb für individuelle Mode aus Aschaffenburg. Der Fabrikverkauf bietet ein hochwertiges und modisches Angebot. Das Prinzip lautet: höchste Qualität zu sympathischen Preisen.

Edel-Schnäppchen

Warenangebot
Für Herren: Hemden, Anzüge, Sakkos, Strickwaren, Jerseybekleidung, Krawatten, Tagwäsche. Für Damen: Strickwaren, Hosen, Blusen, Blazer, Jerseys, Kostüme, Accessoires wie Taschen und Foulards.

Ersparnis
30 bis 40 %.

Ambiente
Großzügiger Verkaufsraum mit sehr freundlichem Verkaufspersonal, Umkleidekabinen, Selbstbedienung und Beratung, Änderungsservice, Parkplätze.

Adresse
Kalb Fabrikverkauf GmbH, Schwalbenrainweg 36, 63741 Aschaffenburg-Damm, Telefon: 0 60 21/41 22 01, Fax: 41 22 17, E-Mail: info@kalb-fabrikverkauf.de, Internet: www. kalb-fabrikverkauf.de.

Öffnungszeiten
Montag bis Freitag 10.00 bis 18.00 Uhr, Samstag 10.00 bis 18.00 Uhr.

Anreise
A3 Frankfurt–Würzburg, Ausfahrt 58, Aschaffenburg West. Weiter auf der B8 Richtung Aschaffenburg Zentrum. Nach 1 km Ausfahrt Strietwald. An der 1. Ampel links ab in die Linkstraße. Nach 300 m rechts.

Das Unternehmen bietet Herrenmode an. Das Warenangebot umfasst auch die Konfektionsgrößen 62, 30 und 110 ohne Übergrößenzuschlag.

Herrenmode günstig

Warenangebot
Anzüge, Sakkos und Hosen, Hemden, Polos, T-Shirts, Westen und Jacken.

Ersparnis
30 bis 50 %.

Ambiente
Angenehme Einkaufsatmosphäre, sachkundiges, freundliches Personal.

Adresse
Nik Boll, Großostheimer Straße, 63741 Aschaffenburg-Nilkheim, Telefon: 0 60 21/4 49 80-0, Fax: 4 49 80 22.

Öffnungszeiten
Montag bis Freitag 9.30 bis 18.00 Uhr, Mai bis September: Samstag 9.30 bis 13.00 Uhr, Oktober bis April: Samstag 9.30 bis 16.00 Uhr.

Weitere Verkaufsstellen
● 93059 **Regensburg**, Im Gewerbepark C 43, Telefon/Fax: 09 41/4 12 02.
● 94072 **Bad Füssing**, Kurallee 22, Telefon: 0 85 31/31 72 48.
● 94086 **Bad Griesbach**, Am Brunnenplatz 3, Telefon/Fax: 0 85 32/92 30 04.

Anreise
A3 Frankfurt–Würzburg, Ausfahrt 57, Stockstadt. Auf der B469 Richtung Oberndorf/Miltenberg. 3. Ausfahrt Richtung Großostheim-Mitte/Aschaffenburg. Richtung Aschaffenburg fahren. Nach ca. 3 km befindet sich der Verkauf auf der linken Seite.

QUINNY

Der Aschaffenburger Raum ist bekannt für die Fertigung hochwertiger Textilbekleidung für Damen und Herren. Wir haben jetzt auch einen interessanten Verkauf für Ledermode gefunden.

Leder im Textil-Eldorado

Warenangebot
Große Auswahl an Lederbekleidung für Sie und Ihn: Damen- und Herrenjacken, Röcke, Hosen, Blousons, Lammfell-Jacken und -Mäntel von klassisch bis modisch, aktuell aus ersten Leder-Qualitäten.

Ersparnis
Ca. 30 bis 40 %. Ware liegt im mittleren Preissegment.

Ambiente
250 m² großer Verkaufsraum, übersichtliche Präsentation, fachliche Beratung. Parkplätze vorhanden.

Adresse
Ledermoden Quinny, Manfred Lingens, Privatverkauf, Großostheimer Straße, 63741 Aschaffenburg-Nilkheim, Telefon: 0 60 21/8 86 94, Fax 8 06 12.

Öffnungszeiten
Montag bis Freitag 9.30 bis 18.00 Uhr, Mai bis August: Samstag 9.30 bis 13.00 Uhr, September bis April: Samstag 9.30 bis 14.00 Uhr.

Anreise
A3 Frankfurt–Würzburg, Ausfahrt Stockstadt. Auf der B469 in Richtung Obernburg–Miltenberg. 3. Ausfahrt Großostheim-Mitte/Aschaffenburg abfahren. Weiter Richtung Aschaffenburg, Verkauf nach ca. 3 km auf der linken Seite.

Werbeslogan: „Qualität ist der Maßstab unseres Handelns." 1935 gegründet, gehört Salewa zu den führenden Herstellern von Bergsport- und Outdoor-Ausrüstung in Europa.

Gut ausgerüstet

Warenangebot
Komplettes Sortiment an Outdoor- und Trekking-Bekleidung (außer Schuhen): Jacken, Westen, Hosen, Hemden/Shirts, Fleece-Bekleidung. Kindersportbekleidung, Skibekleidung. Daunenschlafsäcke, Rucksäcke, Zelte, Kletter-Zubehör.

Ersparnis
Ca. 30 bis 50%, 2. Wahl bis 80%.

Ambiente
Verkauf zweimal jährlich im ersten Stock des Salewa-Gebäudes. Eingang durch den Hof hinter dem Haus. Preisliste hängt aus.

Besonderheiten
Lässt man sich in die Kundenliste eintragen, erhält man eine Einladung zu den Verkaufsterminen.

Adresse
Salewa, Saturnstraße 63, 85609 Aschheim, Telefon: 0 89/90 99 30, Fax: 90 99 31 90, Internet: www.salewa.de.

Öffnungszeiten
Verkauf im Frühjahr und im Herbst jeweils eine Woche lang. Termine bitte telefonisch erfragen oder in Liste eintragen lassen.

Anreise
A99 Autobahnring München-Ost, Ausfahrt Aschheim/Ismaning. In Aschheim ins Gewerbegebiet Nord-Ost, Industriestraße. Auf dieser Straße ca. 300 m bis Salewa.

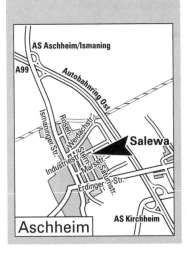

Tru gehört zu den größten Blusenherstellern Europas. Höchste Ansprüche an Passform und Verarbeitung zeichnen die Kollektionen der Marken Tru und Tru Shirt aus. Für die Coordinates-Kollektion Duo greifen die Designer bei Schnitt und Material nicht nur modische Trends auf. Sie ergänzen die Programme auch mit Basics im klassisch-puristischen Stil.

Blusen, Blusen, Blusen

Warenangebot
Sehr große Auswahl an Blusen, Blusenjacken, Shirts und Tops in allen Varianten und Materialien. Kombiteile wie Blazer, Hosen, Röcke mit dazu passenden Strickteilen, Westen, Blusen, Shirts und Tops, teilweise auch Kleider und Accessoires, je nach Saison.

Ersparnis
40 bis 60%. Weitere Angebote zum Saisonende bis 80%.

Ambiente
Helle, großzügig ausgebaute Fabrikhalle. Freundliche und kompetente Beratung. Parkplätze vorhanden.

Adresse
Fashion-direkt, Tru-Duo Fabrikverkauf, Weidachstraße 8, Ecke Ismaninger Straße, 85609 Aschheim, Telefon: 0 89/6 24 91 97.

Öffnungszeiten
Donnerstag und Freitag 9.00 bis 18.00 Uhr. Jeden ersten Samstag im Monat 9.00 bis 13.00 Uhr.

Weitere Verkaufsstellen
● 83026 **Rosenheim**, Kolbermoorer Straße 20, im Aicher Park, Telefon: 0 80 31/23 45-79, Fax 23 45 81.
● 84478 **Waldkraiburg**, Reichenbergerstraße 7, Telefon 0 86 38/95 10 81.

Anreise
A99, Autobahnring München-Ost, Ausfahrt Aschheim/Ismaning. Auf der Ismaninger Straße nach Aschheim ins Gewerbegebiet Nord-Ost. 2. Straße links ist die Weidachstraße.

LEMBERT
~~Seit~~ Hüte *1861*

Die Hutfabrik K & R Lembert wurde im Jahre 1861 gegründet und ist — neben einem reichhaltigen Programm an modischen Hüten — Spezialist in der Herstellung von Trachten-, Sport- und Kostümhüten sowie Jäger- und Forsthüten.

Der Hutmacher mit Tradition

Warenangebot
Nur 1.-Wahl-Ware; Kollektion wechselt halbjährlich. Modische Hüte, Stroh- und Sommerhüte, Trachtenhüte, Jagd- und Schützenhüte, Bergsteiger- und Wanderhüte, Sport- und Kostümhüte (z.B. Napoleon-Hut, Biedermeier-Zylinder und viele mehr).

Ersparnis
Preisersparnis bis 50%.

Ambiente
Hüte übersichtlich präsentiert; Spiegel; Auskunft ist möglich, ansonsten jedoch Selbstbedienung; Parkmöglichkeit vor dem Gebäude.

Besonderheiten
Man kann nach eigenen Vorlagen, Mustern oder Zeichnungen speziell fertigen lassen.

Adresse
Hutfabrik K & R Lembert KG, Haunstetter Straße 49, 86161 Augsburg-Hochfeld, Telefon: 08 21/25 99 00, Fax: 2 59 90 70, E-Mail: info@hutfabrik-lembert.de, Internet: www.hutfabrik-lembert.de.

Öffnungszeiten
Montag bis Donnerstag 7.00 bis 15.00 Uhr.

Anreise
A8 München–Stuttgart, Ausfahrt Augsburg West. Richtung Landsberg am Lech/Füssen. Auf der B17 bis Ausfahrt Messe/Universität. Weiter Richtung Stadtmitte auf der Haunstetter Straße. Beim großen Schornstein links in den Hof. Von Landsberg kommend auf der B17 bis Ausfahrt Messe/Universität, weiter s.o.

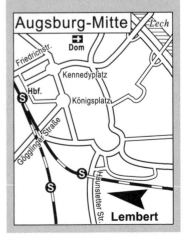

DIERIG

Das Markenzeichen Fleuresse ist seit Jahrzehnten ein Begriff im europäischen Markt für Bettwäsche auf höchstem Niveau. Es steht für topaktuelle, wertbeständige Qualitätsprodukte der Fleuresse GmbH, einer Tochtergesellschaft der international tätigen Dierig-Gruppe.

Wäsche vom Feinsten

Warenangebot

Bettwäsche von Fleuresse und Designers Guild, Spannbetttücher in allen Größen, Kinderbettwäsche, Daunen- und Seidenbetten, Allergikerbetten, Handtücher in großer Farbauswahl, Unterwäsche, Nachtwäsche und Homewear für Damen und Herren u.a. von Mey und Triumph, Sportwäsche von Shock Absorber und Mey sowie Kinderwäsche und -bekleidung von Sanetta.

Ersparnis

30 bis 50% bei Bettwäsche, bei allen anderen Artikeln ca. 20%. Bei reduzierter Ware zusätzlich bis zu 30%.

Ambiente

Werksverkauf auf dem Fabrikgelände der Firma Dierig. Hier auch andere Anbieter. Ansprechende Verkaufsräume auf ca. 300 m². Großer Parkplatz.

Adresse

Christian Dierig GmbH, Kirchbergstraße 23, 86157 Augsburg-Pfersee, Telefon: 08 21/52 10-4 18, Fax: 52 61 25.

Öffnungszeiten

Montag bis Freitag 10.00 bis 18.00 Uhr, Samstag 10.00 bis 13.00 Uhr.

Anreise

Die Kirchbergstraße liegt in Augsburg-West und ist über die B17 (Nord-Süd-Verbund) Ausfahrt Pfersee-Nord zu erreichen. Dann in die Bürgermeister-Ackermann-Straße stadteinwärts, nach ca. 500 m rechts in die Eberlestraße. Nach ca. 500 m Dierig Firmengelände und Werksverkauf auf der rechten Seite.

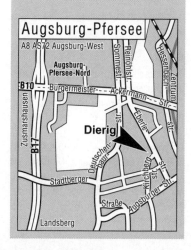

Der Bademodenhersteller Palm Beach war auch dieses Jahr wieder Ausrüster bei Miss- und Mister-Wahlen.

Schöne Bademoden

Warenangebot
Damen-, Herren- und Kinderbademoden, Dessous, T-Shirts, Strandkleider, Freizeitbekleidung. Es handelt sich um 1.- und 2.-Wahl-Ware. Dabei überwiegt die 1. Wahl.

Ersparnis
Ca. 35 %.

Ambiente
Übersichtliche Präsentation der Ware auf ca. 200 m² Verkaufsfläche. Ca. 20 Parkplätze im Innenhof der Firma. Fabrikverkauf ist ausgeschildert. Der Verkauf ist von September bis Februar nur eingeschränkt geöffnet. Ab August wird die Ware nochmals verbilligt angeboten.

Adresse
Palm Beach, Inh. Wolfgang Pauli, Bade- und Freizeitmoden, Am unteren Weinberg 13, 93077 Bad Abbach-Oberndorf, Telefon: 0 94 05/95 95-0, Fax: 95 95 95.

Öffnungszeiten
März bis Ende August: Montag bis Freitag 9.00 bis 18.00 Uhr, Samstag 9.00 bis 13.00 Uhr, September bis Februar: Freitag 9.00 bis 17.00 Uhr.

Weitere Verkaufsstellen
● 07580 **Braunichswalde**, Bahnhofstraße 31, Telefon: 03 66 08/23 50.
● 93167 **Falkenstein-Völling**, Schellmühle 6, Telefon: 0 94 62/52 81.

Anreise
Auf der A93 aus Regensburg kommend, Ausfahrt Bad Abbach. Richtung Bad Abbach 4 km, bis zu einem Kreisverkehr (1 km bis Bad Abbach). In den Ort hineinfahren, am Kreisverkehr Richtung Oberndorf. Der Beschilderung Palm Beach folgen.

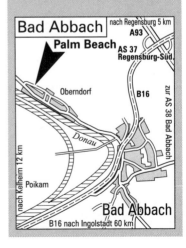

EINKAUFS-
GUTSCHEIN

Kirschner ist ein Fachgeschäft für hochwertige Leder- und Lammfellbekleidung mit eigener Fertigung seit 1925.

Mode in Leder

Warenangebot

Hochwertige Leder- und Lammpelz-
bekleidung aus eigener Fertigung, aber
auch von namhaften in- und ausländi-
schen Lederbekleidungsherstellern. Hosen, Bundhosen, Mäntel, Jacken, Westen, Blousons. Spezialität sind Hosen
und Jacken, in sportlicher und trachti-
ger Form. Materialien: von Lammnappa
bis zum sämischen Hirschleder.

Ersparnis

Keine Billigware, Qualität kostet ihren
Preis. Abschläge zwischen 20 und 40 %.
Entscheidend sind die Verarbeitung und
das Leder.

Ambiente

Gemütliche Atmosphäre, Einkaufsbe-
reich geht in Lagerbereich über. Fachberatung. Anfahrt mit dem Auto bis zur
Ladentür.

Adresse

Ludwig Kirschner, Lederbekleidungs-
hersteller, Kößlarner Straße 1, 84364
Bad Birnbach-Asenham/Niederbayern,
Telefon: 0 85 63/4 72, Fax: 9 12 81, Internet: www.leder-kirschner.de.

Öffnungszeiten

Montag bis Freitag 8.00 bis 11.30 und
12.30 bis 17.00 Uhr, Samstag 9.00 bis
12.00 Uhr.

Anreise

Bad Birnbach liegt im bayerischen
Bäder-Dreieck westlich von Passau.
Auf der A3 Regensburg–Passau
Richtung Süden fahren. Nach 14 km
Ausfahrt 118, Pocking. Hier erst B12,
dann Abzweigung B388 Richtung
Pfarrkirchen. Auf der B388 in Höhe
Bad Birnbach Richtung Süden in den
Ortsteil Asenham. Geschäft am Orts-
eingang von Bad Birnbach her.

Der Katalog von Jako-O ist allen Eltern bestens bekannt. Hier am Versand-
standort findet man im Shop fast alles, was man für die kleinen Großen so
braucht.

Ausgewählte Kindersachen

Warenangebot
Spielsachen für drinnen und draußen.
Anziehsachen für Kinder von 0 bis 10
Jahre, Bastelmaterialien, Praktisches, ein-
zelne Möbelstücke, Restposten. 2.-Wahl-
Artikel, Rückware und Schnäppchen von
Jako-O und Wehrfritz (Kindergarten-
Ausstattung).

Ersparnis
Ca. 30 %.

Ambiente
im Erdgeschoss 400 m² großer Jako-O-
Laden mit regulärem Sortiment. 400 m²
großer, Discount-ähnlicher Verkaufs-
laden im 1. Obergeschoss. Das Angebot
wird in Regalen präsentiert. Spielecke,
Wickelraum, Ruheecke mit Bistro-
Tischen und Getränken vorhanden.
Parkplätze am Gebäude.

Adresse
Jako-O Fundgrube, Coburger Straße 53,
96473 Bad Rodach bei Coburg, Telefon:
01 80/5 24 68 10.

Öffnungszeiten
Montag bis Freitag 9.00 bis 18.00 Uhr,
Samstag 9.00 bis 15.00 Uhr.

Anreise
Bad Rodach liegt ca. 15 km nordwestlich von Coburg. In Bad Rodach
ist die Fundgrube von allen Rich-
tungen aus beschildert.

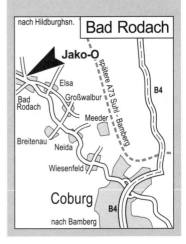

Timberland ®

Bekleidung, die von weiten Reisen und glücklich überstandenen Abenteuern erzählt, und Outdoor-Schuhe, die in Ausstattung und Verarbeitung überzeugen: Damit kann man die Natur bei jeder Witterung erleben und genießen.

Simply the Best

Warenangebot

Große Auswahl für Damen, Herren, Kinder: Trekkingschuhe, Boots, Halbschuhe, Stiefel, Mokassins. Herrenbekleidung: Outdoor-Jacken, Lederjacken, Blousons, Trekkinghosen, Hosen, Jeans, Hemden, T-Shirts, Sweatshirts, Accessoires: Taschen, Rucksäcke, Caps, Mützen, Uhren, Handschuhe. Kleine Auswahl an Outdoor-Bekleidung für Kinder.

Ersparnis

30 bis 70%.

Ambiente

Der großzügige Verkaufraum ist ganz in Holz gehalten: Timberland eben. Beratung auf Anfrage. Übersichtlich präsentiert – bis auf die Schuhe: Um die richtige Größe zu finden, ist Entdeckergeist gefragt.

Adresse

The Timberland World Trading GmbH, Höllriegelskreuther Weg 3-5, 82065 Baierbrunn-Buchenhain, Telefon: 089/ 79 36 03 90.

Öffnungszeiten

Montag, Dienstag, Mittwoch, Freitag 13.00 bis 18.30 Uhr, Donnerstag 13.00 bis 20.00 Uhr, Samstag 10.00 bis 16.00 Uhr, Weihnachtssamstage 10.00 bis 18.00 Uhr.

Anreise

A95 München–Garmisch-Partenkirchen, Ausfahrt Schäftlarn, weiter nach Baierbrunn, dort auf der B11 Richtung München. Timberland nach dem Ortsende rechts (Hinweisschild).

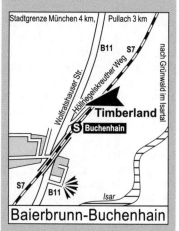

BOSCH

Bosch ist der Inbegriff von Ingenieurgeist, technischem Know-how und Spitzenleistungen im Auto. Was dabei oft vergessen wird: Bosch ist auch Hersteller von Hausgeräten und Elektrowerkzeugen. Und jeder hat einen Freund bei Bosch – zumindest an den Bosch-Standorten – und kommt so an einen der 36 „Für uns Shops", in denen Bosch-Mitarbeiter besonders günstig einkaufen können. Auch wenn man keinen Freund bei Bosch hat, soll es schon vorgekommen sein, dass der Pförtner ein Auge zudrückt und einen Passierschein ausstellt.

Da kauf ich clever ein

Warenangebot

Haushaltsgeräte wie Kühl- und Gefriertruhen, Geschirrspülmaschinen, Herde, Mikrowellengeräte, Kochfelder, Einbaukombinationen, Dunstabzugshauben, Bügeleisen, Handrührer, Stabmixer, Kaffeemaschinen, Küchenmaschinen, Toaster, Eierkocher, Wasserkocher, Staubsauger, Haushaltswaagen, Autoradios, Navigationsgeräte, CD-Wechsler, HiFi-Anlagen, Videorecorder, Telefone, Blutdruckcomputer, Körperwaagen, Mundduschen, Rasierapparate, Elektrowerkzeuge und Akku-Geräte, Bohr-Hämmer, Geräte zum Sägen, Schleifen, Fräsen, Hobeln. Gartengeräte für Rasenpflege, Hecken- und Baumschnitt, Hochdruckreiniger, Garagentorantriebe, Rolladenantriebe, Sicherheitstechnik.

Ersparnis

20 bis 50%. Oft Sonderaktionen z.B. von Auslaufmodellen mit 50%. Preisvergleiche haben ergeben, dass die reguläre Ware nicht immer reiswerter ist als bei den günstigsten Großmärkten.

Ambiente

In den einzelnen Shops sehr unterschiedlich. Das Angebot ist oft nicht klar strukturiert. Die Sonderaktionen nehmen viel Raum ein.

Besonderheiten

Es wird hier noch einmal ausdrücklich darauf hingewiesen, dass es sich um echte Mitarbeiter-Shops handelt, nicht etwa um verdeckte Verkaufsstellen, wo jedermann eingeladen ist, einzukaufen. Allerdings haben unsere Stichproben auch ergeben, dass wir in keinem Fall am Fabriktor abgewiesen wurden. Das könnte sich nach dieser Veröffentlichung ändern! Deshalb unbedingt empfehlenswert: Mit Freund von Bosch kommen. Die Bosch-Mitarbeiter können vom Arbeitsplatz aus im Intranet-Online-Shop bestellen. Nicht alle Artikel, die in den „Für uns Shop's" angeboten werden, sind auch im „Für uns Online Shop" erhältlich und umgekehrt.

Adresse

Bosch „Für uns Shop", Robert-Bosch-Straße 40-44, 96050 Bamberg, Telefon: 09 51/1 81-24 72.

Öffnungszeiten

Montag, Mittwoch und Freitag 10.30 bis 12.30 und 13.00 bis 16.00 Uhr, Donnerstag 10.30 bis 12.30 und 13.00 bis 18.00 Uhr. Dienstag geschlossen.

Weitere Verkaufsstellen (Auswahl)

● 60326 **Frankfurt-Gallusviertel**, Kleyerstraße 79-83, Telefon 0 69/75 05-34 56.
● 64711 **E r b a c h**, Berliner Straße 25, Telefon: 0 60 62/78-2 19.
● 66424 **Homburg (Saar)**, Bexbacher Straße 72, Telefon: 0 68 41/18-24 88.
● 70469 **S t u t t g a r t - F e u e r b a c h**, Wernerstraße 51-55, Telefon: 07 11/8 11-4 42 29, Fax: 8 11-4 45 69, E-Mail: VST-Fe@pop3.bshg.com.
● 70771 **Leinfelden-Echterdingen**, Max-Lang-Straße 40-46, Telefon: 07 11/7 58-22 90.
● 70839 **G e r l i n g e n**, Robert-Bosch-Platz 1, Telefon 07 11/8 11-63 23.
● 71332 **W a i b l i n g e n**, Alte Bundesstraße 50, Telefon: 071 51/5 03-23 70.
● 71701 **Schwieberdingen**, Robert-Bosch-Straße, Telefon: 07 11/8 11-82 67.
● 72762 **Reutlingen**, Tübinger Straße 123, Telefon: 071 21/35-23 44.
● 73207 **P l o c h i n g e n**, Franz-Öchsle-Straße 4, Telefon: 071 53/6 66-3 30.
● 73527 **Schwäbisch Gmünd**, Richard-Bullinger-Straße 77, Telefon: 071 71/31-35 67.
● 74232 **Abstatt**, Robert Bosch Allee 1-5, Telefon: 0 70 62/9 11-21 20.
● 76227 **Karlsruhe-Durlach**, Auf der Breit 4, Telefon: 07 21/9 42-23 13.
● 77815 **Bühl**, Robert-Bosch-Straße 1, Telefon 072 23/82-10 77.

● 81673 **München-Berg am Laim**, Truderinger Straße 191-195, Telefon: 0 89/4 54 81-3 43.
● 87509 **Immenstadt-Gießen**, Robert-Bosch-Straße 1, Telefon: 0 83 23/20-25 51.
● 87544 **Blaichach**, Sonthofener Straße 30, Telefon 0 83 23/20-46 01.
● 89407 **Dillingen**, Robert-Bosch-Straße 16, Telefon: 0 90 71/52-2 53.
● 89537 **Giengen/Brenz**, Robert-Bosch-Straße 1, Telefon 0 73 22/92-23 22.
● 90441 **Nürnberg-Schweinau**, Dieselstraße 10, Telefon 09 11/6 65-22 39.
● 91522 **Ansbach-Brodswinden**, Robert-Bosch-Straße 1-5, Telefon: 09 81/54-36 86.
● 97816 **Lohr/Main**, Zum Eisengießer 1, Telefon: 03 52/18 46-70,.

Anreise

A73 Nürnberg–Bamberg. Richtung Bamberg-Zentrum auf den Berliner Ring fahren. Dem Berliner Ring folgen bis rechts das Garten-Center Dehner zu sehen ist. Bosch ist gegenüber.

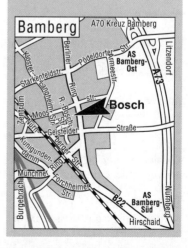

GREIFF

Greiff ist Marke und vereint fachliche Kompetenz und modisches Know-how in Berufsbekleidung und Damen- und Herrenkonfektion. Modische Kollektionen, hochwertige Stoffe, erstklassige Schnitte.

Mode für Sie und Ihn

Warenangebot
Aktuelle Kollektion und Berufsbeklei-dung aus eigener Produktion. Eigene Labels Greiff und Donna G. aber auch zugekaufte Ware. Umfangreiches Voll-sortiment: Anzüge, Sakkos, Hemden, Jeans, Kostüme, Pullis, Accessoires. Die Modelinien sind klassisch, leger, trendy. Große Auswahl auch in großen Größen. Hauseigene Schneiderei.

Ersparnis
10 bis 40 % bei aktuellen Kollektionen. Zusätzliche Ersparnis bei 2.-Wahl-Ware und Musterteilen.

Ambiente
Angenehme Verkaufsatmosphäre auf etwa 1200 m² Verkaufsfläche. Fach-kundige Beratung auf Wunsch. Park-plätze direkt vor der Tür.

Adresse
Greiff Mode GmbH & Co., Memmels-dorfer Straße 250, 96052 Bamberg, Telefon: 09 51/40 52 78, Fax: 40 52 23, E-Mail: outlet@greiff.de, Internet: www.greiff-outlet.de.

Öffnungszeiten
Montag bis Freitag 9.00 bis 19.00 Uhr, Samstag 9.00 bis 14.00 Uhr.

Anreise
A73 Nürnberg–Bamberg–Coburg, Ausfahrt Memmelsdorf/Bamberg-Gartenstadt, Richtung Bamberg. Nach 300 m ist links das Greiff-Firmengebäude. Das Factory Outlet befindet sich etwas weiter hinten.

Das richtige Outfit für Strand und Urlaub findet man hier. Hinter der Ware steckt das Know-how von engagierten Sportswear-Fachleuten, die auf Optik, Passform und Funktion setzen. Alles rund ums Wasser wird hier verkauft. Otuma gibt es seit über 30 Jahren.

Sommer, Sonne, Strand ...

Warenangebot
Bade- und Strandbekleidung, Bademäntel für Damen, Herren, Kinder. Badeschuhe, Bademützen, Shorts, T-Shirts, Sweatshirts, Gymnastikkleidung.

Ersparnis
Ca. 40 %.

Ambiente
Übersichtliche Präsentation der Ware auf über 200 m² Verkaufsfläche; genügend Umkleidekabinen vorhanden; Preise ausgezeichnet; ausreichend Parkplätze.

Besonderheiten
Bamberg ist eine der besterhaltenen mittelalterlichen Städte Deutschlands; für Kunstliebhaber ein Kleinod.

Adresse
Utzmann OHG, Bade- und Strandbekleidung, Nürnberger Straße 108 K, 96050 Bamberg, Telefon: 09 51/2 73 64, Fax: 2 66 04.

Öffnungszeiten
Montag bis Freitag 9.00 bis 18.00 Uhr, Samstag 9.00 bis 13.00 Uhr. Von April bis August zusätzlich: Donnerstag bis 20.00 Uhr.

Weitere Verkaufsstelle
● 96231 **Bad Staffelstein**, Bahnhofstraße 64, Telefon: 0 95 73/23 54 68.

Anreise
A73 Nürnberg–Bamberg, Ausfahrt Bamberg-Süd. Dem Berliner Ring folgen und an der 6. Ampel links in die Moosstraße einbiegen. Nach ca. 700 m, nach der Unterführung, rechts in die Nürnberger Straße.

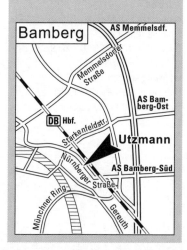

KARLSBADER
B L U S E N · C O O R D I N A T E S

Karlsbader Blusen sind bekannt für erstklassige Qualität, feinen Schick im Trachten- und modernen Stil.

Tradition und Schick

Warenangebot
Damenblusen zu jedem Anlass in den Größen 36 bis 52. Es wird 1. und 2. Wahl angeboten.

Ersparnis
Ca. 50 %.

Ambiente
Der Fabrikverkauf ist rechts neben dem Haupteingang und nennt sich „Boutique". Die hochwertige Ware ist in Wäscheschonern auf Ständern präsentiert. Umkleidekabinen und Spiegel vorhanden. Kein Umtauschrecht.

Adresse
Wunderlich Modelle GmbH & Co., Kirschäckerstraße 22, 96052 Bamberg, Telefon: 09 51/93 22 20, Fax: 9 32 22 44.

Öffnungszeiten
Dienstag bis Freitag 10.00 bis 18.00 Uhr, Samstag 9.00 bis 13.00 Uhr.

Anreise
A73 Nürnberg–Bamberg, Ausfahrt Memmelsdorf. Die Memmelsdorfer Straße entlang fahren. Die Kirschäckerstraße ist eine Querstraße zur Memmelsdorfer Straße und geht rechts ab. Von der Stadtmitte Bamberg kommend liegt die Firma im Nordosten der Stadt. Auf der Memmelsdorfer Straße in Richtung A73. Die Kirschäckerstraße zweigt links von der Memmelsdorfer Straße ab.

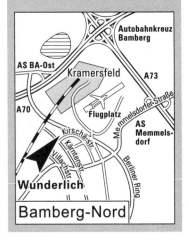

Ob im Wasser oder zu Land – fein heraus ist man mit der aktuell design-
ten und praktischen Sportbekleidung von arena. Die Weltmarke ist offiziel-
ler Ausstatter von Nationalmannschaften im Schwimmsport, Gymnastik-
bereich und Turnen.

Bunte Mode für den Sport

Warenangebot
Bademoden und Schwimmsportzu-
behör für Erwachsene und Kinder,
Freizeit- und Fitnessbekleidung.

Ersparnis
Ca. 20 bis 50 %.

Ambiente
Werksverkauf auf ca. 500 m² in angenehmer Atmosphäre.

Adresse
Arena Deutschland GmbH, Bernecker
Straße 73, 95448 Bayreuth, Telefon:
09 21/85 03 18.

Öffnungszeiten
Mittwoch 12.00 bis 17.00 Uhr, Don-
nerstag und Freitag 9.00 bis 17.00 Uhr,
Samstag 9.00 bis 13.00 Uhr. April bis
Oktober auch Dienstag 12.00 bis 17.00
Uhr.

Anreise
A9 Nürnberg–Hof, Ausfahrt Bayreuth-Nord, Richtung Stadtmitte.
Nach der Autobahnbrücke an der
Ampel links, Richtung Industriegebiet Ost, nach ca. 200 m direkt
links an der Straße.

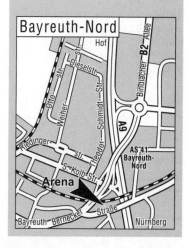

Leather & more. Since 1899.

Die Lederwarenfabrik bietet Ledermode und Lederwaren zum günstigen Preis an. Hier sieht man vor allem bei Accessoires auch zugekaufte Ware.

Top-Marken in Leder

Warenangebot

Ständig über 500 Artikel aus Musterkollektionen und Überproduktion, Auslaufmodelle. Lederjacken für Sie und Ihn, Handtaschen, Akten- und Laptoptaschen, Kleinlederwaren, Reisegepäck namhafter Hersteller, Schmuckkoffer, Schultaschen, Rucksäche von Scout, 4You und Eastpak, Accessoires wie Tücher, Schals, Geschenkartikel, Schirme, Handschuhe.

Ersparnis

30 bis 40%, bei Ware aus eigener Herstellung bis 70%.

Ambiente

Zwei Verkaufsräume. Ware wie im Einzelhandelsgeschäft präsentiert. Parkplätze direkt vor dem Haus

Adresse

Eurostyle, Emil Kreher GmbH & Co., Lederwarenfabrik, Dieselstraße 5, 95448 Bayreuth, Telefon: 09 21/7 89 52-34, Fax: 7 89 52-40.

Öffnungszeiten

Montag bis Freitag 9.00 bis 18.00 Uhr, Samstag 9.00 bis 14.00 Uhr.

Anreise

A9 Nürnberg–Hof, Ausfahrt Bayreuth-Nord. Über die Sophian-Kolb-Straße in die Theodor-Schmidt-Straße, die im weiteren Verlauf zur Dieselstraße wird.

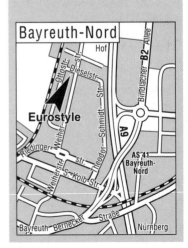

Die Sportswear, die hier im Holiday Shop angeboten wird, reicht vom Bikini bis zum Ski-Overall. Hinter der Ware steckt das Know-how von Fachleuten, die etwas von Sportbekleidung verstehen. Hochwertige Materialien und funktionsgerechte Details überraschen angenehm.

Nicht nur für den Bade-Spaß

Warenangebot
Nur 2.-Wahl-Ware, Musterkollektionen und Restposten: sehr großes Angebot an Badebekleidung und Beachwear, Freizeitanzüge, Outdoor-, Skibekleidung für Alpin und Langlauf. Im selben Haus gibt es ein Outlet (andere Öffnungszeiten, s.u.). Hier besonders preiswerte Musterteile von Bademoden, allerdings fast ausschließlich Damengrößen 36 bis 38 und Herrengrößen 5 oder L.

Ersparnis
Ca. 30 %. Zum Saisonende z.B. Wintersportartikel reduziert um bis zu 50 %.

Ambiente
Großzügig gestalteter Verkaufsraum mit sechs Umkleidekabinen. Ansprechende Ware. Ware preisausgezeichnet, übersichtlich präsentiert. Nette Fachberaterin.

Adresse
Holiday Shop, Ottostraße 7, 95427 Bayreuth, Industriegebiet St. Georgen, Telefon: 09 21/8 84-2 59, Fax: 8 84-4 44.

Öffnungszeiten
Shop: Montag bis Freitag 9.30 bis 18.00 Uhr, Samstag 9.30 bis 15.00 Uhr.

Outlet: Mittwoch bis Freitag 12.00 bis 18.00 Uhr.

Anreise
Holiday Shop im Gewerbegebiet St. Georgen. Dieses Gewerbegebiet liegt westlich der Autobahn A9 Berlin–Nürnberg. Firma über Ausfahrt Bayreuth-Nord schnell zu erreichen. Gewerbegebiet St. Georgen ist gut ausgeschildert. Ottostraße verläuft parallel zur A9. Verkauf auf der linken Straßenseite.

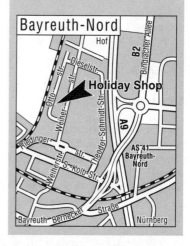

Schiesser ist Trendsetter im Wäschebereich und für Millionen von Verbrauchern Inbegriff von Qualität. Das Unternehmen setzt verstärkt auf modische Unterwäsche. Klassisch-konservativ, aber auch trendig-kreativ.

Qualität auf der Haut

Warenangebot
Alles, was der Tag- und Nachtwäsche-Sektor zu bieten hat für Babys, Kinder, Damen und Herren.

Ersparnis
20 bis 30%; Einzelstücke bis 50%. Besonders preiswert sind Musterteile.

Ambiente
Verkauf auf dem Firmengelände von Solar in einem Nebengebäude des Solar-Fabrikverkaufs. Ca. 350 m² Fläche, ansprechendes Angebot, freundliches Personal.

Adresse
Schiesser AG, 95463 Bindlach, Stöckig-straße 2, Telefon: 0 92 08/57 04 61.

Öffnungszeiten
Montag bis Freitag 10.00 bis 17.00 Uhr, Samstag 10.00 bis 13.00 Uhr.

Weitere Verkaufsstellen
● 09228 **Wittgensdorf bei Chemnitz**, Chemnitzer Straße 55, Telefon: 03 72 00/8 74 97.
● 72555 **Metzingen**, Reutlinger Straße 32, Telefon: 071 23/3 81 05 07, Fax: 3 81 05 10.

● 78305 **Radolfzell**, Markthallenstraße 1-5, Telefon: 0 77 32/9 50 97 10, Info-telefon: 9 50 97 77, Fax: 9 50 97 20.
● 87509 **Immenstadt/Allgäu**, Julius-Kunert-Straße 44, Telefon: 0 83 23/96 92 03.

Anreise
A9, Berlin–Nürnberg, Ausfahrt Bayreuth-Nord. B2 Richtung Bad Berneck. Nächster Ort ist Bindlach. 1. Ampel links fahren, über die Autobahn, dann 1. Straße rechts bis zum Bahnhof Bindlach. Fabrikverkauf gegenüber dem Bahnhof.

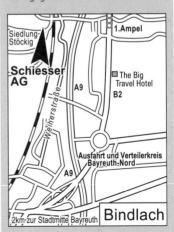

Bekannt durch revolutionäre Bademoden: durchbräunend, blickdicht, schnell trocknend und atmungsaktiv.

Durchbräunende Bademoden

Warenangebot
Überwiegend Vorjahreskollektionen und Musterteile für Herren, Damen und Kinder: Bademoden, Badetücher, Bademäntel und Joggingbekleidung.

Ersparnis
30 bis 50 %.

Ambiente
Großräumige Verkaufsfläche, Ware schlicht aber preisausgezeichnet präsentiert. 2. Wahl ist extra gekennzeichnet.

Adresse
Solar Fashion GmbH & Co. KG, Stöckigstraße 2, 95463 Bindlach, Telefon: 0 92 08/90 52, Fax: 90 37.

Öffnungszeiten
Montag und Dienstag 10.00 bis 12.00 und 12.30 bis 17.00 Uhr, Mittwoch und Donnerstag 10.00 bis 12.00 und 12.30 bis 17.30 Uhr, Freitag 10.00 bis 15.30 Uhr, 1. Samstag im Monat 9.00 bis 12.30 Uhr.

Anreise
A9 Nürnberg–Berlin, Ausfahrt Bayreuth-Nord. B2 Richtung Bad Berneck, nächster Ort ist Bindlach. An der 1. Ampel links, über die Autobahn, dann 1. Straße rechts bis zum Bahnhof Bindlach, der Verkauf ist gegenüber dem Bahnhof.

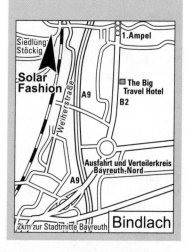

Das Unternehmen fertigt von den Ski-Weltcup-Crystal-Pokalen bis hin zu mundgeblasenen Trinkgläsern Hochwertiges in Kristall.

Die Kristallwelt

Warenangebot
1. und 2. Wahl. Gläser, Pokale, Schalen, Vasen, Uhren, Edelsteine, Krüge, Briefbeschwerer, Schlüsselanhänger, Becher, Flaschen, Sektflöten, -schalen und -kelche, Teller, Medaillen, Kronleuchter, Tisch- und Stehleuchten.

Ersparnis
Bis ca. 60 %, bei Einzelstücken bis 70 %.

Ambiente
In Bodenmais gibt es neben der Kristallwelt (Werk Joska 1) an der Umgehungsstraße noch das Werk 2 im Ort und den Fabrikverkauf (Werk 3).

Besonderheiten
Joska – Bayerns größte Bleikristall- und Kronleuchter-Verkaufsausstellung (Werk 1). Gratis-Versandkataloge für Kronleuchter, Sportpokale und Gläserserien.

Adresse
Joska Crystal, Am Moosbach 1, 94249 Bodenmais, Telefon: 0 99 24/77 90, Fax: 17 96, Internet: www.joska.com.

Öffnungszeiten
Montag bis Freitag 9.15 bis 18.00 Uhr, Samstag 9.15 bis 17.00 Uhr, Sonn- und Feiertage (Mai bis Oktober) 10.00 bis 16.00 Uhr.

Anreise
Von Zwiesel/Regen oder Kötzting kommend, ist die Kristallwelt (Werk 1) an der Umgehungsstraße Bodenmais. Aus Richtung Deggendorf fahren Sie am Kreisverkehr nach links. Werk 2 erreichen Sie, wenn Sie ortseinwärts fahren, nach ca. 700 m. Werk 3, der Fabrikverkauf, befindet sich von Zwiesel kommend, ca. 700 m nach dem Ortseingang in Richtung Arber/Silberberg.

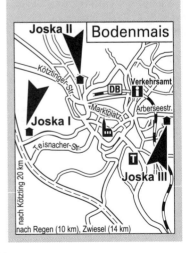

Trachten- und Folklore-Mode ohne die schnellen Modetrends und trotzdem pfiffig, das ist es, was bei Country Line gefällt. Zünftig, klassisch und sportlich zeigt sich die Trachtenmode dieser Firma.

Country Line Trachtenmode

Warenangebot
1. und 2. Wahl. Damen: Dirndl, Landhauskleider, Röcke, Mieder, Blusen, Trachten-, Lederjacken, Janker, Westen, Hosen, Strickwaren, Lederkombis (Hosen, Bermudas, Spenzer, Jacken). Herren: Hemden (Leinen/Baumwolle), Strickjacken, Walk- und Flauschjacken, Spenzer, Lederkombis (Hosen lang und kurz, Kniebundhosen, Spenzer, Janker).

Ersparnis
Ca. 30 bis 60%.

Ambiente
Große Damenabteilung mit elf Umkleidekabinen und Herren- und Kinderabteilung mit fünf Kabinen. Ausreichend Parkplätze.

Adresse
Country Line Trachtenmoden GmbH, Herrnbergstraße 6, 84428 Buchbach-Ranoldsberg, Telefon: 0 80 86/93 01-30, Fax: 93 01-40.

Öffnungszeiten
Montag bis Freitag 9.00 bis 17.00 Uhr.

Anreise
In Taufkirchen Richtung Buchbach/Waldbad. Ca. 10 km bis Buchbach. Dann Richtung Neumarkt St. Veit, Ranoldsberg noch 5 km. In den Ort hineinfahren. Fast am Ortsende rechts, beschildert „Stoiber-Bekleidung". Von München: B12, Ausfahrt Ampfing-Zangberg-Oberbergkirchen Ranoldsberg.

Silit

Seit Jahrzehnten steht die Marke Silit in der Küche für Qualität auf höchstem Niveau. Von der Erfindung des Sicomatic bis hin zu Silargan Kochgeschirren hat Silit die Welt des Kochens entscheidend geprägt. In dieser Tradition, Kochen immer attraktiver und bequemer zu gestalten, wurde das Sortiment konsequent um viele praktische Küchenartikel erweitert.

Ganz und gar genießen

Warenangebot

Schnellkochtöpfe (Sicomatic), Töpfe und Pfannen, Wok, Fonduegeräte in Silargan, Edelstahl, Silitstahl und Aluguss, Bräter, Schüsseln, Flötenkessel, Gewürzmühlen, Bestecke, Isolierkannen und weitere Küchenwerkzeuge und Küchenhelfer.

Ersparnis

1A-Ware mit kleinen Schönheitsfehlern ca. 30 % günstiger.

Ambiente

Übersichtliche Warenpräsentation und fachkundige Beratung. Kundenparkplätze.

Adresse

Silit-Werke GmbH & Co. KG, Josef-Drexler-Straße 6-8, 89331 Burgau, Telefon: 0 82 22/41 07 00.

Öffnungszeiten

Montag bis Freitag 9.00 bis 12.15 und 13.30 bis 17.00 Uhr, Samstag 9.00 bis 12.00 Uhr.

Weitere Verkaufsstelle

● 88499 **Riedlingen**, Jörg-L.-Vorbach-Straße 1-5, Telefon: 0 73 71/1 89-12 20. Montag bis Freitag 9.00 bis 12.30 und 13.30 bis 17.00 Uhr, Samstag 9.00 bis 11.30 Uhr.

Anreise

A8 Stuttgart–München, Ausfahrt Burgau. Der Silit-Werksverkauf liegt neben dem Hauptgebäude direkt an der B311 (Ulm–Bad Saulgau).

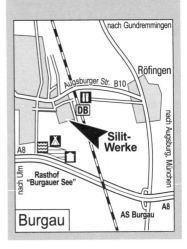

Zeitgemäße Fenstermode: weich fließendes Gewebe, feinfädige Qualität und neben der klassischen Gardine auch modern gemusterte Dekostoffe. Oftmals auch spielerisch miteinander kombiniert.

Duftig leichte Gardinen

Warenangebot

Stores, Dekos, Panneaux, Kissen, Vorhangstangen und -schienen, Rollos, Raffrollos, Jalousien, Lamellenvorhänge Flächenvorhänge, Plissee-Stores, Badteppiche, Tischdecken, Nähzubehör. Gardinenstoffe können fachgerecht zugeschnitten und genäht werden.

Ersparnis

Bis 40%, bei Restposten mehr.

Ambiente

Ausgelegte Fotoalben zur Ideenfindung. Große Stoffauswahl. Nähzubehör und Lagerware zum sofortigen Mitnehmen. Zuschnitt und Nähservice im Haus. Große Auswahl an Schienen, Stangen, Rollos, Jalousien usw. von verschiedenen Herstellern. Kissen und Tischdecken nach Maß. Freundliche, kompetente Beratung. Parkplätze vor dem Haus.

Adresse

Zimmermann Gardinen-Vertrieb, Schlesierstraße 3, 89331 Burgau, Telefon: 08222/1426, Fax: 1047, E-Mail: info @gardinen-zimmermann.de, Internet: www.gardinen-zimmermann.de.

Öffnungszeiten

Montag 14.00 bis 18.00 Uhr, Mittwoch bis Freitag 8.30 bis 12.00 und 14.00 bis 18.00 Uhr, Samstag 8.30 bis 12.00 Uhr.

Anreise

A8 Stuttgart-München, Ausfahrt Burgau. Am Ortsanfang im Kreisverkehr 1. Straße rechts und gleich wieder rechts in die Sackgasse.

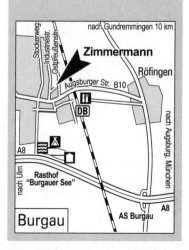

Elektrogeräte von Petra-electric sind ihrer Zeit meist den entscheidenden Schritt voraus. Ideen nehmen schnell Gestalt an. Das richtige Produkt zur richtigen Zeit im Regal sichert den Verkaufserfolg seit 25 Jahren.

Made in Germany

Warenangebot
Kaffeemaschinen, Toaster, Eierkocher, Wasserkocher, Wärmespeicherplatten, Waffelautomaten, Raclettegeräte, Woks, Fondues, Grills, Babykostwärmer, Desinfektionsgeräte, Folienschweißgeräte, Joghurt-, Einkochautomaten, Personalcare-Produkte, Medizinprodukte.

Ersparnis
Alles 2.-Wahl-Ware, Auslaufmodelle, Restposten, technisch sind alle Geräte einwandfrei; Ersparnis ca. 30%.

Ambiente
Übersichtliche Präsentation der Ware auf ca. 400 m² Verkaufsfläche. Fachkundige Beratung. Parkplätze direkt vor der Tür.

Adresse
Petra-electric, Greisbacher Straße 6, 89331 Burgau-Unterknöringen, Telefon: 0 82 22/40 04-0, Fax: 50 77, E-Mail: info@petra-electric.de.

Öffnungszeiten
Montag bis Freitag 9.00 bis 12.00 und 13.00 bis 18.00 Uhr. Samstag geschlossen.

Weitere Verkaufsstelle
● 83395 **Freilassing**, Klebingerstraße 5, Grossag, Telefon: 0 86 54/4 90-0, Fax: 4 90-135, E-Mail: info@grossag.de.

Anreise
A8 Stuttgart—München, Ausfahrt Burgau, durch Burgau bis zum Ende der Einbahnstraße. Dort links und gleich wieder rechts Richtung Ulm. Nach ca. 2 km von Oberknöringen nach Unterknöringen. 1. Straße rechts in die Greisbacher Straße einbiegen. 2. Einfahrt rechts zu den Parkplätzen (beschildert).

Sportlich, bequem und lässig sind sie, die Socken von Reli. Die aus meist 80 % Baumwoll- und 20 % Polyamid-Gemisch gefertigten Socken sind angenehm zu tragen und bleiben auch nach vielen Waschgängen in Form. Große Farbauswahl.

Zeigt her eure Füße

Warenangebot
1.- und 2.-Wahl-Ware: Strumpfhosen, Socken, Söckchen, Kniestrümpfe für Damen, Herren und Kinder. Tolle und große Auswahl an Kindersöckchen und Kinderstrumpfhosen in allen Farben. Extraweite Damenstrumpfhosen.

Ersparnis
Bei 2. Wahl und Auslaufmodellen bis zu 40 %.

Ambiente
Verkauf im 1. Stock des Hauses; kleiner, enger Verkaufsraum, 1. Wahl in Regalen, 2. Wahl in Wühlkisten, wo sich das Stöbern lohnt. Die Verkäuferin, ganz in ihrem Element, verrät gerne in welcher Kiste das Gesuchte zu finden ist und zieht so manche Farbe noch aus dem Lager hervor.

Besonderheiten
Sonderanfertigungen für Vereine, Fasnetsgruppen.

Adresse
Litzinger Strumpffabrik, Auwaldstraße 13, 89165 Dietenheim, Telefon: 073 47/ 74 38, Fax: 43 59.

Öffnungszeiten
Montag bis Freitag 9.00 bis 12.00 und 14.00 bis 18.00 Uhr. Samstag geschlossen.

Anreise
Von Illertissen kommend nach der Tankstelle am Ortseingang rechts ab in den Grenzweg, 3. Kreuzung (Auwaldsiedlung).

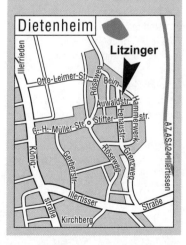

Breitfeld

G A R D I N E N

Die erste Fabrik wurde 1900 in Pürstein/Sudetenland gegründet. Sie exis-
tierte bis 1945. Heute produziert das Unternehmen in Dietmannsried nur
noch Gardinen, diese jedoch in großer Vielfalt und guter Qualität.

Ideale Fensterkleider

Warenangebot

Gardinen in den unterschiedlichsten
Größen, Längen, Stilrichtungen, Aus-
führungen und Mustern; Dekostoffe,
Übergardinen, Kissen und Kissenbezüge,
Vorhangstangen, Badvorleger und Zu-
behör wie Spitzen und Kordeln.

Ersparnis

20 bis 45%; nur 1.-Wahl-Ware. Das
ganze Jahr über stark reduzierte Sonderposten.

Ambiente

Sehr übersichtlich und inspirierend
wirkt die Präsentation der Gardinen:
Alle Teile hängen als Muster auf Bügeln
und sind mit genauer Bezeichnung und
Preisauszeichnung versehen. Sehr gute
Fachberatung und Ratschläge.

Besonderheiten

Im Ort selbst ist auch die Firma Töpfer,
die einen Besuch wert ist.

Adresse

Breitfeld KG, Krugzeller Straße 22,
87463 Dietmannsried, Telefon: 0 83 74/
80 11, Fax: 64 27.

Öffnungszeiten

Montag bis Freitag 8.30 bis 18.00 Uhr.
Samstag geschlossen.

Anreise

A7, Ausfahrt Dietmannsried, durch
den Ort hindurchfahren, kurz vor
dem Ortsende geht es nochmals
bergauf. Am Hang rechts ist die
Fabrik.

EINKAUFS-GUTSCHEIN

Die Haut ist eines der wichtigsten Organe des Menschen. Sie bestimmt in hohem Maße das Aussehen und schützt vor schädlichen Einwirkungen. Seit mehr als 80 Jahren arbeitet die Firma mit wertvollen Pflanzen- und Milchstoffen, um eine besonders milde Hautpflege herzustellen.

Nicht nur für Babys

Warenangebot

Für Kinder: Kleie-Kinderbad, Creme, Öl, Puder, Shampoo, Wundschutzpaste, Ringelblumensalbe, Lactana Bio-Säuglingsmilchnahrung, hypoallergene Nahrung, auch Säuglingsnahrung, milchfreie Säuglingsanfangsnahrung, Bessau Spezialnahrungen bei Durchfallerkrankungen. Für Erwachsene: probiotische Nahrungsergänzungsmittel (Probifido, Eugalan), Milchzucker, Trinkgelatine, Ringelblumensalbe, Kamillen-, Rosmarin-, Öl-, Molke- und Kleiebäder, Kamillencreme, Arnikasalbe.

Ersparnis

10 bis 30 % u.a. auf Retouren. Sonderangebote.

Ambiente

Kleiner Verkaufsraum, in dem Töpferartikel und Vesper (für die Angestellten) verkauft werden. Sehr freundliche Verkäuferin, Fachberatung, Prospekte, Kundenparkplätze.

Adresse

Töpfer GmbH, Heisinger Straße 6-10, 87463 Dietmannsried, Telefon: 0 83 74/9 34-0, Fax: 9 34-11, Internet: www.toepfer-gmbh.de.

Öffnungszeiten

Montag bis Donnerstag 8.00 bis 11.00 Uhr, Freitag 8.00 bis 11.00 und 13.00 bis 16.00 Uhr.

Anreise

A7 Ulm-Kempten, Ausfahrt Dietmannsried. Richtung Ortsmitte; 500 m nach dem Ortseingang ist die Firma links.

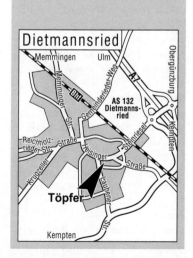

Waffelgebäck in allen Formen und Schokoladenspezialitäten von Oscar Pischinger runden das Kaffee- und Teekränzchen erst richtig ab. Auch für die Tischdekoration ist gesorgt: für jeden Anlass die passende Kerze.

Beiwerk fürs Teekränzchen

Warenangebot

Bienenwachskerzen aller Art, Kerzenständer, Wachsskulpturen, Keramikwindlichter und Geschenkartikel. An Knabbereien: Waffelbruch, Karlsbader Oblaten, Schoko-Spezialitäten von Pischinger und Diabetikergebäck.

Ersparnis

Alle Produkte sind nur in 1. Wahl erhältlich; bei selbst produzierten Waren Ersparnis um 50%.

Ambiente

Eine gute Nase führt den Kunden zum richtigen Eingang: Mit dem Duft frischer Waffeln konkurrieren nur die Bienenwachskerzen. Alles ist in langen Regalreihen aufgestellt; Parkmöglichkeiten vor dem gut ausgeschilderten Verkauf.

Besonderheiten

Sehenswert in Dillingen: Schloss, Stadt- und Hochstiftmuseum, Studienkirche, Basilika St. Peter, Franziskanerinnenkirche, Akademie für Lehrerbildung. Über Jahrhunderte war Dillingen Residenz der Fürstbischöfe von Augsburg.

Adresse

Bavaria Wachsveredlungs-GmbH, Wetzel Karlsbader Oblaten Waffelfabrik,

Donaustraße 35, 89407 Dillingen, Telefon: 0 90 71/85 90, Fax: 85 78.

Öffnungszeiten

Montag bis Freitag 9.00 bis 18.00 Uhr, Samstag 9.00 bis 12.30 Uhr.

Anreise

B16 nach Dillingen; in der Ortsmitte nach der Shell-Tankstelle rechts, dann immer geradeaus. Nach großer Kreuzung (Donaustraße) links Richtung Augsburg und Donaubrücke. Der Fabrikverkauf befindet sich nach ca. 200 m rechts.

Schröder & Schmidt

Bekannt für beste Qualität und Verarbeitung. Schröder & Schmidt bietet in den Produktgruppen „Straßenhandschuhe" und „Reiterhandschuhe" ein abgerundetes Programm von preisgünstigen Artikeln bis hin zu Modellen aus edelsten Materialien.

Weiches für die Hände

Warenangebot
1.- und 2.-Wahl-Ware. Modehandschuhe und Gebrauchshandschuhe für Damen und Herren aus Nappa-, Hirschund südamerikanischem Wildschweinleder, Skihandschuhe, Reithandschuhe, Rad- und Motorradhandschuhe.

Ersparnis
30 bis 50 % bei 1. Wahl, 2.-Wahl-Ware zum Teil noch günstiger.

Ambiente
Keine Selbstbedienung. Verkauf über die Ladentheke. Freundliche und fachkundige Beratung. Gute Parkmöglickeiten vor dem Fabrikgebäude an der Straße.

Adresse
Schröder & Schmidt GmbH, Handschuhfabrik, Karlsbader Straße 5, 91550 Dinkelsbühl, Telefon: 0 98 51/5 79 90, Fax: 34 89.

Öffnungszeiten
Montag bis Donnerstag 7.00 bis 12.00 und 13.00 bis 16.45 Uhr, Freitag 7.00 bis 13.00 Uhr.

Anreise
Durch die Innenstadt von Dinkelsbühl den Richtungsschildern Industriegebiet „Sinbronn" folgen. Beim Schild „Industriegebiet" links in die Breslauer Straße, die ab der Rudolf-Schmidt-Straße zur Karlsbader Straße wird. Verkauf nach ca. 500 m auf der rechten Seite.

Käthe Kruse

Puppen haben viele Namen. Hier aber wurde ein Name zum Synonym für eine besonders faszinierende Puppenwelt. Die Puppen von Käthe Kruse, in Handarbeit gefertigt, sind der Inbegriff für hochwertige Sammlerpuppen. Sie sind allerdings im Werksverkauf hier nicht erhältlich. Aber: Name und Marke Käthe Kruse stehen heute für die gesamte Erlebniswelt Kinderzimmer und für hochwertige Kinderbekleidung.

Käthe Kruse weckt Gefühle

Warenangebot

Käthe Kruse Klassik Puppen sind nicht im Werksverkauf erhältlich! Aber: Babyspielzeug aus weichen Stoffen wie z.B. Schmusetücher, Stoffpuppen nach Waldorf-Art, Spieluhren, Schnullerketten, Wärmflaschen, Kräuterpuppen, Taschen, Puppenbekleidung, Bettwäsche, Vorhänge, Teppiche, Wickeltischauflagen. Kinderbekleidung, auch Bademäntel. Die Ware ist aus der vergangenen Saison, Auslaufmodelle oder Muster.

Ersparnis

30 bis 50 %.

Ambiente

150 m² große, freundliche Räume. Ware ansprechend präsentiert. Zwei Umkleidekabinen. Ec-Karte und Kreditkarten werden akzeptiert. Parkplätze.

Adresse

Käthe Kruse Werksverkauf, Augsburger Straße 18, 86609 Donauwörth, Telefon: 09 06/7 06 78-0, Fax: 7 06 78-70, E-Mail: info@kaethe-kruse.de, Internet: www.kaethe-kruse.de.

Öffnungszeiten

Freitag 10.00 bis 18.00 Uhr, Samstag 10.00 bis 14.00 Uhr.

Anreise

B2 Augsburg–Nürnberg, Ausfahrt Donauwörth-Süd. 1. Ampel rechts, Richtung Stadtmitte. Durch den Ortsteil Nordheim fahren, 1. Haus auf der rechten Seite direkt neben der Shell-Tankstelle.

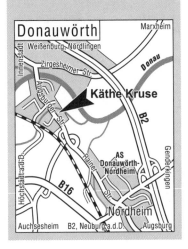

Hoher Sicherheitsstandard und Stabilität sind bei Kindermöbeln besonders wichtig. Dazu kommen schadstofffreie Materialien. Diese Elemente zeichnen die Massivholzmöbel von Silenta besonders aus. Die Kinderzimmer lassen sich in verschiedenen Kombinationen mit unterschiedlichen Bauelementen sehr individuell einrichten.

Bio-Kindermöbel: Natur pur

Warenangebot
Kinderzimmereinrichtungen für jedes Alter vom Baby bis zum Teenager. Gitterbetten, Hoch- und Etagenbetten, mitwachsende Bettsysteme, alles mit GS-Zertifizierung für geprüfte Sicherheit. Dazu passende Schränke, Regale, Kommoden und Sitzgruppen. Aktuelle Ware mit kleinen Schönheitsfehlern, die Funktionalität und Sicherheit nicht beeinträchtigen.

Ersparnis
40 bis 50% auf Aktions- und Musterware. Aktuelle Angebote auch im Internet under www.silenta.de, Bereich „Schnäppchenmarkt". Parkplätze gegenüber dem Fabrikgebäude.

Ambiente
Anmeldung an der Rezeption. Präsentation im ersten Stock des Firmengebäudes. Die Möbel sind übersichtlich angeordnet, mit Maßen und Preisen ausgezeichnet. Beratung, wenn erwünscht. Wer vormittags kommt, kann die meisten Modelle gleich mitnehmen.

Adresse
Silenta Produktions-GmbH, Würzburger Straße 11, Postfach 40, 96157 Ebrach, Telefon: 0 95 53/3 17, Fax: 3 20, Internet: www.silenta.de.

Öffnungszeiten
Montag bis Donnerstag 8.00 bis 16.00 Uhr, Freitag 8.00 bis 11.30 Uhr.

Anreise
A3 Nürnberg–Würzburg, Ausfahrten 75, 76 oder 77. Richtung Ebrach. Firma liegt direkt an der B22 am westlichen Ortsende (Hinweisschilder).

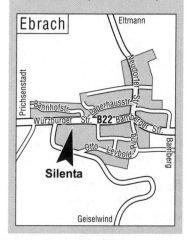

Fahrhans ist weit über Franken hinaus ein bekannter Katalogversender. Seit über 50 Jahren produziert der Strickwarenspezialist Damenmode ausschließlich in Deutschland. Jetzt kann die modebewusste Kundin auch direkt beim Hersteller einkaufen und das gleich acht Mal in Bayern.

Kombistrick für die Dame

Warenangebot
Hauptsächlich Damen-, aber auch Herrenbekleidung, 1. und 2. Wahl. Damen: Pullover, Blusen, Westen, Coordinates, Shirts, Röcke, Hosen, Kombimode. Herren: Hemden, Pullover, Westen, Socken.

Ersparnis
1.- und 2.-Wahl-Ware 20 bis 40%. Rest- und Sonderposten bis 70%. Am Saisonende bis 60% reduziert.

Ambiente
Vier Verkaufsräume, angenehme Atmosphäre, fachkundige Beratung möglich, Cafeteria, täglich Modenschauen. Gute Parkmöglichkeiten (auch für Busse).

Adresse
Strickmoden Fahrhans GmbH, Josef-Kolb-Straße 15, 91330 Eggolsheim/Oberfranken, Telefon: 0 95 45/ 9 49 40.

Öffnungszeiten
Montag bis Freitag 9.00 bis 17.00 Uhr, Samstag 9.00 bis 12.00 Uhr.

Weitere Verkaufsstellen
● 94072 **Bad Füssing**, Kuralle 6.
● 96047 **Bamberg**, Hauptwachstraße 16.
● 96231 **Bad Staffelstein**, Am Anger 14.

● 97688 **Bad Kissingen**, Ludwigstraße 10.

Anreise
A73, Ausfahrt Eggolsheim. In Eggolsheim den Schildern folgen.

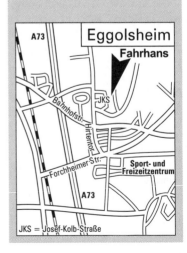

⁄⁄ Brümat-Küchen GmbH

Wertarbeit und 50-jährige Erfahrung im Küchenbau zeichnen dieses fränkische Unternehmen aus. Die 20 ausgestellten Musterküchen zeigen die Modellvielfalt des Küchenherstellers.

Gefällt Ihnen Ihre Küche noch?

Warenangebot
Einbauküchen, Raumteiler, Badmöbel, Einbauschränke, 1. Wahl und Musterteile.

Ersparnis
Bis ca. 30 %. Keine Festpreise, da die Küchen maßgefertigt werden. Eher hochpreisiges Sortiment; keine Küche unter 4000,- €.

Ambiente
Ausstellungsraum mit Schaufenster an der Straße. Zwei Etagen für die Ausstellung der Musterküchen (ca. 20 Küchen) im Werksgebäude. Badmöbel sind im 1. Stock des Bürogebäudes ausgestellt. Gute Parkmöglichkeiten auf dem Firmenparkplatz. Anmeldung im Büro.

Adresse
Brümat-Küchen, Hauptstraße 9, 63928 Eichenbühl, Telefon: 0 93 71/94 99 40, Fax: 9 49 94-29, Internet: www.bruemat-kuechen.de, E-Mail: info@bruemat-kuechen.de.

Öffnungszeiten
Montag bis Freitag 8.00 bis 12.00 und 13.00 bis 17.00 Uhr, Samstag 9.00 bis 14.00 Uhr und nach Vereinbarung, wenn möglich immer telefonisch einen Termin vereinbaren. Jeden 1. Sonntag im Monat 13.00 bis 16.00 Uhr Ausstellung ohne Beratung und Verkauf.

Anreise
Von Miltenberg in Richtung Hardheim. Auf der Hauptstraße durch Eichenbühl, Firma kurz vor dem Ortsende auf der rechten Seite.

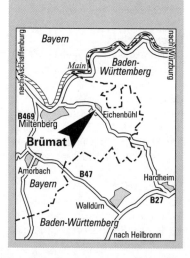

Bekannt ist die Firma seit 1929 vor allem durch ihr Angebot an Wander-
schuhen: Bequemschuhe mit herausnehmbaren und waschbaren Einlagen
in sehr guter Qualität mit geringem Gewicht.

Auf, du Wandersmann

Warenangebot
Wanderschuhe, Bergschuhe, Straßen-
schuhe, Trekking- und Haferlschuhe,
Arbeits- und Sicherheitsschuhe und
Winterstiefel. Auswahl für Damen, Herren
und Kinder. Auslaufmodelle in 1. Wahl.

Ersparnis
Ca. 30 bis 50%, 2.-Wahl-Ware mit kleinen optischen Fehlern 50%.

Ambiente
Im Büro gegenüber des Verkaufs stehen
alle Modelle zur Auswahl, im Verkaufsraum erfolgt Anprobe (dort sind verschiedene Größen gelagert).

Besonderheiten
Der Radweg durchs Altmühltal verläuft
in ca. 300 m Entfernung parallel.

Adresse
Haco Schuh, Hauf e.K., Clara-Staiger-
Straße 86, 85072 Eichstätt, Telefon:
0 84 21/15 49, Fax: 86 26, Internet:
www. schuhfabrik-hauf.de.

Öffnungszeiten
Montag bis Freitag 7.00 bis 12.00 und
12.30 bis 17.00 Uhr, Samstag 9.00 bis
12.00 Uhr. Betriebsferien im August,
bitte vorher anrufen.

Anreise
B13 nach Eichstätt, weiter die B13
entlang bis zur Westenkreuzung,
dann nach links abbiegen bis zum
Ford-Autohaus. Kurz danach rechts
zum Herzogkeller abbiegen.

Internationales Design und aktuelle Mode für die Modebewussten. Der Outlet-Store hat sich in Erlangen und Umgebung schnell zum Stadtgespräch gemausert. Hochwertiges für Sie und Ihn von Armani, Kenzo, Joop, Versace, Gucci, Helmut Lang, Calvin Klein.

Exklusive Topmarken

Warenangebot
Hauptsächlich aktuelle Mode der 1. Wahl für Sie und Ihn, weniger Second-Season. Einzelstücke teilweise handgefertigt. Ein breites Warenangebot von der Unterwäsche bis zur Abendgarderobe. Schuhe, Lederwaren, Accessoires, Kleider, Abendkleider, Kostüme, Twin-Sets, Dessous, Krawatten, Socken, Hemden, Anzüge, Sakkos, Hosen, Mäntel, Jacken.

Ersparnis
30 bis 70 %. Keine Billigware.

Ambiente
In der ca. 600 m² großen Mehrzweckhalle der ehemaligen Firma Gossen liegt dieses Schatzkästchen. Großparkplatz, gebührenpflichtig: 1 Stunde: 1,- €, Tag: 4,- €.

Adresse
Couture & Trends GmbH, Nägelsbachstraße 29, 91052 Erlangen, Telefon: 0 91 31/97 81 37, Fax: 97 81 40.

Öffnungszeiten
Montag bis Freitag 11.00 bis 19.00 Uhr, Samstag 11.00 bis 17.00 Uhr.

Anreise
A73, Ausfahrt Erlangen. Richtung Erlangen-Zentrum bis zur Kreuzung Nürnberger/Werner-von-Siemens-Straße. Hier links einordnen. Bis zur Fußgängerzone, links abbiegen auf die Nägelsbachstraße. Das Gebäude befindet sich auf der rechten Seite.

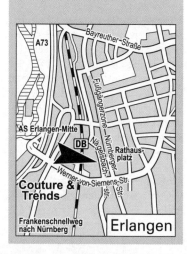

VIA / APPIA

Die Marke Via Appia gilt bei der modebewussten Frau als interessant und hochwertig. Der Hersteller von Damen-Shirts und Pullovern ist in führenden Modehäusern und im engagierten Fachhandel vertreten.

Gute Passform, große Größen

Warenangebot

1.- und 2.-Wahl-Ware, Restposten, Überhänge, Rücklaufe aus aktueller Kollektion. Pullover, Shirts, Kleider, Hosen, Röcke. Kollektion Via Appia (Größe 36-46), Via Appia Due (Größe 42-52), Pullover der Marke Otto Kern.

Ersparnis

30 bis 40%, zum Saisonschluss zusätzlich bis zu 50%.

Ambiente

320 m² großer, heller, nüchtern eingerichteter Verkaufsraum mit 15 Umkleidekabinen. Einkaufswagen und Schließfächer. Die Ware ist auf Kleiderständern präsentiert und preisausgezeichnet. Ständige „Schnäppchenecke". Über die Telefonnummer: 0 91 31/99 94-0, kann ein kostenloser Infoflyer mit Wegbeschreibung angefordert werden. Schnäppchenkunden werden über Sonderverkäufe gesondert informiert. Gute Parkmöglichkeiten direkt vor dem Factory Store.

Adresse

Via Appia Factory Store, Gewerbegebiet Röthelheim, Kurt-Schumacher-Straße 16, 91052 Erlangen, Telefon: 0 91 31/ 9 99 42 11, Fax: 99 94 53, E-Mail: factory

store@via-appia-mode.de, Internet: www. via-appia-mode.de.

Öffnungszeiten

Montag bis Freitag 9.30 bis 19.00 Uhr, Samstag 9.00 bis 16.00 Uhr.

Anreise

A3, Ausfahrt Tennenlohe, weiter auf der B4 Richtung Erlangen. Ausfahrt Erlangen-Ost/Gräfenberg/Südl. Universitätsgelände. Links in die Kurt-Schumacher-Straße. Nach ca. 3 km am Kreisverkehr Richtung OBI. Der Factory Store ist auf der linken Seite.

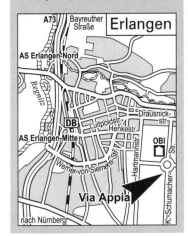

Die Alte Nussknackerfabrik lässt mit ihren bis zu einem Meter großen Nussknackern den Nüssen keine Chance. Sie bietet Dekorationsartikel und Geschenkideen für alle Jahreszeiten und Festtagsschmuck für die verschiedensten Anlässe. Amerikaner kaufen hier ihre Souvenirs aus Old Germany.

Nussknacker aus Old Germany

Warenangebot
Nussknacker in allen Größen, Christbaumschmuck, Fest- und Dekorationsartikel, künstliche Blumen und Pflanzen, Keramik- und Porzellanfiguren, Plüschtiere, Kuckucksuhren, Krüge, Spazierstöcke, Geschenkpapier.

Ersparnis
10 bis 30 %, bei 2. Wahl mehr, Sonderposten bis ca. 50 %.

Ambiente
Großer Verkaufsraum (ca. 1200 m²), Artikel übersichtlich geordnet. Die Ware kann in Selbstbedienung ausgewählt werden. Beratung möglich. Großparkplatz direkt vor dem Firmengebäude.

Adresse
Alte Nussknackerfabrik, M. Tauber GmbH, Am Stadtwald 8, 92676 Eschenbach/Oberpfalz, Telefon: 0 96 45/9 20 10, Fax: 92 01 40, Internet: www.alte-nussknackerfabrik.de.

Öffnungszeiten
Montag bis Freitag von 9.00 bis 18.00 Uhr, Samstag 9.00 bis 13.00 Uhr, ganzjährig geöffnet. April bis Oktober auch Sonntag 10.00 bis 16.00 Uhr.

Anreise
A9, München–Berlin, Ausfahrt Pegnitz/Grafenwöhr, Richtung Grafenwöhr nach Eschenbach. A93 Regensburg–Hof, Ausfahrt Weiden-West, Richtung Eschenbach. Aus Richtung Auerbach i.d.Opf. auf der B470 in Richtung Weiden. Eschenbach liegt an der B470. Das Industriegebiet „Stadtwald" ist gut gekennzeichnet und Hinweisschilder zur „Nutcracker Factory/Nussknacker Fabrik" gibt es genügend.

Der Hersteller dieser Qualitätsprodukte hat seine Produktion in Bammental bei Heidelberg. Das Familienunternehmen aus der Kurpfalz vertreibt seine Erzeugnisse europaweit im Betten- und Möbelhandel und fertigt auch Spezialmatratzen für den Hotel-, Krankenhaus- und Heimbedarf.

Solide Qualität

Warenangebot
Kaltschaum-Federkern-, Latex-, Bandscheibenmatratzen. Alle handelsüblichen Größen, auch Kindermatratzen. Lattenroste. Bis zu 600 Matratzen am Lager.

Ersparnis
Ca. 20 bis 50 %.

Ambiente
Das rote Schild „Fabrikverkauf" weist den Weg.

Besonderheiten
Alle Matratzen werden auch in Sondergrößen hergestellt.

Adresse
Gefi Matratzen GmbH, Schweinfurter Straße 34, 97717 Euerdorf, Telefon: 0 97 04/60 15 53, Internet: www.gefi-matratzen.de.

Öffnungszeiten
Montag bis Mittwoch und Freitag 9.00 bis 18.30 Uhr, Donnerstag 9.00 bis 20.00 Uhr, Samstag 9.00 bis 13.00 Uhr, 1. Samstag im Monat 9.00 bis 16.00 Uhr.

Weitere Verkaufsstellen
● 69245 **Bammental** (Hauptstandort), Industriestraße 17-19, Telefon: 0 62 23/95 16-0, Fax: 95 16 20.
● 97440 **Werneck**, Meininger Straße 8, Telefon: 0 97 22/63 09.
● 97980 **Bad Mergentheim**, Würzburger Straße 12, Telefon: 0 79 31/4 49 68.

Anreise
A7 Würzburg-Fulda, Ausfahrt Hammelburg. Richtung Bad Kissingen nach Euerdorf. Im Ort ist der Verkauf nach der Ortsmitte im Rewe-Center.

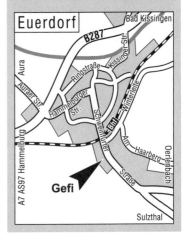

Monte Pelle ist führender Hersteller von Lederbekleidung und Leder-Accessoires, sowie Trachten- und Landhausmode.

Lederparadies im Fichtelgebirge

Warenangebot
1.-Wahl-Ware. Modische Lederbeklei-dung für Damen und Herren. Mittlere bis hohe Qualität. Jacken, Hosen, Röcke, Mäntel mit und ohne Fellinnenfutter. Lammfell- und Landhausbekleidung. Handtaschen und Reisegepäck. Klein-lederwaren wie Geldbörsen, Schmink-täschchen, Schlüsselanhänger, Gürtel. Markenjeans der verschiedensten Fir-men, Geschenkartikel-Abteilung.

Ersparnis
1.-Wahl-Ware zwischen 25 und 50%. Sonderangebote bis zu 80%. Bei Gürteln Ersparnis bis zu 80%.

Ambiente
1600 m² Verkaufsfläche, gute Waren-präsentation. Zusätzlich Geschenke- und Porzellanabteilung sowie Land-haus-Welt.

Adresse
Monte Pelle GmbH, Bayreuther Straße 33, 95686 Fichtelberg, Telefon: 0 92 72/ 9 71 23, Fax: 9 71 11, Internet: www. montepelle.de.

Öffnungszeiten
Montag bis Freitag 9.00 bis 18.00 Uhr, Samstag 9.00 bis 13.00 Uhr, 1. Samstag im Monat 9.00 bis 16.00 Uhr.

Anreise
A9, Ausfahrt Bayreuth-Nord, über Warmensteinbach nach Fichtelberg. Der Fabrikverkauf befindet sich am Ortseingang, rechte Seite.

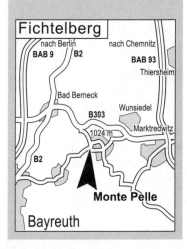

MADELEINE.

EINKAUFS-GUTSCHEIN

Die Marke Madeleine ist ein Begriff für anspruchsvolle Damenmode von einem der bekanntesten Direktversender in Europa. Hersteller-Direktverkauf von Lagerüberhängen, Vorsaisonware und 2.-Wahl-Ware. Die Artikel stammen nicht aus den aktuellen Katalogen oder weisen kleine Fehler auf.

Damenwahl

Warenangebot
Gute Auswahl an Damenbekleidung: Mäntel, Kleider, Kostüme, Jacken, Blazer, Hosen, Blusen, Röcke, Dessous, Sportswear, Schuhe, Accessoires, Bademoden.

Ersparnis
40 bis 70 %.

Ambiente
Gepflegter Verkaufsraum mit Lagercharakter. Freundliche, fachkundige Beratung.

Adresse
Madeleine discount, Boschstraße 5-7, 91301 Forchheim, Telefon: 0 91 91/ 97 53 27.

Öffnungszeiten
Montag bis Freitag 9.00 bis 19.00 Uhr, Samstag 9.00 bis 14.00 Uhr.

Weitere Verkaufsstelle
● 72411 **Bodelshausen**, Im Center M, Daimlerstraße 2, 72411 Bodelshausen, Telefon: 0 74 71/70 61 32 oder 70 61 23.

Anreise
A 73 Nürnberg–Bamberg, Ausfahrt Forchheim-Süd/Ebermannstadt. In Richtung Ebermannstadt fahren. An der 2. Ampel links, ca. 1000 m geradeaus bis zur Ampelkreuzung. Weiter geradeaus, nach ca. 300 m rechts in die Boschstraße abbiegen. Der Fabrikverkauf liegt am Ende der Straße.

Weber & Ott

Dies ist ein traditionsreiches Unternehmen, das sich vorrangig auf Marken-qualität spezialisiert hat.

Preiswert und aktuell

Warenangebot
Für Damen: Jeans und Hosen, Blusen, T-Shirts, Strickwaren. Für Herren: Jeans, Hemden, Hosen, Krawatten, Strick-waren, Sweat- und T-Shirts.

Ersparnis
30 bis 50 %.

Ambiente
Die Ware ist auf einer Fläche von 500 m² präsentiert. Änderungsservice, Kaffee und Erfrischungsgetränke, Kin-derecke. Ausreichend kostenlose Park-plätze.

Adresse
Weber & Ott, Konrad-Ott-Straße 1, 91301 Forchheim, Telefon: 0 91 91/ 8 32 51, Fax: 8 32 94.

Öffnungszeiten
Montag bis Freitag 9.00 bis 18.00 Uhr, Samstag 9.00 bis 13.00 Uhr.

Weitere Verkaufsstelle
● 94474 **Vilshofen-Linda**, Aidenbacher Straße 74, Telefon und Fax: 0 85 41/ 30 07. Montag bis Freitag 10.00 bis 18.00 Uhr.

Anreise
A73 Nürnberg–Bamberg, Ausfahrt Forchheim-Süd. Auf der B470 gera-deaus. Folgen Sie der Beschilderung nach Bayreuth/Fränkische Schweiz - Bayreuther Straße. Ca. 300 m nach dem Eisenbahnübergang ist rechts der Werksverkauf der Weber & Ott AG unübersehbar beschriftet.

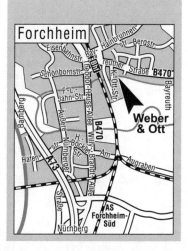

GLASMANUFAKTUR

Die Glaskultur des Bayerischen Waldes wurzelt in jahrhundertealter handwerklicher Tradition. Die Vorfahren der Familie Eisch waren seit 1680
Aschenbrenner, Glasmacher, Schleifer und Graveure in den Glashütten des
Bayerischen Waldes und des Böhmerwaldes. Eisch-Gläser sind weltweit für
ihr hohes künstlerisches Niveau bekannt.

Kreatives Glas

Warenangebot

Unikatprogramm „Poesie in Glas". Hochwertige Trinkgläser und Geschenkartikel
in Kristall. Überwiegend 2.-Wahl-Ware
zu günstigen Preisen, auch Restposten
und Auslaufmodelle.

Ersparnis

30 bis 50 %.

Ambiente

Großzügiger, neuer Verkaufsraum.

Besonderheiten

Führungen durch die Eisch-Hütte
Montag bis Donnerstag 9.00 bis 11.30
und 13.00 bis 14.45 Uhr, Freitag und
Samstag 9.00 bis 11.45 Uhr. Lohnend ist
auch ein Besuch im Glasmuseum von
Frauenau (3 Minuten zu Fuß).

Adresse

Glashütte Valentin Eisch GmbH, Am
Steg 7, 94258 Frauenau, Telefon:
0 99 26/18 90, Fax: 18 92 50, E-Mail:
info@eisch.de, Internet: www.eisch.de.

Öffnungszeiten

Montag bis Freitag 9.00 bis 18.00 Uhr,
Samstag 9.00 bis 16.00 Uhr, Sonntag
und Feiertage (1. Mai bis 31. Oktober)
10.00 bis 16.00 Uhr.

Anreise

A3 bis zum Ende in Deggendorf. Im
Tunnel rechts und geradeaus durch
Deggendorf hindurchfahren. Über
Rusel Richtung Regen. B11 Richtung
Pilsen/Bayr. Eisenstein, Ausfahrt
Zwiesel-Mitte. Links nach Frauenau.

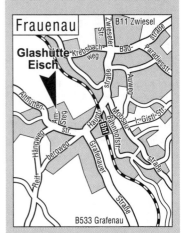

Die Freiherr von Poschinger Glasmanufaktur ist die älteste Glashütte Deutschlands mit der ältesten Glas-Familientradition der Welt. Seit über 400 Jahren fertigt sie in reiner Handarbeit Gläser von erlesener Qualität.

Wiege der Glasmacherkunst

Warenangebot
Hochwertige, handgefertigte Trinkgläser, Objekte, Vasen, Gartenobjekte, Lampen, und Geschenkartikel. Malerei-, Gravur- und Schliffveredelungen. Sonderanfertigungen, Repliken, Reproduktionen, Beleuchtungsteile, Badausstattung.

Ersparnis
Ab-Manufaktur-Preise und Sonderangebote mit 20 bis 50% Ersparnis. Überwiegend 2. Wahl.

Ambiente
„Der Glasbaron" – Manufakturverkauf & Glasgalerie – zeigt die ganze Fülle an handgefertigten Gläsern.

Besonderheiten
Sonderanfertigungen, Ergänzung alter Service. Ansprechpartner für alle Probleme rund um das Thema Glas. Glashütten-Führungen jederzeit möglich. Informationen anfordern.

Adresse
Freiherr von Poschinger Glasmanufaktur, Moosauhütte 14, 94258 Frauenau, Telefon: 0 99 26/9 40 10, Fax: 17 11.

Öffnungszeiten
November bis Ende April: Montag bis

Freitag 10.30 bis 16.00 Uhr, Samstag 10.30 bis 14.30 Uhr. Mai bis 31. Oktober: Montag bis Freitag 10.30 bis 18.00 Uhr, Samstag 10.30 bis 14.30 Uhr, Sonntag 10.30 bis 14.30 Uhr.

Anreise
A3 Regensburg–Passau oder A92 München–Deggendorf, jeweils Autobahnanschluss Kreuz Deggendorf. Richtung Regen/Zwiesel über Rusel. Bei Regen weiter in Richtung Zwiesel/Bayrisch Eisenstein Nach dem Tunnel Ausfahrt Zwiesel Mitte. In Frauenau der Beschilderung folgen.

Weihenstephan

Weihenstephan − allein der Name ist für einen Bayern ein Stück Agrarkultur. Dort gibt es sogar einen „Universitäts-Kuhstall" an der Hochschule für Agrarwissenschaften. Die Molkerei ist bekannt für beste Milchprodukte.

Hier hat Genuss Tradition

Warenangebot
Ständiges Angebot an Butter, Milch, Sahne, Käse, Camembert, Buttermilch, Joghurt, Fruchtbuttermilch.

Ersparnis
Bei regulärer Ware 10 %, bei Überproduktion bis zu 50 %, günstige Tagesangebote.

Ambiente
Verkauf über SB-Regale; Ware ist preisausgezeichnet. Das gesamte Sortiment ist ständig erhältlich.

Adresse
Staatliche Molkerei Weihenstephan GmbH & Co. KG, Milchstraße 1, 85354 Freising, Telefon: 0 81 61/17 20, Fax: 17 21 00.

Öffnungszeiten
Montag 13.00 bis 17.00 Uhr, Dienstag geschlossen, Mittwoch bis Freitag 9.00 bis 17.00 Uhr.

Anreise
A92 Flughafen-Autobahn, Ausfahrt Freising-Mitte. Auf der B11 über die Isar Richtung Freising bis zur T-Kreuzung. Hier kann man links die Molkerei sehen. Dort aber rechts abbiegen. Vor dem Ortsschild von Freising links an einem kleinen Häuschen vorbei. Hier geht eine kleine Straße ohne Namen ab. In diese Straße einbiegen. Man gelangt hier zur Rückseite des Werksgeländes. Hier befinden sich Parkplätze und der Verkaufspavillon.

TAUBERT

Vor allem die Frau wird hier fündig: großes Angebot an Nachtwäsche, Home- und Beachwear. Im Winter zusätzlich Skihandschuhe.

Der Allround-Sortimenter

Warenangebot
Nachthemden, Schlafanzüge, Hausanzüge, Nickibekleidung, Bade- und Morgenmäntel in großer Auswahl. Im Winter: Skihandschuhe. Im Sommer: Bade- und Strandmoden.

Ersparnis
Ca. 20 bis 50%.

Ambiente
Direkt am Werk wurde ein kleiner Verkaufsraum eingerichtet. Bei regem Kundenandrang geht es eng zu. Zwei Umkleidekabinen.

Adresse
Taubert Textil GmbH, Verkauf, Ismaninger Straße 1, 85356 Freising, Telefon: 0 81 61/98 88-77, Fax: 98 88-10.

Öffnungszeiten
Montag bis Freitag 14.00 bis 18.00 Uhr, vier Samstage vor Weihnachten 10.00 bis 16.00 Uhr.

Anreise
A92 München—Landshut, Ausfahrt Freising-Ost. Weiter geradeaus und vor der Isarbrücke links Richtung Ismaning. Nächste Straße geradeaus. Links Parkplatz und Verkauf.

Seit 50 Jahren ist Mederer ein führender Hersteller von Süßwaren und hat sich auf Gummibonbons spezialisiert.

Süßer Trolli

Warenangebot

Aus eigener Herstellung: Gummibärchen, -würmer, -tiere, -früchte, Trolli, aller Art, Colafläschchen, saure Stäbchen, Lakritzen. Schokoladenartikel, GeleeBananen, Kokosflocken, Rumkugeln.

Ersparnis

1.-Wahl-Abpackungen 10 bis 20 %. Außer den handelsüblichen Größen werden vor allem 1,5-kg-Beutel angeboten. Ersparnis hier 30 bis 50 %. Schokoartikel 25 bis 30 %. Viele 2.-Wahl-Angebote im 1 kg-Pack.

Ambiente

Laden mit ca. 100 m² neben der Firma (um die Ecke gehen). Es darf probiert werden! Parkmöglichkeiten vorhanden.

Adresse

Mederer Süßwaren Vertriebs GmbH Trolli Shop, Hans-Bornkessel-Straße 3, 90763 Fürth, Telefon Laden: 09 11/ 70 90 98, Firma: 78 70 30.

Öffnungszeiten

Montag bis Freitag 9.00 bis 18.00 Uhr.

Weitere Verkaufsstelle

● 90471 **Nürnberg-Langwasser**, Breslauer Straße 400,   Telefon: 09 11/ 81 70 04 00.

Anreise

A9 München–Nürnberg bis Dreieck Feucht. Weiter Richtung Fürth, Kreuz Nürnberg-Süd Richtung Fürth, Ausfahrt Höfen (an Pyramide). An Ampel links Richtung Fürth, an der Kreuzung rechts in die Hans-Bornkessel-Straße. A3 Würzburg–Nürnberg oder A73 Bamberg–Nürnberg bis Kreuz Fürth-Erlangen Richtung Fürth, Ausfahrt Fürth-Stadtmitte/Nbg.-Doos, links halten, an der großen Kreuzung geradeaus unter der Unterführung durch, nach ca. 500 m rechts; nächste Straße links ist die Hans-Bornkessel-Straße.

Stehmann's Modeladen ist das Factory-Outlet des seit über 30 Jahren in Fürth ansässigen Familienunternehmens Stehmann Mode GmbH. Mode nach Lust und Laune — von klassisch bis trendy.

Der Damenhosen-Spezialist

Warenangebot
Damenhosen in enorm großer Auswahl, vom sportlichen Outfit (Stretchhosen, Jeans, Bermudas, Shorts), bis hin zum feinen, femininen Stil. Zugekaufte Ware: Hosenanzüge, Pullover, Blusen, Shirts. Änderungsservice innerhalb 24 Stunden.

Ersparnis
30 bis 50%. Zugekaufte Ware ca. 15 bis 25%.

Ambiente
Verkauf heißt „Stehmann's Modeladen" und wirkt vom Angebot und der Aufmachung her wie eine Boutique.

Adresse
Stehmann's Modeladen, Hansastraße 22, 90766 Fürth, Telefon: 09 11/75 90-111, Internet: www.stehmann.de.

Öffnungszeiten
Montag bis Freitag 9.00 bis 18.00 Uhr, Samstag 10.00 bis 14.00 Uhr.

Anreise
Die Hansastraße liegt im Westen von Fürth. Von Fürth-Mitte kommend auf der B8 Richtung Burgfarrnbach/ Würzburg. Die Hansastraße ist die 2. Straße nach der Eisenbahnbrücke.

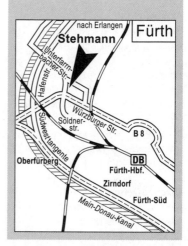

Die Firmen Big und Simba gehören beide zur Dickie-Simba Group und rangieren unter den fünf weltweit führenden Spielwarenherstellern. Im Werksverkauf findet man Spielwaren der Marken Big, Eichhorn, Noris, Schuco, Simba und Tamiya.

Lust aufs Spielen

Warenangebot
Nur 1. Wahl: Big-Bobby-Car, Traktoren, Tretfahrzeuge, Outdoor-Spielwaren, Spielgeräte wie Rutschen, Schwimmhilfen, Wasserspielzeug, Schlitten, Hula-Hoop-Reifen, Spiel- und Bastelartikel wie z.B. Ritterburgen und Steckspiele, Spiele, Plüschtiere, Puppen, Holzspielwaren, Kreativspielwaren, Musikinstrumente etc.

Ersparnis
20 bis 30%, auch Sonderposten und Sonderangebote.

Ambiente
Großer, heller und übersichtlicher Verkaufsraum, reichhaltiges Angebot.

Adresse
Dickie-Simba Group, An der Waldschänke 3, 90765 Fürth-Stadeln, Telefon: 09 11/7 87 62 14, E-Mail: info@big.de oder storki-toys@simbatoys.de, Internet: www.big.de oder www.simba-dickie.com.

Öffnungszeiten
Montag bis Freitag 9.00 bis 18.00 Uhr, Samstag 9.00 bis 13.00 Uhr.

Weitere Verkaufsstelle
● 96152 **Burghaslach**, Big-Spielwarenfabrik, Leonhard-Höfler-Straße 5.

Anreise
A73, Ausfahrt Fürth-Stadeln. Über die U64 Richtung Stadtmitte auf der Stadelner Hauptstraße. Von dieser rechts abiegen in die Straße „An der Waldschänke".

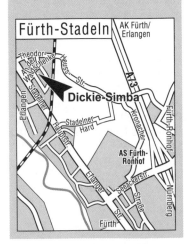

MIRROR
&ART
by Hans Lang

Fürth ist bekannt als die Stadt der Spiegel-Fabrikanten in Deutschland. Das Unternehmen Lang blickt auf eine jahrzehntelange Tradition zurück. Es bietet Spiegel in allen Variationen an. Das vielfältige Sortiment ist bestechend. Auch exklusive Sonderanfertigungen, die ausgefallene Wünsche der Kunden aufgreifen, sind möglich.

Spieglein, Spieglein ...

Warenangebot
Verschiedenste Arten von Spiegeln, Wand- und Deko-Spiegel, Uhren, Spiele, Accessoires. Weihnachts- und Osteranhänger aus Spiegelglas, Bastelzubehör. Sonderanfertigungen wie Tischkarten, Visitenkarten, individuelle Uhren, Namen- und Türschilder, auch Herstellung von Spiegeln nach Kundenwunsch.

Ersparnis
30 bis 50 %.

Ambiente
20 m² Verkaufsfläche, freundliche und kompetente Beratung. Ware dekorativ präsentiert. Kundenparkplatz auf dem Firmengelände.

Adresse
Mirror & Art by Hans Lang, Schuckertstraße 8-20, 90765 Fürth-Stadeln, Telefon: 09 11/97 62-0, Fax: 97 62-1 20.

Öffnungszeiten
Montag bis Donnerstag 8.00 bis 12.00 und 12.30 bis 16.00 Uhr, Freitag 8.00 bis 12.00 Uhr.

Anreise
A73 Frankenschnellweg Nürnberg-Bamberg, Ausfahrt Fürth-Ronhof. Seeackerstraße, dann rechts Stadelner Hauptstraße Richtung Erlangen (Norden). Am Comet-Markt rechts abbiegen in die Theodor-Heuss-Straße, links in die A.-Nobel-Straße, dann rechts in die Schuckertstraße.

Ist es das klassische Design oder das praktisch unverwüstliche Material, das Fjällräven-Kleidung zum Inbegriff für Outdoor-Bekleidung macht? Der Fuchs steht für funktionelle, extrem leichte und tragefreundliche Modelle.

Der Natur auf der Spur

Warenangebot
Outdoor-Jacken und -Hosen, Daunenjacken, Microfaserjacken, G-1000-Line, Fleecebekleidung, Jagdbekleidung, Pullis, Hemden, Shirts, Funktionsunterwäsche, Schlafsäcke, Zelte, Rucksäcke.

Ersparnis
Gut 50%. Aber jeweils nur eine Verkaufswoche im Juli und November/Dezember.

Ambiente
Lagerhalle; es wird nur Bargeld akzeptiert.

Besonderheiten
G-1000 ist ein Mischgewebe (65% Polyester, 35% Baumwolle). Dank spezieller Verarbeitungstechnik ist es dornensicher, moskitostichdicht und wasserabweisend (durch Naturwachs). Das Richtige für den extremen Einsatz.

Adresse
Fjällräven Sportbekleidung, Musterverkauf, Carl-Zeiss-Straße 8, 85748 Garching-Hochbrück bei München, Firma: Lilienthalallee 40, 80939 München, Telefon: 0 89/32 46 35-0, Fax: 32 46 35-10.

Öffnungszeiten
Je eine Verkaufswoche im Juli und November/Dezember von 12.00 bis 18.00 Uhr. Termine bitte telefonisch oder schriftlich erfragen.

Anreise
A99 Münchner Ring, Ausfahrt 12, München-Neuherberg, dort weiter auf der B13 Richtung Unterschleißheim. An der folgenden Kreuzung rechts auf die B471 nach Garching. Kurz danach 1. Möglichkeit links und gleich wieder links.

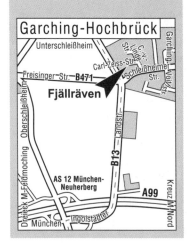

Der Handschuh-Spezialist bietet längst nicht nur Lösungen gegen kalte Hände. Auch Mützen, Schals und Stirnbänder sind im Angebot. Mit den Marken „Isartaler" und „Racix" ist die Isartaler Handschuhfabrik im Kinder- und Sportfachhandel führend.

Alles im Griff

Warenangebot
Sporthandschuhe und –fäustlinge für Ski, Snowboard, Langlauf, Mountainbike und Rennrad. Modische Handschuhe für den Alltag aus Leder, Fleece und Strick, mit und ohne Futter. Stirnbänder, Mützen und Schals aus Fleece und Strick.

Ersparnis
30 bis 50 %.

Ambiente
Große Auswahl auf engem Raum. Andere Größen und Farben werden direkt aus dem Lager gebracht.

Adresse
Isartaler Handschuhfabrik Josef Lorenz GmbH, Richard-Wagner-Straße 96, 82538 Geretsried-Stein, Telefon: 0 81 71/ 3 12 64, Fax: 8 04 27, Internet: www.isar taler-handschuhe.de.

Öffnungszeiten
Montag bis Donnerstag 9.00 bis 12.00 und 14.00 bis 16.00 Uhr, Freitag 9.00 bis 12.00 Uhr, Samstag geschlossen.

Anreise
B 11 München–Innsbruck, Ausfahrt Geretsried-Süd direkt in die Richard-Wagner-Straße. Firma nach ca. 200 m rechte Seite. Eingang auf der Rückseite des grünen Gebäudes von der Richard-Wagner-Straße oder seitlich vom Ammerseeweg 1. Vor Haupteingang rechts in den Verkaufsraum.

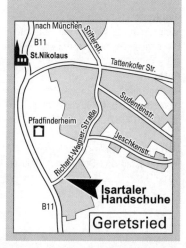

Die Firma Deuter ist einer der bekanntesten Rucksackhersteller in Deutschland. Funktionalität sowie ein gutes Preis-Leistungs-Verhältnis stehen an erster Stelle.

Formschön & strapazierfähig

Warenangebot
Rucksäcke von Deuter – vom kleinen Kinderrucksack über Moderucksäcke, Wanderrucksäcke bis zum Bergsteigerrucksack. Außerdem Fahrradreisetaschen, Bikerrucksäcke und Inlineskaterrucksäcke, Gürteltaschen, Handtaschen, Taschen in vielen verschiedenen Größen vom kleineren Schminketui über Freizeit-/Reisetaschen hin zu verschiedenen Koffern und Trolleys. Immer günstige Trend-Angebote.

Ersparnis
Ca. 30 %.

Ambiente
Nennt sich „2.-Wahl-Shop", auf dem Firmengelände leicht zu finden.

Adresse
Deuter Sport und Leder GmbH, Siemensstraße 1-5, 86368 Gersthofen, Telefon: 08 21/49 87-1 25, Fax: 49 87-1 19.

Öffnungszeiten
Nur Dienstag und Donnerstag 8.00 bis 16.00 Uhr.

Anreise
Auf der A8 nach Augsburg. B17 von Augsburg in Richtung Donauwörth, B2, Ausfahrt Industriegebiet Gersthofen-Nord, beim Sternodrom Mercedeshaus vorbei, links in die Messerschmittstraße abbiegen, dann die 4. Straße wieder links ist die Siemensstraße.

B/A/S/L/E/R

Basler ist ein bekannter und renommierter Name für hochwertige Damenmode. Das Unternehmen ist in über 50 Ländern vertreten. Die Kreationen im internationalen Stil gibt es jetzt auch im Fabrikverkauf. Basler bietet für Frauen mit gehobenem Anspruch Mode für jeden Anlass: von Gala- über City- und Business-Bekleidung bis hin zu sportiven Outfits.

Mode mit Stil

Warenangebot
Breite Auswahl an Kollektions-, Musterteilen und 2.-Wahl-Ware. Klassische Blazer, elegante Blusen, hochwertige Strickwaren, aktuelle Shirts in frischen Farben, Coordinates, modische Outdoor-Jacken, Hosen und dazu passende Pullover, schicke Westen.

Ersparnis
1. Wahl bis zu 30 %, 2. Wahl, je nach Fehler, bis zu 50 %. Auf alle Kollektions- und Musterteile zusätzliche Preisreduzierung, Sonderaktionen.

Ambiente
Übersichtlich gestalteter Verkaufsraum mit kompetentem und freundlichem Fachpersonal. Gute Parkmöglichkeiten.

Adresse
Basler, Dammer Weg 51, 63773 Goldbach, Telefon: 0 60 21/50 43 22, E-Mail: fabrikverkauf@basler-fashion.com.

Öffnungszeiten
Montag bis Freitag 10.00 bis 18.00 Uhr, Samstag 10.00 bis 14.00 Uhr.

Weitere Verkaufsstelle
● 72555 **Metzingen**, Outlet Center Samtfabrik, Nürtinger Straße 63. (Ab 1.7.2005).

Anreise
A3 Frankfurt–Nürnberg, Ausfahrt Aschaffenburg-Ost/Goldbach. Auf der B26, Aschaffenburger Straße, Richtung Goldbach. Am Ortseingang 1. Straße links in den Eulenweg. Nach ca. 100 m wieder nach links in den Dammer Weg, dort der Beschilderung folgen.

DESCH

DESCH OUTSIDE. YOUNG INSIDE

Die Desch Herrenkleiderwerke fertigen seit 125 Jahren hochwertige Bekleidung für den Herrn. Jetzt kann man in Goldbach bei Desch gleich zweimal einkaufen. Im Desch Factory-Shop bietet das Unternehmen ein Herren-Sortiment mit internationalem Anspruch. In der „Desch Shopping Hall" gibt es ein sportives Damen- und Herrensortiment.

Für Sie und Ihn

Warenangebot

Factory Shop: Anzüge, Sakkos, Hosen, Westen. Zur Komplettierung des Angebots: Hemden, Krawatten und Gürtel. Shopping Hall: Herren: Angebot wie im Factory Shop, außerdem noch Jeans, Freizeitjacken, Lederjacken, Strickwaren, Sweatshirts, T-Shirts, sowie Accessoires. Damen: Hosenanzüge, Blazer, Hosen, Kostüme, Freizeitjacken, Lederjacken, Blusen, Jeans, Strickwaren, Sweatshirts und Accessoires.

Ersparnis

30 bis 60%.

Ambiente

Der Factory Shop erstreckt sich über zwei Etagen und bietet den Service eines Einzelhandelsgeschäfts. In der Shopping Hall gibt es in einem sachlich gestalteten Verkaufsraum neben den Desch-Produkten auch Fremdfabrikate namhafter Markenhersteller. Kundenparkplätze.

Adresse

Desch.for men. GmbH, Factory-Shop, Aschaffenburger Straße 10, 63773 Goldbach, Telefon: Factory Shop 0 60 21/ 59 79 49, Shopping Hall 59 79 19, Fax (für beide): 59 79 17.

Öffnungszeiten

Montag bis Freitag 10.00 bis 19.00 Uhr, Samstag 9.00 bis 16.00 Uhr.

Anreise

A3 Frankfurt–Würzburg, Ausfahrt Aschaffenburg-Ost. Dort nach Goldbach. Firma am Ortseingang Goldbach rechte Seite (sofort erkennbar).

Reebok

EINKAUFS-GUTSCHEIN

Reebok ist einer der bekanntesten Sportartikelhersteller der Welt. Im Reebok-Outlet Store an der Autobahnraststätte Greding, direkt an der Autobahn Nürnberg–München, in Oberhaching bei München, im FOC Wertheim Village in Wertheim und in Metzingen bei Stuttgart hat der Sportfreund die Qual der Wahl.

Wear the vector outperform

Warenangebot
Sportschuh- und Sportbekleidungsan-gebot, jedoch keine aktuelle Ware. Lauf-, Tennis-, Fußball-, Fitness- und Basket-ballschuhe, Tennis-, Fitness-, Freizeitbe-kleidung, Kindersportbekleidung. Auch Business- und Freizeitschuhe der Marke Rockport, Taschen, Rucksäcke.

Ersparnis
30 bis 50%. Bei Aktionen bis zu 70%.

Ambiente
650 m² Verkaufsfläche, Atmosphäre und Ausstattung angenehm. Outlet im ame-rikanischen Stil, qualifizierte Beratung, vier Umkleidekabinen, Spielecke, Park-plätze.

Adresse
Reebok-Outlet Store, An der Autobahn 2, 91171 Greding, Telefon: 0 84 63/6 42 20, Fax: 6 44 22 10.

Öffnungszeiten
Montag bis Freitag 10.00 bis 19.00 Uhr, Samstag 9.00 bis 17.00 Uhr.

Weitere Verkaufsstellen
● 72555 **Metzingen**, Mühlstraße 5,

Telefon: 0 71 23/94 72 97, Fax: 94 96 81, E-Mail: metzingen.outlet@reebok.com.
● 82041 **Oberhaching**, Keltenring 9, Telefon: 0 89/61 38 23 10.
● 97877 **Wertheim-Dertingen**, Wert-heim Village, Almosenberg, Telefon: 0 93 42/91 86 50.

Anreise
A9 Nürnberg–München, Ausfahrt Greding. Direkt an der Autobahn, oberhalb von McDonald's.

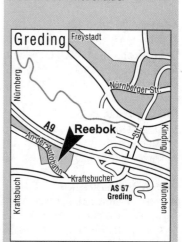

Gönner

Die Firma Gönner gehört zu den größten und modernsten Strickwarenherstellern in Deutschland. Sie produziert hochwertige Ware für die ganze Familie.

Modern Woman

Warenangebot

Pullover, Strickjacken, Kombinationen, Shirts, Blusen, Hosen und Röcke für Damen. Herren- und Kinderpullover. Saisonüberhänge, 2.-Wahl-Ware, Musterteile, Restposten, Stoffe und Garne.

Ersparnis

40 bis 60%, Musterkollektionen noch günstiger.

Ambiente

Auf 600 m² ist die Ware übersichtlich präsentiert. Freundliches Verkaufspersonal. Auf Wunsch werden Prospekte zugesandt. Parkplätze.

Adresse

Gönner GmbH & Co. Strickwaren, Gewerbepark 1, 91350 Gremsdorf, Telefon: 09193/502830, Internet: www.goenner.de.

Öffnungszeiten

Montag bis Freitag 9.00 bis 19.00 Uhr, Samstag 9.00 bis 16.00 Uhr, 1. Samstag im Monat 9.00 bis 18.00 Uhr.

Weitere Verkaufsstellen

● 87480 **Weitnau-Hofen**, Am Werkhof 4, Telefon: 08375/929701. Montag bis Freitag 10.00 bis 18.00 Uhr, Samstag 10.00 bis 16.00 Uhr.

● 88499 **Riedlingen**, Gammertinger Straße 33, Telefon: 07371/9366-0. Montag bis Samstag 9.00 bis 18.00 Uhr.
● 95100 **Selb**, Vielitzer Straße 26, Factory In, Telefon: 09287/956595. Montag bis Freitag 9.00 bis 18.00 Uhr, Samstag 9.30 bis 14.00 Uhr, 1. Samstag im Monat 9.30 bis 16.00 Uhr.

Anreise

A3 Nürnberg–Würzburg, Ausfahrt 80, Höchstadt-Ost. Der Fabrikverkauf befindet sich direkt an der Autobahnausfahrt, im Industriegebiet.

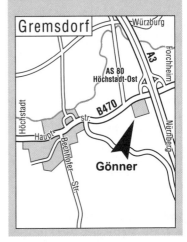

Manz fertigt seit mehr als 100 Jahren gepflegte, gute Herrenschuhe in meisterhafter Qualität in Franken. Fortuna ist Spezialist für Damen-Sandaletten und -Pantoletten mit Komfort sowie Damen- und Herrenhausschuhe. Die Designer-Marke Mercedes ist bekannt für Herren- und Damenschuhe aus bestem Material und höchster Qualität.

Modisch, bequem, flexibel

Warenangebot
Damen-, Herren-, Kinderschuhe. Vom bequemen Freizeitschuh über den modischen Halbschuh zum zeitlosen, klassisch-eleganten Schuh. Lederwaren, Kleinlederwaren, Gürtel, sowie modische Damen-Handtaschen (Betty Barclay), Herrentaschen für Business und Reisen, Manz-Herrenhemden, große Auswahl an Socken.

Ersparnis
1. Wahl ca. 30 %, 2. Wahl ca. 50 %.

Ambiente
Riesenauswahl, übersichtlich nach Größen geordnet. Parkplätze vorhanden. Hier auch Greuther Teeladen und ein Outlet von Trigema sowie das Restaurant Bonny's Dinner.

Adresse
Manz-Fortuna-Schuhfabrik GmbH, Gewerbepark 1, 91350 Gremsdorf, Telefon: 0 91 93/3 60, Fax: 36 31, Internet: www.manz-fortuna.de.

Öffnungszeiten
Montag bis Freitag 9.00 bis 19.00 Uhr, Samstag 9.00 bis 16.00 Uhr. 1. Samstag

im Monat und an den Samstagen vor Weihnachten 9.00 bis 18.00 Uhr.

Anreise
A3 Nürnberg–Würzburg, Ausfahrt 80, Höchstadt-Ost. Der Fabrikverkauf liegt direkt an der Autobahnausfahrt im Industriegebiet.

Wenn sie passt, ist es eine …

Bundfaltenhose, Anzughose, Five Pocket Jeans, Shorts, Bequem-Jeans von Aubi. Die Firma produziert selbst Herrenhosen (nur Stretch), hat ihr Sortiment aber um namhafte Markenartikel und reizvolle Angebote geschmackvoll erweitert.

Warenangebot
Damen- und Herrenbekleidung auf ca. 1000 m² Verkaufsfläche, viele Größen, Stoffe, Schnitte. Sportliche Mode wie Jeans, Jacken, Pullis, Blusen, Hemden.

Ersparnis
Bis 30 %, zugekaufte Ware ca. 15 %.

Ambiente
Die Fremdware wird wie im Einzelhandel angeboten. Die Hosen aus eigener Herstellung sind im hinteren Ladenraum ansprechend präsentiert. Fachverkäuferinnen; viele Umkleidekabinen, Schnelländerungsdienst bei Hosen.

Besonderheiten
Über 300 kostenlose Pkw-Stellplätze. Praktischer Einkaufsverbund in Fußwegnähe: Petermann Hemden- und Blusenfabrik, Indigo Mode & Schuhe, Firma Otto Schuler sowie Lebensmittelmarkt Lidl.

Adresse
August Bickert GmbH, aubi – Die Hose, Aschaffenburger Straße 38, 63762 Großostheim, Telefon: 0 60 26/97 29-0, Fax: 97 29-21.

Öffnungszeiten
Montag bis Mittwoch 9.00 bis 18.00 Uhr, Donnerstag und Freitag 9.00 bis 18.30 Uhr, Samstag 9.00 bis 15.30 Uhr.

Anreise
A3, Ausfahrt 57, Stockstadt. Auf der B469 Richtung Miltenberg. 3. Ausfahrt Richtung Großostheim. Der Verkauf ist nach ca. 150 m.

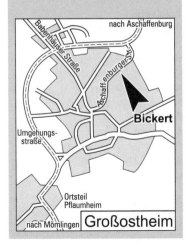

EDUARD DRESSLER

Die Erzeugnisse von Eduard Dressler zeichnen sich aus durch erlesene Stoffe, perfekten Schnitt und sorgfältigste Verarbeitung in bester handwerklicher Tradition. Höchste Qualität wird insbesondere durch die individuelle Prüfnummer garantiert, mit der jedes Kleidungsstück bis hin zum Fabrikverkauf versehen wird. Im Verkauf jetzt auch gesichtet: Herrenmode von Aigner

For very important Persons

Warenangebot
Eduard Dressler: Anzüge, Sakkos, Hosen, Smokings, Blazer, Mäntel, Krawatten, Socken. Aigner: Hemden, Jacken, Strickwaren, Lederjacken, Mäntel, Lederwaren, Accessoires.

Ersparnis
Mindestens 30%, größtenteils sogar 40% auf 1. Wahl.

Ambiente
Getarnt im Fachgeschäft „V.I.P Clothing" gibt es erstklassige Ware von Eduard Dressler und Aigner in großer Auswahl.

Adresse
Dressler Bekleidungswerke Brinkmann GmbH & Co.KG/Div. V.I.P., Babenhäuser Straße 16, 63762 Großostheim, Telefon: 0 60 26/50 24 84.

Öffnungszeiten
Dienstag bis Freitag 10.00 bis 18.00 Uhr, Samstag 10.00 bis 14.00 Uhr.

Anreise
A3 Frankfurt–Würzburg, Ausfahrt 57, Stockstadt/Obernburg. B469 Richtung Amorbach. 3. Ausfahrt Aschaffenburg/Großostheim. Rechts Richtung Großostheim bis zum Kreisverkehr. 3. Ausfahrt, Industriegebiet West. Nach 200 m links. B26 Richtung Babenhausen, weiter auf der B26 Richtung Großostheim. Am Flugplatz Kreisverkehr, 2. Ausfahrt geradeaus, am nächsten Kreisverkehr 2. Ausfahrt.

Eigene Fertigung, ausschließlich Verarbeitung geprüfter, erstklassiger Meterware aus dem EU-Raum. Großes Angebot bis Kragenweite 54, auch Überlängen in Armlänge und Übergrößen.

Der Hemdenprofi

Warenangebot
Herrenhemden im oberen bis höchsten Qualitätsstandard durch eigenen Fertigungsbetrieb. Riesensortiment von klassisch bis hochmodisch. Gute Auswahl auch in ausgefallenen Größen und Überlängen. Sonderanfertigung nach Maß sowie für Vereinsausstattung möglich. Das Sortiment wird ergänzt durch Herrenstrickwaren, Krawatten und Socken.

Ersparnis
Ca. 50 %.

Besonderheiten
Änderungswünsche werden vom Kundenservice sofort erledigt. Sonderanfertigungen haben eine Lieferzeit von fünf bis sechs Wochen.

Adresse
Petermann, Hemden- und Blusenfabrik, Aschaffenburger Straße 28, 63762 Großostheim, Telefon: 0 60 26/50 02-0, Fax: 50 02-21/-22, Internet: www.hemdenfabrik.de.

Öffnungszeiten
Montag bis Freitag 9.00 bis 18.00 Uhr, Samstag 9.00 bis 15.00 Uhr.

Anreise
A3 Frankfurt–Nürnberg, Ausfahrt Stockstadt. Großostheim liegt im Maintal bei Aschaffenburg am Autobahnzubringer Stockstadt/Miltenberg. 2. Ausfahrt nach Großostheim, Verkauf ist unmittelbar vor der Eder-Brauerei. Auffallend durch vier Fahnen mit „Pesö" an der Einfahrt.

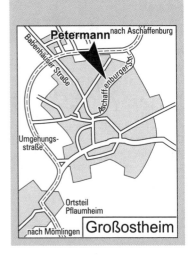

Seit 1970 ist San Siro Hersteller modischer Herrenhosen. Bekannt als Baumwollspezialist, doch mittlerweile umfasst das Sortiment auch modische Wollhosen und Jeans. Modische Anzüge und Sakkos runden das Angebot ab. Highlight ist „Performer", die knitterarme, bügelfreie Baumwollhose. Neu für Damen: ein kleines Programm mit Hosen, Blusen und Shirts.

Auffallend modisch

Warenangebot
Herrenhosen, -sakkos, -anzüge und Sportswear wie Jeans und Shirts. City-Hemden, Krawatten.

Ersparnis
Preisvorteile von ca. 30 bis 70 %.

Ambiente
Vom Parkplatz im Hof ist der Eingang gut sichtbar. Mit Schildern (Verkauf) und Dekorationen wird der Weg in das Verkaufslager gewiesen.

Adresse
Hooper's London Gebr. Schadt GmbH c/o San Siro, Babenhäuser Straße 45, 63762 Großostheim, Telefon: 0 60 26/ 97 96-10, Internet: www.hoopers.de, www.sansiro.at.

Öffnungszeiten
Montag bis Freitag 11.00 bis 18.00 Uhr, Samstag 10.00 bis 15.00 Uhr.

Weitere Verkaufsstellen
● 66482 **Zweibrücken**, oci designer outlet, Am Londoner Bogen 10-90, Shop 30.

● NL-6041 **Roermond**, McArthur Glen Designer Outlet, Stadsweide 2, Shop 24.

Anreise
A3 Frankfurt—Würzburg, Ausfahrt Stockstadt/Obernburg. Weiter auf der B469 bis zur Ausfahrt Großostheim/Ringheim/Flugplatz, Richtung Großostheim führt der Weg direkt an San Siro vorbei (rechte Seite).

exclusive Herrenmode

Qualität als Prinzip, Luxus, der höchsten Ansprüchen gerecht wird, stilistische Klarheit, die den Stil der Elite auszeichnet.

Exklusive Herrenmode

Warenangebot
Anzüge, Sakkos, Hosen, Hemden, Krawatten, Mäntel. Verkauft wird nur die aktuelle Ware in 1. Wahl.

Ersparnis
30 bis 50 %.

Ambiente
Verkauf direkt aus dem Lager; „Förderhaken" transportieren „noch warme Ware" aus der Fabrik ins Lager; da hier auch der Einzelhändler seine Ware auswählt, keine Preisauszeichnung, die Verkäuferin ist im Besitz der Preisliste; einfache Umkleidekabinen, Spiegel sind aufgestellt. Kundenparkplätze vorhanden

Adresse
Otto Schuler GmbH, Aschaffenburger Straße 35, 63762 Großostheim, Telefon: 0 60 26/97 24-0, Fax: 62 67.

Öffnungszeiten
Montag bis Freitag 9.00 bis 18.00 Uhr, Samstag 10.00 bis 16.00 Uhr.

Anreise
Großostheim liegt südlich von Aschaffenburg. Von Aschaffenburg kommend, ist die Firma nach dem Ortseingang das erste Haus auf der rechten Seite. Zum Verkauf führt die weiße Tür im flachen, rechten Gebäude der Firma.

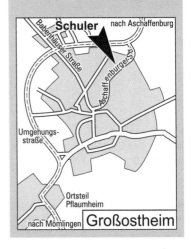

Im Haus der Mode werden die neuen Kollektionen führender Marken-hersteller präsentiert. Stil: modisch, sportiv, elegant.

Haus der Mode

Warenangebot
Komplettes Bekleidungssortiment für Damen in ausgezeichneten Qualitäten. Passende Accessoires runden das An-gebot ab.

Ersparnis
Aktuelle Kollektionen 10 bis 30 %. Rest-bestände werden in separatem Raum zu Schnäppchenpreisen (Ersparnis bis zu 70 %) angeboten.

Ambiente
Präsentation wie im Fachgeschäft auf ca. 650 m² Verkaufsfläche. Freundliches, fachkundiges Personal. Ca. 50 Park-plätze direkt am Verkaufsgebäude.

Besonderheiten
Viermal im Jahr verkaufsoffener Sonn-tag (März, Mai, September, November).

Adresse
CM Creativ Mode GmbH „Haus der Mode", Großostheimer Straße (ohne Hausnummer), 63868 Großwallstadt, Telefon: 0 60 22/2 10 01, Fax: 2 10 14, E-Mail: creativ-mode@t-online.de, Internet: www.haus-der-mode.com.

Öffnungszeiten
Montag bis Freitag 9.30 bis 18.00 Uhr, Samstag 9.30 bis 15.00 Uhr.

Anreise
A3 Frankfurt–Würzburg, Ausfahrt Stockstadt. Danach auf der B469 bis Ausfahrt Großwallstadt (ca. 15 km). Nach dem Ortseingang von Groß-wallstadt ist der Verkauf auf der rechten Seite in dem großen Be-triebsgebäude gegenüber der Tank-stelle.

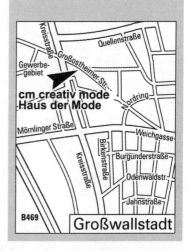

Josef Geis
Germany

campus
@josef-geis.de

EINKAUFS-GUTSCHEIN

Eine ungewöhnlich breite Produktpalette wird unter diesen Markennamen angeboten. Es gibt hier Fabrikverkauf, aber auch Maßkonfektion. Von junger Mode bis hin zu zeitloser Eleganz; gute Qualität.

Zeitlose Mode

Warenangebot
Anzüge, Hosen, Mäntel, Sakkos, Jacken, Krawatten, Hemden, Pullover, Shirts, Maßkonfektion (Anzüge, Sakkos, Hosen).

Ersparnis
40 bis 50 %.

Ambiente
Nach dem Haupteingang links die Treppen ins Untergeschoss zum Verkauf; Fachberatung und Preisauszeichnung; große Auswahl auch in Spezialgrößen, Sofort-Änderungsdienst, Maßkonfektion, großes Stofflager.

Besonderheiten
Größter Hersteller am Ort, der alle Anzüge, Sakkos und Hosen noch selbst hier produziert. Verkauf noch echt ab Fabrik.

Adresse
Josef Geis GmbH, Großostheimer Straße 14, 63868 Großwallstadt, Telefon: 0 60 22/66 04-0, Fax: 66 04-45.

Öffnungszeiten
Montag bis Donnerstag 8.00 bis 17.30 Uhr, Freitag 8.00 bis 16.30 Uhr, Samstag 8.30 bis 13.00 Uhr, viermal im Jahr verkaufsoffener Sonntag.

Anreise
A3 Frankfurt–Würzburg, Ausfahrt Stockstadt. Auf der B469 Richtung Miltenberg bis Ausfahrt Großwallstadt. Dort Richtung Ortsmitte. Die Firma befindet sich im Eckhaus nach der 2. Querstraße links.

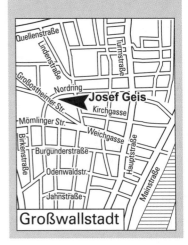

114

Mit diesen Kollektionen läuft „Mann" keinem Trend hinterher, sondern ist „up to date" und passend zum Typ gekleidet. Ansprechendes Sortiment in dezenten Tönen, die eine gediegene Eleganz ausstrahlen.

Erfrischend modisch

Warenangebot
Nur 1.-Wahl-Qualitäten: Anzüge, Sakkos und Hosen aus eigener Herstellung, Mäntel, Jacken, Hemden und Krawatten werden zugekauft.

Ersparnis
Durchschnittlich 35 bis 50%.

Ambiente
Ein großes Schild „Eigenherstellung/ Mode für den Mann" weist auf den Verkauf hin, was auch sehr wichtig ist, da der Verkauf wie ein Fachgeschäft aussieht. Die beiden Chefs im Verkauf und die freundlichen Verkäuferinnen sind fachlich top.

Besonderheiten
Für Herrenbekleidung gibt es in Großwallstadt noch weitere Fabrikverkäufe.

Adresse
R & R Collection, Mode für den Mann, Lützeltaler Straße 8, 63868 Großwallstadt, Telefon: 0 60 22/2 56 61, Fax: 2 37 51, Internet: www.rrcollection.de

Öffnungszeiten
Montag bis Freitag 9.00 bis 12.30 und 14.00 bis 18.00 Uhr, Samstag 9.00 bis 14.00 Uhr.

Anreise
Auf der B469 von Aschaffenburg kommend, ist die Firma nach dem Ortseingang im zweiten Gebäude rechts.

Das Sortiment der bekannten Metzgerei beinhaltet von der Schweinehälfte bis hin zum Würstchen so ziemlich alles, was es an Fleischwaren gibt.

Ein deftiges Mahl

Warenangebot

Fleisch vom Schwein, Rind, Lamm und der Pute sowie auch Innereien. Verarbeitete Waren: Salami, Landjäger, Grillwürste, Wiener Würstchen, Regensburger Würste (mit Käsefüllung), Weißwürste (auf Vorbestellung), Fleischkäse, Schinken und fertige Hamburger.

Ersparnis

Mindesteinkauf für 25,- €, Ersparnis 20 bis 40 %. Zu allen ausgezeichneten Preisen muss noch die Mehrwertsteuer zugerechnet werden (Händlerpreise); Mengenrabatt.

Ambiente

Atmosphäre wie in einem Großverbrauchermarkt. Eingang zum Verkauf über die Violastraße. Gut beschildert. Offiziell nur für Wiederverkäufer (Gaststätten); für jedermann zugänglich. Parkplatz vor dem Betriebsgebäude.

Adresse

Lutz Fleischwaren AG, Fleisch-Center Violastraße 1, 89312 Günzburg, Telefon: 0 82 21/39 99 30, Fax: 3 99 93 19.

Öffnungszeiten

Montag bis Freitag 6.00 bis 15.00 Uhr, Samstag 8.00 bis 12.00 Uhr.

Weitere Verkaufsstelle

● 86899 **Landsberg/Lech**, Justus-von-Liebig-Straße 48, Telefon: 0 81 91/10 51 10, Fax: 10 52 45. Montag bis Donnerstag 6.00 bis 16.00 Uhr, Freitag 6.00 bis 15.00 Uhr.

Anreise

Auf der B10, Ulmer Straße, in Richtung Leipheim. Nach links abbiegen zu Aldi, über die Violastraße zum Verkauf.

Seit 1935 baut die Firma mit das Beste, was auf dem Kindermöbel-Sektor zu finden ist. Hervorragende Verarbeitung und strapazierfähiges Material halten den hohen Anforderungen, die an Kindermöbel gestellt werden, voll stand.

Der Kindermöbel-Spezialist

Warenangebot
Ausschließlich 2.-Wahl-Ware, Entwick-lungs-, Auslauf-, Messemodelle, Rück-nahmen. Kinderbetten, Hoch-, Spiel-, Etagenbetten, Schülerschreibtische, Wickelkommoden, Kinderschränke.

Ersparnis
Je nach Beschädigungsgrad bis zu 40 %.

Ambiente
Fabrikhalle mit ca. 1000 m².

Besonderheiten
Unterfranken ist berühmt durch seine Frankenweine in der Bocksbeutel-flasche. Würzburg ist immer eine Reise wert. Aber auch die Weinorte drumher-um. Es bietet sich an, ein verlängertes Wochenende einzuplanen.

Adresse
Paidi-Möbel GmbH, 2.-Wahl-Lager, Am Bahnhof 12-16, 97840 Hafenlohr, Tele-fon: 09391/501-192, Fax: 501-160, Internet: www.paidi.de.

Öffnungszeiten
Montag bis Freitag 9.00 bis 12.30 und 13.00 bis 17.00 Uhr, Samstag 8.30 bis 13.00 Uhr.

Anreise
Hafenlohr liegt kurz (3 km) hinter Marktheidenfeld bei Würzburg. Von der A3 Frankfurt–Nürnberg aus Richtung Würzburg kommend, Aus-fahrt Marktheidenfeld. Weiter Rich-tung Lohr/Hafenlohr, am Ortsein-gang scharf links, Paidi nach ca. 200 m.

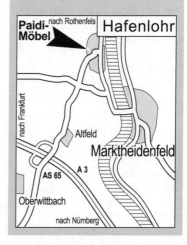

 TAKE **IT** EASY

Mc Neill-Schulranzen bieten im Straßenverkehr, auch an trüben Tagen, viel Sicherheit durch das neonfarbene Design; sie sind orthopädisch geformt und pflegeleicht (abwaschbar).

Testsieger und Marktführer

Warenangebot
Schulranzen und Zubehör in verschiedenen Größen und Materialien, Kindergartentaschen, Schulbeutel, Schüleretuis, modische Schul- und Reiserucksäcke. Auch Schultaschen aus Vollrindleder. Business-Taschen, Reisegepäck, Koffer, Trolleys von „Wallstreet". Rucksäcke, Sporttaschen von „Take it Easy".

Ersparnis
Sondermodelle und Auslaufdesigns 20 % und mehr.

Ambiente
Eingang im Innenhof rechts durch die Glastüre, übersichtliche Präsentation, nicht generell preisausgezeichnet. Gute Parkmöglichkeiten.

Besonderheiten
Auf alle Schulranzen gibt es eine Entsorgungsgarantie. Alte Ranzen werden mit einem kleinen Betrag vergütet und zu fast 100 % recycelt.

Adresse
Thorka GmbH, McNeill-Schultaschen, Siemensstraße 28, 63512 Hainburg-Klein-Krotzenburg, Telefon: 0 61 82/ 9 57 10, Fax: 6 69 98.

Öffnungszeiten
Montag bis Donnerstag 13.00 bis 16.00 Uhr, jeden 1. Samstag im Monat 9.00 bis 13.00 Uhr.

Anreise
Hainburg-Klein-Krotzenburg liegt zwischen Aschaffenburg und Hanau; A3 Frankfurt–Aschaffenburg bis Ausfahrt Seligenstadt. Von Seligenstadt Richtung Hainburg. nach Ortsausfahrt Seligenstadt 1. Ampel links, 1. Querstraße, dann rechts, 1. Einfahrt rechts.

Die Firma Maintal-Obstindustrie ist vor allem durch ihre Spezialität, die Hagebutten-Konfitüre, bekannt (im Fränkischen „Hiffenmark" genannt). Der hohe Vitamin-C-Gehalt trägt dazu bei, den täglichen Vitaminbedarf zu decken. Außerdem hat das Unternehmen mit den Bio-Konfitüren den Gaumen der Verbraucher entdeckt.

Gesundes am Morgen

Warenangebot
Konfitüren, Gelees, Fruchtaufstriche, Bio-Konfitüren und Wildpreiselbeeren in Gläsern und Eimern.

Ersparnis
Je nach aktuellem Angebot zwischen 10 und 20 %, bis zu 50 % bei Ware mit falscher oder fehlender Etikettierung.

Ambiente
Kleiner Fabrikverkauf am Seiteneingang (bitte klingeln). Die Ware ist in SB-Regalen und Verkaufskörben schlicht präsentiert. Sonderposten sind gesondert beschildert. Fachkundiges, freundliches Personal berät. Gute Parkmöglichkeiten auf dem Firmengelände.

Adresse
Maintal-Obstindustrie, Industriestraße 11, 97437 Haßfurt/Main, Telefon: 0 95 21/9 49 50, Fax: 94 95 30, E-Mail: info@maintal-frucht.de, Internet: www. maintal-frucht.de.

Öffnungszeiten
Mittwoch und Donnerstag 11.00 bis 16.00 Uhr.

Anreise
A70 Bamberg—Schweinfurt, Ausfahrt Knetzgau/Haßfurt. Auf der B26 Richtung Haßfurt, weiter geradeaus nach Haßfurt hineineinfahren, der Hauptverkehrstraße folgen. An einem großen Möbelhaus vorbei, bis es auf der rechten Seite in Richtung TÜV/Industriestraße geht, nach ca. 200 m befindet sich links die Firma Maintal-Obstindustrie. Der kurze Weg zum Fabrikverkauf um die Ecke ist beschildert.

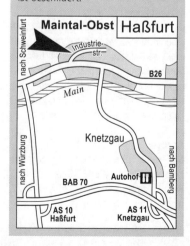

Helmbrechts, Münchberg und Hof haben eine lange Tradition als Weber- und Textilstädte. Unter dem Dach einer stillgelegten Weberei in der Textilstadt Helmbrechts liegt das Stoffwerk. Hier dreht sich alles um Stoff und Produkte daraus. Damen-, Herren- und Kinderbekleidung im Herstellerverkauf gibt es von über 40 Fabrikanten. (Hobby-)Schneiderinnen können aus einer Vielfalt von mehr als 20.000 Meter Stoff wählen.

Markenmix in der Textilstadt

Warenangebot

Bekleidung für Damen, Herren und Kinder. Outdoor-Bekleidung, Strickwaren, Bademoden, Accessoires, Bekleidungsstoffe der aktuellen Kollektionen, Stoffe für Wohndekor, Futterstoffe.

Ersparnis

Ca. 25 bis 50 %. Bei Stoffresten noch mehr. Zusätzliche Ersparnis bei Saisonwechsel.

Ambiente

In lichtdurchfluteten ehemaligen Produktionshallen bietet sich dem Kunden eine ruhige Einkaufsatmosphäre auf 1500 m². Ansprechend präsentierte Ware, übersichtliche Preisauszeichnung, hilfsbereite Mitarbeiter, Spiel- und Videoecke für Kinder, Kaffeebar, Änderungsservice. Parkplätze auf dem Werksgelände.

Adresse

Stoffwerk Fabrikverkauf, In der alten Weberei, Gustav-Weiss-Straße 2, 95233 Helmbrechts, Telefon: 0 92 52/91 60 32, Internet: www.Stoffwerk.com.

Öffnungszeiten

Montag bis Freitag 8.30 bis 18.00 Uhr, Samstag 9.00 bis 16.00 Uhr.

Anreise

A9 München–Berlin, Ausfahrt Münchberg-Nord. Richtung Helmbrechts fahren bis zum Kreisverkehr. Dort 3. Ausfahrt Richtung Innenstadt, dann nach ca. 400 m 2. Straße rechts abbiegen in die Gustav-Weiss-Straße. Stoffwerk nach ca. 50 m.

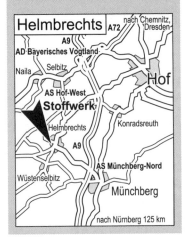

Elegant oder rustikal im Erscheinungsbild, strapazierfähig im Gebrauch und lange Zeit dankbar in der Benutzung, das ist Tischwäsche- und Gardinenqualität, die man mit den Marken Geras und Bayrisch Leinen vom Tischwäsche- und Gardinenhersteller Rausch verbindet.

Tischwäsche für jedes Heim

Warenangebot
Überwiegend Tischwäsche und Gardinen: Tischdecken und -deckchen der Marken Geras und Bayrisch Leinen. Gardinen und Dekostoffe, Übergardinen, Kissenbezüge, Platzsets, Kurzwaren wie Spitzen oder Kordeln.

Ersparnis
50 bis 70%, Leinenreste zum Kilopreis.

Ambiente
Der Verkauf im ersten Obergeschoss nennt sich bescheiden „Kleinverkauf". Ware schlicht präsentiert, Preise sind gut leserlich ausgezeichnet. Sehr großes Lager an Bayrisch Leinen, großes Lager an Tischwäsche und Tischwäschestoffen, große Auswahl an Gardinen. Vor allem Leinenmischgewebe, auch Baumwollstoffe und Exklusiv-Kollektionen. Es wird auch nach Kundenmaß bis zu einer Tischdeckenbreite von 2,80 m gefertigt. Sonderanfertigungen auch für ovale und achteckige Tische.

Adresse
Rausch & Söhne GmbH & Co., Parkstraße 5, 95233 Helmbrechts-Wüstenselbitz, Telefon: 09252/1008 oder 1009, Fax: 8228.

Öffnungszeiten
Montag bis Freitag 8.00 bis 12.00 und 13.00 bis 17.00 Uhr, Samstag 9.00 bis 12.00 Uhr.

Anreise
A9 Nürnberg–Hof, Ausfahrt Münchberg-Nord. Rechts Richtung Helmbrechts. In Helmbrechts 1. Ausfahrt links Richtung Kulmbach. Nach ca. 2 km links Richtung Wüstenselbitz. Im Ort in Richtung Münchberg fahren, nach der Post links.

V. FRAAS
THE SCARF SOURCE

V. Fraas, weltweit führender Hersteller textiler Accessoires, mit Niederlassungen in New York, London, Paris, Toronto und Hongkong, hat seinen Firmensitz in Wüstenselbitz im Frankenwald. Bis zu 10 Mio. Schals werden bei V. Fraas jährlich hergestellt.

Accessoires der feinen Art

Warenangebot
Schals aus Schurwolle, Acryl, Cashmink, Baumwolle und Kaschmir. Tücher und Schals in vielen Dessins und Größen. Sehr großes, erstklassiges Angebot. Accessoires wie Handschuhe, Taschen, Modeschmuck, Krawatten und Gürtel. Decken aus Baumwolle, Wolle und Kaschmir.

Ersparnis
Ca. 30 bis 50%. Das ganze Jahr über Sonderpostenverkäufe.

Ambiente
Neuer Verkaufsraum, Ware ist übersichtlich und preisausgezeichnet in Regalen ausgelegt, Tücher auf Bügeln. Schals nach Materialart sortiert.

Adresse
V. Fraas AG & Co., Kulmbacher Straße 208, 95233 Helmbrechts-Wüstenselbitz, Telefon: 0 92 52/70 30, Fax: 70 35 00.

Öffnungszeiten
Montag bis Freitag 11.00 bis 18.00 Uhr, Samstag 10.00 bis 13.00 Uhr.

Anreise
A9, Ausfahrt Münchberg-Nord; rechts Richtung Helmbrechts. In Helmbrechts 1. Ausfahrt links Richtung Kulmbach. Nach ca. 2 km links Richtung Wüstenselbitz; am Ortseingang 1. Haus auf der rechten Seite (im Haus des Kindergartens); Parkmöglichkeiten hinter dem Haus.

CARLO COLUCCI

Der italienische Modemacher zählt zu den Großen der Modezunft. Die Firma Carlo Colucci ist in den letzten Jahren zur Lifestyle-Marke avanciert und kleidet Frau und Mann von Kopf bis Fuß.

Qualität und Eleganz

Warenangebot
Für Herren: Pullover, Westen, Outdoor-Jacken, Hemden, Sweatshirts u.a. Shirts, Gürtel, Mützen, Accessoires, Jeans, Anzüge, Sakkos, Hosen. Für Damen: Pullover, Jacken, Kleider, Röcke, Shirts, Jeans, Accessoires.

Ersparnis
Zwischen 30 und 40 %. 2. Wahl bis 50 %.

Ambiente
Auf einer Einkaufsfläche von über 1200 m² bietet sich dem Einkäufer ein perfekt gestaltetes Ambiente mit italienischem Springbrunnen, Großbildleinwand etc.

Adresse
Carlo Colucci Vertriebs GmbH & Co. KG, Am Eichelberg 1, 91567 Herrieden, Telefon: 0 98 25/8 27 40.

Öffnungszeiten
Montag, Dienstag, Mittwoch, Freitag 9.00 bis 18.00 Uhr, Donnerstag 9.00 bis 20.00 Uhr, Samstag 9.00 bis 18.00 Uhr.

Anreise
A6 Heilbronn–Nürnberg, Ausfahrt Herrieden (neben dem ARAL-Rasthof). Firma direkt an der Ausfahrt.

CARL GROSS

Die Marke Carl Gross ist im gehobenen Fachhandel zu finden und steht für Eleganz und hohen Tragekomfort. Die Produktionsstätte in Hersbruck ist der Ort für Ideen, Fertigungsmethoden und Techniken, die in den Produktionsstätten im Ausland umgesetzt werden.

Lässig, modisch, trendy

Warenangebot

Hauptsächlich 1.-Wahl-Ware, keine fehlerhafte 2.-Wahl-Ware. Aktuelle Kollektionen, Produktionsüberhänge, Musterteile, Restposten. Anzüge, Sakkos, Westen, Hosen, Krawatten, Hemden, Socken, Gürtel, Pullover, Polo-Shirts. Hemden und Krawatten sind in Material und Farbe auf die Anzüge abgestimmt.

Ersparnis

Ca. 30 %. Bei Sonderverkäufen zusätzlich bis zu 25 %. Outfitpaket: Beim Kauf einer kompletten Ausstattung (z.B. Hose, Hemd, Sakko, Socken und Gürtel) kann der Kunde zusätzlich sparen.

Ambiente

Großzügiger und gut eingerichteter Fabrikverkauf auf ca. 250 m² Verkaufsfläche mit kompetentem Personal. Ausreichend Umkleidekabinen, kleine Sitzgruppe mit Snacks. Bei Sonderverkäufen werden die Kunden angeschrieben. Dafür liegt zum Eintragen eine Kundenliste aus. Parkplätze vorhanden.

Adresse

Carl Gross, Houbirgstraße 7, 91217 Hersbruck, Telefon: 0 91 51/73 60, Fax: 73 61 85, Internet: www.carlgross.de.

Öffnungszeiten

Mittwoch 9.30 bis 19.00 Uhr, Freitag 9.30 bis 17.00 Uhr, Samstag 9.30 bis 14.00 Uhr.

Anreise

A9 Nürnberg–Berlin, Ausfahrt Hersbruck. Weiter auf der B14 in Richtung Hersbruck, Abzweigung Hersbruck-Süd und der Beschilderung Carl Gross folgen.

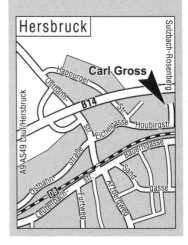

FACTORY OUTLET

EINKAUFS-GUTSCHEIN

Jetzt strömen alle Sportbegeisterten in das neue adidas Factory Outlet. Die Marke ist Symbol für Sport rund um den Globus, die legendären drei Streifen haben Kultcharakter. Auf 2000 m² Verkaufsfläche entstand in der Hauptstadt des Sports ein Factory Outlet, das europaweit Maßstäbe setzt. Einmaliges Ambiente in Anlehnung an eine Sportarena mit einladendem Foyer. Auf der weitläufigen Piazza finden Aktionen und Events statt.

adidas: neue Dimension!

Warenangebot

Riesengroße Auswahl an Sportschuhen und Sportbekleidung, auch für Kinder und Jugendliche. Sonderposten, Lager-überhänge, Muster, Auslaufartikel, 2.-Wahl-Ware. Produktpalette übersichtlich nach Themen aufgebaut: Fitness, Running, Tennis, Golf, Training, Teamsport, Sportswear, Outdoor, Radsport, Baden, Wellness. Von Salomon: Trekkingschuhe, Inlineskates, Rucksäcke.

Ersparnis

30 bis 50%.

Ambiente

Futuristisches Gebäude, Bistro, Ruhezone, Wickelraum, Internet-Corner. Verkaufsraum: 2000 m², ausreichend Umkleidekabinen, über 400 Parkplätze.

Adresse

adidas Factory Outlet, Olympiaring 1–5, 91074 Herzogenaurach, Telefon: 0 91 32/84 20 00, Fax: 84 37 65, Internet: www.adidas.com.

Öffnungszeiten

Montag bis Mittwoch 9.00 bis 19.00 Uhr, Donnerstag und Freitag 9.00 bis 20.00 Uhr, Samstag 8.00 bis 18.00 Uhr.

Anreise

A3 Nürnberg–Würzburg, Ausfahrt Frauenaurach/Herzogenaurach. Richtung Herzogenaurach, nach ca. 400 m geradeaus auf der Nordumgehung bleiben. adidas direkt an der Nordumgehung.

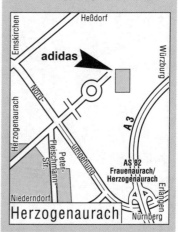

Weitere Verkaufsstellen

● 14641 **Wustermark**, im B5 Designer Outlet Center Berlin-Brandenburg, Alter Spandauer Weg 1, Telefon: 03 32 34/2 06 21, Fax: 2 06 22.

● 66482 **Zweibrücken** im oci designer Outlet, Londoner Bogen 10–90, Telefon: 0 63 32/47 27 35, Fax: 47 27 36.

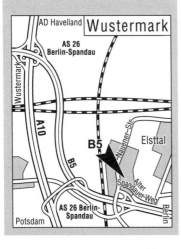

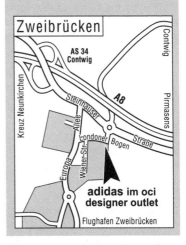

● 28816 **Stuhr-Brinkum** bei Bremen, adidas Outlet Store Bremen, Bremer Straße 111, Telefon: 04 21/8 77 54 46, Fax: 8 78 68 25.

● 83451 **Piding**, Lattenbergstraße, Parzelle 3 und 4, Telefon: 0 86 51/71 46 13, Fax: 71 46 14.

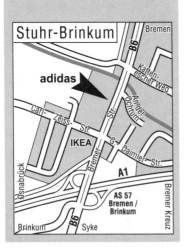

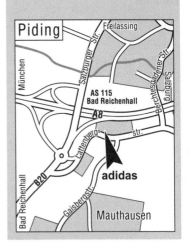

Vor allem im Ausdauersport ist Funktionswäsche heute Standard. Die Produkte von Craft Scandinavia gehören hier zur Weltspitze. In bis zu drei Schichten transportieren sie den Schweiß vom Körper weg und sorgen für eine angenehme Körpertemperatur. Hohe Atmungsaktivität, zuverlässiger Feuchtigkeitstransport und angenehmer Tragekomfort begründen den guten Ruf der Marke.

Athletisch, skandinavisch

Warenangebot
Hauptsächlich 1.-Wahl-Ware, Produktionsüberhänge und Restposten. Funktionsunterwäsche, Windstopper, Trägerhosen, Radsportbekleidung wie Radjacken, auch Regenjacken, Radshirts, Radhosen, Armwärmer, Radhandschuhe, Laufbekleidung, auch Laufschuhe.

Ersparnis
Ca. 30 %, bei Einzelstücken und Sonderposten höhere Ersparnis.

Ambiente
Der Craft Shop im 1. Stock des Harvest Outlet Stores liegt direkt neben dem Puma Outlet Herzo. Die Ware wird im gesamten Shop großzügig präsentiert. Zu Stoßzeiten können sich kurze Warteschlangen vor den Umkleidekabinen bilden.

Adresse
Craft Shop, Harvest Outlet Store, Zeppelinstraße 4a, 91074 Herzogenaurach, Telefon und Fax: 0 91 32/74 54 09.

Öffnungszeiten
Montag bis Freitag 10.00 bis 18.00 Uhr, Samstag 9.00 bis 16.00 Uhr.

Anreise
A3 Nürnberg–Würzburg, Ausfahrt Frauenaurach/Herzogenaurach, Richtung Herzogenaurach. Nordumgehung fahren. An der 3. Ampel rechts, 200 m Richtung Herzo Base.

Das Markenzeichen ist jedem bekannt, denn Nike ist Weltmarktführer für Sportschuhe und Sportbekleidung. Der Nike Swoosh steht für Bewegung und den Sporttrieb, der angeblich in jedem Menschen steckt. Die Firmenideologie: Honor, Courage, Victory and Teamwork. Diese Firmenideologie kann man nun auch in den Nike Factory Stores in Deutschland erleben.

Der Nike Swoosh

Warenangebot
Original Nike Produkte zu günstigen Preisen für die gesamte Familie: Sportschuhe und Sportbekleidung z.B. für Running, Basketball, Fußball, Bälle, Uhren, Accessoires

Ersparnis
30 bis 70 %.

Ambiente
Ca. 1150 m² Verkaufsfläche im Stil eines Sportgeschäfts mit Umkleidekabinen; freundliches Personal, Garantieanspruch; Umtauschmöglichkeiten. Der Verkauf ist im Haus Sport Hoffmann, gegenüber von Puma Outlet Herzo.

Adresse
Nike Factory Store, Zeppelinstraße 1, 91074 Herzogenaurach, Telefon: 0 91 32/7 45 28 10, Fax. 7 45 28 99.

Öffnungszeiten
Montag bis Mittwoch 9.00 bis 19.00 Uhr, Donnerstag und Freitag 9.00 bis 20.00 Uhr, Samstag 9.00 bis 18.00 Uhr.

Anreise
A 9 Nürnberg-Würzburg, Ausfahrt Frauenaurach/Herzogenaurach. Auf der Nordumgehung Richtung Herzogenaurach. An der 2. großen Kreuzung nach ca. 3 km rechts Richtung Herzo Base. 1. Straße links, gegenüber von Puma.

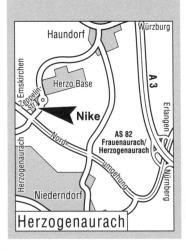

Das Puma Outlet Herzo ist nach amerikanischem Vorbild gebaut und lässt keine Wünsche offen. Puma hat den Sprung von der Sport-Marke zum Lifestyle-Label gemeistert und begeistert Jung und Alt gleichermaßen.

Outlet mit Ambiente

Warenangebot

Große Auswahl aller Sportartikelbereiche: Lauf-, Joggingschuhe, Fußball-, Kinder-, Tennis-, Fitnessschuhe, große Auswahl an Lifestyle-Schuhen. Freizeit-, Funktions-, Sport- und Fitnessbekleidung, Kinderbekleidung, Lifestyle-Mode. Teamsportartikel wie Bälle, Taschen, Accessoires. Topaktuelle Lifestyle-Kollektionen zu regulären Preisen.

Ersparnis

35 bis 50%, bei Einzelteilen bis 70%. Keine Ersparnis bei topaktueller Ware.

Ambiente

Modernstes Ambiente mit viel Glas. Die Verkaufsfläche mit über 1300 m² auf drei Ebenen ist übersichtlich und großzügig. Sehr hilfsbereites Personal. Ausreichend Parkplätze auch für Busse und Wohnwagen.

Adresse

Puma Outlet Herzo, Zeppelinstraße 2, 91074 Herzogenaurach, Telefon: 09132/7417-15, Fax: 741716, Internet: www.puma.de.

Öffnungszeiten

Montag bis Mittwoch 9.00 bis 19.00 Uhr, Donnerstag und Freitag 9.00 bis 20.00 Uhr, Samstag 8.00 bis 18.00 Uhr.

Anreise

A3 Nürnberg–Würzburg, Ausfahrt Frauenaurach/Herzogenaurach, Richtung Herzogenaurach. Nordumgehung fahren. An der 3. Ampel nach rechts, 200 m Richtung Herzo Base.

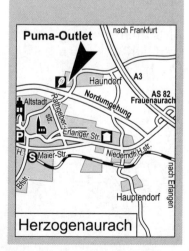

Weitere Verkaufsstellen

● 72555 **Metzingen**, Lindenplatz 1-5, Telefon: 0 71 23/9 74 30. Montag bis Freitag 10.00 bis 20.00 Uhr, Samstag 9.00 bis 18.00 Uhr.

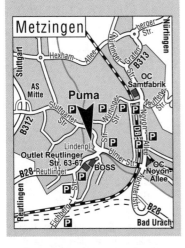

● 96132 **Schlüsselfeld-Elsendorf**, Rudolf-Dassler-Straße 1, Telefon/Fax: 0 95 52/93 30 77. Montag bis Freitag 9.00 bis 18.00 Uhr, Samstag 9.00 bis 14.00 Uhr.

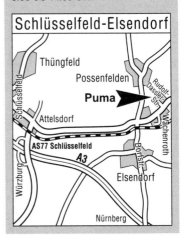

● 90411 **Nürnberg-Schafhof**, Klingenhofstraße 70, Telefon: 09 11/5 27 29 10, Fax: 5 27 29 12. Montag bis Freitag 10.00 bis 18.00 Uhr, Samstag 9.00 bis 13.00 Uhr.

● 97887 **Wertheim-Dertingen**, Wertheim Village, Almosenberg, Telefon: 0 93 42/91 86 50. Montag bis Samstag 10.00 bis 20.00 Uhr.

EINKAUFS-GUTSCHEIN

In Herzogenaurach, der Einkaufsstadt für den Sport, hat Sport-Hoffmann jetzt auf 2000 m² ein neues Fachgeschäft eröffnet. Kundenfreundlich befinden sich alle Verkaufsräume auf einer Ebene. Hervorzuheben sind der Schnäppchenmarkt und der „1. FC Bayern Fan Shop in Franken".

Jetzt alles in einem Haus

Warenangebot

Sportschuhe, Sport-, Trainings- und Freizeitbekleidung, Regenbekleidung, Rad-, Wander-, Trekkingbekleidung und -zubehör, Tennis-, Gymnastik- und Bademoden. Taschen, Bälle und Schläger für alle Sportarten. Ski, Skistiefel, Golfartikel, Fußball- und Fanartikel, Fitnessgeräte.

Ersparnis

1.-Wahl-Ware zum regulären Preis. 2.-Wahl-Ware, Auslaufartikel und Sonderposten zwischen 30 und 60 % Ersparnis. Zum Saisonende nochmals attraktive Preisreduzierungen.

Ambiente

Gepflegte Atmosphäre. Kompetentes, freundliches Fachpersonal. Im selben Haus Nike Factory Store auf 1155 m².

Adresse

Sport Hoffmann GmbH & Co. KG, Zeppelinstraße 1, 91074 Herzogenaurach, Telefon: 0 91 32/78 19-0, Fax: 78 19 24.

Öffnungszeiten

Montag bis Mittwoch 9.00 bis 19.00 Uhr, Donnerstag und Freitag 9.00 bis 20.00 Uhr, Samstag 9.00 bis 18.00 Uhr.

Anreise

A3 Nürnberg—Würzburg, Ausfahrt Frauenaurach/Herzogenaurach. Auf der Nordumfahrung Richtung Herzogenaurach. An der 2. großen Kreuzung nach ca. 3 km rechts Richtung Herzo Base. 1. Straße links, gegenüber von Puma.

Als Levi Strauss aus dem fränkischen Buttenheim in die USA auswanderte, ahnte noch niemand, dass er 1853 eine Firma gründen würde, die einmal der weltweite Inbegriff für Jeans und Denimwear werden sollte. Mit robuster und haltbarer Arbeiterbekleidung stattete Levi's die Goldsucher und Pioniere Kaliforniens aus, bis vor 55 Jahren Amerikas Teenager die Levi's Jeans zum Symbol ihrer gesellschaftlichen Rebellion machten.

Quality never goes out of Style

Warenangebot
Produktionsüberhänge, 1. und 2. Wahl, Musterteile, Restposten aus den aktuellen und vergangenen Saisons. Fast das gesamte Sortiment der Marken Levi's, Levi Strauss Signature (tm), Dockers.

Ersparnis
35 bis 50%, Sonderaktionen bis 70%.

Ambiente
Ca. 230 m² Verkaufsfläche, gute Parkplatzsituation, geschultes Personal.

Adresse
Levi Strauss Germany GmbH, Lagerverkauf, Levi-Strauss-Allee 18-22, 63150 Heusenstamm, Telefon: 0 61 04/ 6 01-0, Fax: 6 01-3 50.

Öffnungszeiten
Montag bis Donnerstag 15.00 bis 19.00 Uhr, Freitag 12.00 bis 19.00 Uhr, Samstag 10.00 bis 16.00 Uhr.

Weitere Verkaufsstellen
● 72555 **Metzingen**, Reutlinger Straße 63-67, Levi's Docker Factory Outlet, Telefon: 0 71 23/2 04 33.

● 97877 **Wertheim-Dertingen**, Levi Strauss Factory Outlet, Wertheim Village, Almosenberg, Telefon: 0 93 42/85 94 70.

Anreise
A3 Frankfurt–Würzburg, Ausfahrt 53, Obertshausen/Heusenstamm. Folgen Sie im Ort dem Schild Martinsee (auch wenn Sie über eine Landstraße nach Heusenstamm kommen). Der Verkauf befindet sich direkt am Sportzentrum Martinsee.

Das Familienunternehmen besteht bereits in der dritten Generation und bietet rund 400 verschiedene Teddybären und Plüschtiere. Aber nicht nur Kinder sorgen für Umsatz, denn auch bei Sammlern sind die Teddys beliebt.

Teddys zum Liebhaben

Warenangebot
Teddybären und Plüschspieltiere: Affen, Elefanten, Nilpferde, Esel, Dinosaurier, Tiger, Löwen, Frösche, Pinguine, Katzen, Spieltiere mit Musikwerk, Hasen, Küken.

Ersparnis
Hauptsächlich 1.-Wahl-Ware. Ein kleines Regal mit „Vertreterware". Die Ersparnis liegt bei ca. 30 % bei 1. Wahl, 2. Wahl erheblich günstiger.

Ambiente
Verkaufsraum in einem Nebengebäude links neben dem Haupteingang. Ca. 50 m² Verkaufsfläche. Parkplätze auf dem Firmengelände. Betriebsferien Anfang bis Mitte August.

Adresse
Teddy-Hermann GmbH, Amlingstadter Straße 5, 96114 Hirschaid, Telefon: 0 95 43/84 82-0, Fax 84 82-10.

Öffnungszeiten
Dienstag und Donnerstag 12.30 bis 16.30 Uhr.

Anreise
A73, Ausfahrt Hirschaid, 1 km Richtung Hirschaid, bis zum Kreisverkehr. 1. Straße rechts in Richtung Hirschaid-Ost, Gewerbegebiet, nach ca. 700 m an der 2. Kreuzung links. Nach ca. 1 km Firmengelände auf der rechten Seite.

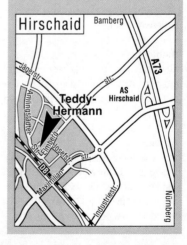

100 Jahre Webtradition haben den Namen „Eagle Products" (ursprünglich „Adler-Fabrikate") weltweit bekannt gemacht. Produziert werden hochwertige Accessoires aus Lammwolle, Cashmere, Mohair und Seide.

Naturhaar, gekonnt verarbeitet

Warenangebot

Eagle Products Home Collection in 1B-Ware und Musterartikel: Decken aus Cashmere, Mohair, Lammwolle, Plaids mit Seidenabseite, Überwürfe, Wohn- und Schlafdecken, Rascheldecken, Sonderanfertigungen möglich. Eagle Products Accessoires: Schals, Tücher, Stolen aus Naturhaar, Pashminas, Seidentücher, Ponchos, Kinder- und Babyschals, Mützen und Handschuhe.

Ersparnis

30 bis 70 %, aktuelle Kollektion mit kleinen Fehlern und Musterteile sowie Sonderposten und 1B-Ware sehr günstig. Keine Billigware. Zweimal im Jahr Aktionsverkäufe.

Ambiente

Kleinverkauf in gemütlichem Verkaufsraum in der Fabrik. Fachkundige Beratung. Immer aktuelle Angebote, auch Sonderwünsche werden erfüllt.

Adresse

Der Cashmere-Shop (im Hause Eagle Products), Orleansstraße 16, Eingang Landwehrstraße 48, 95028 Hof, Telefon: 0 92 81/8 19 13-33, Fax: 8 19 13-11, Internet: www.dercashmereshop.de.

Öffnungszeiten

Montag bis Donnerstag 14.00 bis 17.00 Uhr, Freitag 9.00 bis 12.00 Uhr.

Anreise

A9 München–Berlin bis Hof. In Hof folgen Sie der Beschilderung zum Hauptbahnhof, dort weiter, links abbiegen. Gleich wieder rechts und wieder links in die Orleansstraße abbiegen und wieder rechts in die Landwehrstraße.

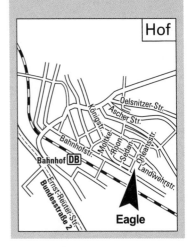

le-go

BEKLEIDUNGSWERKE

Die Le-Go Bekleidungswerke GmbH mit der schönen Adresse „Am Wiesengrund" gehören zu den bedeutendsten Damenbekleidungsherstellern in Deutschland. Es wird vorwiegend Mischgewebe verarbeitet (Viskose, Polyester, Baumwolle). Markenzeichen für Modelle mit Übergrößen: „Kohlhaas", L-1 fashion steht für junge Mode, Camilla für Strickwaren und Dresdner Herrenmode für Herrenbekleidung.

Macht Mode möglich

Warenangebot
Damenbekleidung: Mäntel, Kostüme, Blusen, Kleider, Hosen, Pullover, Jacken, T-Shirts mittlerer bis guter Qualität. Herrenbekleidung: Anzüge, Hosen, Sakkos. 1.-Wahl-Ware, Musterware und Restverkäufe.

Ersparnis
Bis 50%.

Ambiente
Verkaufsraum im Fabrikgelände direkt unter der Eingangspforte. Freundliche Verkäuferinnen. Ware übersichtlich präsentiert.

Adresse
Le-Go Bekleidungswerke, Am Wiesengrund 20, 95032 Hof, Telefon: 0 92 81/75 00, Fax: 75 02 78.

Öffnungszeiten
Montag bis Freitag 9.00 bis 19.00 Uhr, Samstag 9.00 bis 16.00 Uhr.

Anreise
Hof ist zu erreichen über die A9 Nürnberg–Berlin, Ausfahrt Hof. B15 in Richtung Stadtmitte und dort Richtung Süden fahren.

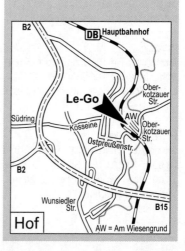

Qualitativ hochwertige Frottierwaren. Eine Spezialität ist das Chenille-Buntgewebe. Die Produkte werden vorwiegend im gehobenen Fachhandel vertrieben.

Kuschelweiches Frottier

Warenangebot
1.-Wahl-Ware, 2.-Wahl-Ware. Handtücher, Saunatücher, Gästehandtücher, Bademäntel (auch für Kinder), Waschlappen, Toilettentaschen, Kindercapes, Garnreste.

Ersparnis
30 bis 50 % bei 1. Wahl und 2.-Wahl-Ware.

Ambiente
Gute Parkmöglichkeiten im Hof (ca. 15 Parkplätze). Der Verkauf findet im Innenhof des Fabrikgebäudes, im Erdgeschoss statt. Klingeln (ca. zwei Minuten Wartezeit, bevor sich die Tür öffnet).

Adresse
Ernst Feiler GmbH, Greimweg 4, 95691 Hohenberg/Eger, Telefon: 0 92 33/77 28-0, Fax: 77 28-99, E-Mail: info@feiler.de, Internet: www. feiler.de.

Öffnungszeiten
Montag bis Freitag 8.00 bis 11.30 und 13.00 bis 17.00 Uhr, Samstag 9.00 bis 13.00 Uhr. Betriebsferien im August, bitte vorher anrufen.

Anreise
A93 Weiden—Hof, Ausfahrt 13, Marktredwitz-Nord. Auf der B303 Richtung Eger (Cheb), Ausfahrt Hohenberg. In Hohenberg 2. Straße rechts (siehe Beschilderung).

VOLLMER

MODELL

Für Damen und Herren nur hochwertige 100 Prozent reine Wolle, für Kinder zusätzlich Mischungen, die in der Waschmaschine zu waschen sind. Die gesamte Kollektion wird nicht chemisch behandelt. Eigene natürliche Walkherstellung mit ökologischer, chemiefreier Verfahrenstechnik.

Die Strickjacke im Folklorestil

Warenangebot

Bestickte Damenstrickjacken im Trachten- und Folklorestil, 3/4-Jacken mit Märchen- und ländlichen Motiven, Walk-Wanderjacken und lange Jacken, z.T. sehr aufwändig bestickt. Das gleiche Angebot gilt für Kinderartikel. Für Herren: Zopfjacken mit und ohne Arm, Trachten- und Wander-Walkjacken, Textile Souvenirartikel.

Ersparnis

Bis zu 50%, hochwertige Ware. Drei- bis viermal jährlich Sonderverkäufe, telefonisch erfragen.

Ambiente

Fachberatung. Ware ist übersichtlich nach Größen im Regal geordnet. Auch Übergrößen und Maßanfertigung.

Besonderheiten

Der Hohenpeißenberg liegt im Pfaffenwinkel und ist der nördlichste Alpengipfel mit 1000 m Höhe (Rundblick, Alpenpanorama). Sherry-Bar im Verkaufsraum.

Adresse

Vollmer – von Medvey KG, Strickwarenfabrik, Bahnhofstraße 36, 82383 Hohenpeißenberg, Telefon: 0 88 05/2 65, Fax: 87 46.

Öffnungszeiten

Montag bis Freitag 9.00 bis 12.00 und 14.00 bis 17.00 Uhr.

Anreise

Hohenpeißenberg liegt an der B472 zwischen Peiting und Peißenberg, Landkreis Weilheim-Schongau/Obb.

Guy Laroche
P A R I S

Stilvolle Eleganz im Schnitt, feine Stoffe italienischer Provenienz und das Renommée des Pariser Couture-Hauses vereinen sich in der Kasteller Spitzenkonfektion. Kastell-Mode für Männer wird in Deutschland gefertigt. Guy Laroche steht für Designermode aus internationalen Stoffkollektionen.

Mode-Impressionen

Warenangebot
Anzüge, Sakkos, Hosen, Gesellschafts-kleidung (Smoking), Mäntel, Sports-wear-Jacken.

Ersparnis
30 bis 40 %.

Ambiente
Im Eingangsbereich geradeaus, dann rechts ins Erdgeschoss. Heller, freundli-cher Verkaufsraum, die Ware ist über-sichtlich und großzügig präsentiert. Parkplätze direkt vor dem Haus.

Adresse
Herrenkleiderfabrik Kastell, Daimler-straße 4, 63768 Hösbach, Telefon: 0 60 21/5 30 41-0, Fax: 5 30 41-99.

Öffnungszeiten
Montag bis Freitag 8.30 bis 18.00 Uhr, Samstag 8.30 bis 15.00 Uhr.

Anreise
A3 Frankfurt–Würzburg, Ausfahrt Hösbach. An der 1. Ampel links. An der großen Kreuzung wieder links auf die B26 Richtung Hösbach. Dann die 2. Straße rechts ins Industrie-gebiet fahren, das ist die Daimler-straße. Das Gebäude ist gegenüber der BayWa.

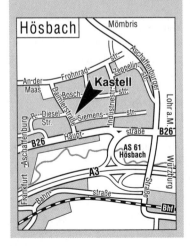

138

Hudson   **KUNERT**

Die Hudson-Kunert-Gruppe ist ein führender europäischer Hersteller von Bein- und Oberbekleidung. Die bekannten Marken Burlington, Hudson, Kunert, Mexx, Bruno Banani, Mistral, K2, aem'kei und Schiesser basieren auf innovativen Produkten mit internationaler Bedeutung.

Modebeine – Beinmode

Warenangebot
Feinstrumpfhosen, -Strümpfe und -Söckchen, Strickstrumpfhosen, Socken für Damen, Herren und Kinder. Burlington-Oberbekleidung, Sport- und Freizeitmode von Mistral und K2, Mode von aem'kei, Babybekleidung, Tag- und Nachtwäsche von Schiesser, 2-Wahl-Jeans von Levi's, Auslaufmodelle von Venice Beach.

Ersparnis
Bei 2.-Wahl-Ware handelt es sich meist um Auslaufmodelle, nur selten um fehlerhafte Ware: Ersparnis bis zu 70 %. Bei 1.-Wahl-Produkten ca. 30 %.

Ambiente
Große, übersichtliche Verkaufsräume auf zwei Ebenen mit einer Fläche von 1800 m². Umfangreiches Angebot von neun verschiedenen Marken. Angenehme Einkaufsatmosphäre. Parkplätze auf dem Werksparkplatz.

Besonderheiten
Kantine ist für alle Besucher geöffnet.

Öffnungszeiten
Montag bis Freitag 10.00 bis 18.30 Uhr, Samstag 10.00 bis 14.00 Uhr.

Adresse
Kunert AG, Julius-Kunert-Straße 44, 87509 Immenstadt, Telefon: 0 83 23/ 1 22 75, Fax: 1 24 03.

Weitere Verkaufsstellen
● 09468 **Geyer**, Bingeweg 5, Telefon: 03 73 46/6 22 01.
● 87719 **Mindelheim**, Trettachstraße 2, Telefon: 0 82 61/12 61.

Anreise
Ab Autobahnkreuz Allgäu in Richtung Oberstdorf–Immenstadt B19.

Immer mehr Autokäufer holen ihr Auto ab Werk ab. Offenbar ist es nicht nur die Ersparnis, die den Kunden dazu bringt, sein Auto selbst abzuholen. Viele machen aus der Abholung des Neuwagens ein Erlebnis mit Informationsmöglichkeit über den Hersteller des geliebten Blechs. Außerdem große Auswahl an auditypischen Accessoires.

Audi ab Werk

Warenangebot

Im Audi-Kundencenter ist alles zu haben, was ein Audifahrer braucht. Sowohl in Ingolstadt als auch in Neckarsulm werden alle Modelle ausgeliefert.

Ersparnis

Die Selbstabholer sparen die Differenz zwischen der Abholpauschale und den Überführungskosten beim Händler. Im Angebot: kostenlose Werksbesichtigung, Museumsführung in Ingolstadt, kostenloser Restaurantbesuch, ein gefüllter Tank, Sonderkonditionen bei Hotels und Europcar.

Ambiente

Im Kundencenter Fahrzeugübergabe. Dort auch Individualisierungsangebot der quattro GmbH, Audi Shop, Kinderwelt und Kino. Hier auch Start zur Werksbesichtigung.

Adressen

Audi AG Kundencenter Ingolstadt, Ettinger Straße, 85057 **Ingolstadt**, Telefon: 08 00/2 83 44 44.
Audi AG Kundencenter Neckarsulm, NSU-Straße, 74148 **Neckarsulm**, Telefon: 08 00/2 83 44 44.

Öffnungszeiten

Montag bis Freitag 7.30 bis 17.00 Uhr, Samstag 7.30 bis 13.00 Uhr.

Anreise

Die Audi-Kundencenter liegen auf dem jeweiligen Werksgelände.

Die BRG vermittelt nur und finanziert sich aus den Gebühren der Verkäufer. Seit 1990 wurden mehr als 60.000 Jahreswagen vermittelt.

Audi- und VW-Jahreswagen

Warenangebot
Ständig hat der Audi-Computer ca. 1800 Jahreswagen von Audi und VW im Speicher. Der Kunde gibt seinen Wunsch an und bekommt dann Informationen. Die Anfrage erfolgt per Fax, Telefon, Post, Internet oder E-Mail.

Ersparnis
20 bis 30 % ist der Jahreswagen gegenüber dem Neuwagen billiger. Die Jahreswagenvermittlung ist meist 10 % billiger als ein Jahreswagenhändler. Dafür muss der Kunde das Auto abholen.

Ambiente
Der Käufer kann in den Vermittlungsbüros die Informationen einsehen. Am Samstag gibt es auf dem Audi Parkplatz in Ingolstadt auch einen Verkauf von Jahreswagen von 8.00 bis 12.00 Uhr.

Adresse
Audi/BRG-Jahreswagenvermittlung, Selbsthilfeeinrichtung für die Audi-Belegschaft eG, Ettinger Straße, 85045 Ingolstadt, Telefon: 08 41/89-3 45 67, Fax: 89-3 27 66, E-Mail: info@brg-jahreswagen.de, Internet: www.brg-jahreswagen.de. Zusätzliche Internet-Adressen: audi-wa-jahreswagen.de und audibelegschaft-jahreswagen.de.

Öffnungszeiten
Montag bis Freitag 8.00 bis 12.00 und 13.00 bis 15.30 Uhr, Samstag 8.00 bis 12.00 Uhr.

Weitere Verkaufsstelle
● 74172 **Neckarsulm**, NSU-Straße 24-32, Telefon: 0 71 32/31 23 39, Fax: 31 30 66.

Anreise
Die Büros liegen jeweils auf dem Audi-Werksgelände.

BÄUMLER   **FÉRAUD**   KAISER DeSIGN

PARIS

Bäumler, der offizielle Generalausstatter der deutschen Herren-Olympia-
mannschaft in Athen 2004, macht Modetrends — stilsicher und
geschmackvoll. Hervorragende Qualität, modische Kompetenz, Marken mit
Ausstrahlung. Einer der bedeutendsten Herrenmodemacher in Europa.

Der Trendsetter

Warenangebot

1A-Ware. 2A-Ware. Mäntel, Anzüge,
Sakkos, Hosen, Dinnerjacketts, Smokings, Hemden, Krawatten, Jeans, T-
Shirts, Strickwaren, Sportswear-Jacken,
Socken. Auch Übergrößen (kein vollständiges Warenangebot) bis Größe 122
und 31. Es wurden zwei weitere, bekannte Marken gesichtet: Louis Féraud
Damenmode und Kaiser Design, Herrenmode.

Ersparnis

1A-Ware bis 50 % Ersparnis.

Ambiente

Große Verkaufsfläche im Fabrikgelände,
gute Präsentation, überzeugendes
Warenangebot, fachkundige Beratung,
sechs Umkleidekabinen, Großparkplatz.
2.-Wahl-Ware ist extra ausgezeichnet.

Besonderheiten

Änderungsservice.

Adresse

Bäumler-Fabrikverkauf, Friedrich-Ebert-
Straße 86-90, 85055 Ingolstadt,
Telefon: 08 41/50 50 (Zentrale), Fabrik-
verkauf: 5 05-2 48, Fax: 50 52 05,
Internet: www.baeumler. com.

Öffnungszeiten

Montag bis Freitag 9.00 bis 18.00 Uhr,
Samstag 9.00 bis 16.00 Uhr.

Anreise

A9, Ausfahrt Ingolstadt-Nord.
Rechts abbiegen in die Römerstraße,
weiter geradeaus, bis linker Hand die
Friedrich-Ebert-Straße erscheint.
Hier abbiegen und noch ca. 300 m.
Die Firma Bäumler befindet sich auf
der linken Seite.

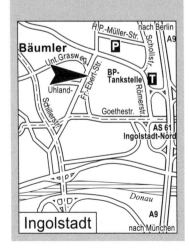

142

rosner®

Das Unternehmen ist Trendsetter. Rosner besticht durch seinen lässigen Tragekomfort. Im Fabrikverkauf findet man eine große Auswahl an sportlicher Mode, auch Damen- und Herrenmode der Hersteller Cinque und Milestone.

Lässiger Tragekomfort

Warenangebot

1.- und 2.-Wahl-Ware. Herren: Hosen, Jeans, Jacken, Lederbekleidung, Hemden, Krawatten, Sakkos, Blazer, Westen, Pullover, T-Shirts, Unterwäsche, Sweatshirts, Gürtel. Damen: Hosenanzüge, Kostüme, Röcke, Blusen, Hosen, Jeans, Tops, Blazer, T-Shirts, Sweatshirts. Babys und Kinder: ab Gr. 60 bis 164, Hosen, Jeans, Hemden, Blusen, Sweatshirts, T-Shirts, Jacken etc. Strümpfe für Damen, Herren und Kinder.

Ersparnis

20 bis 30% bei aktueller Ware, bei Ware der vergangenen Saison 50% und mehr.

Ambiente

Kaufhausatmosphäre, Bedienung auf Wunsch. 1.- und 2.-Wahl- bzw. fehlerhafte Ware räumlich getrennt, 60 Umkleidekabinen. Sehr gute Parkmöglichkeiten. Cafeteria, Kinderspielecke.

Adresse

Rosner, Fabrikverkauf, Schölnhammerstraße 25, 85055 Ingolstadt, Telefon: 08 41/50 13 90, Kundentelefon: 5 80 64, Fax: 50 13 99.

Öffnungszeiten

Montag bis Freitag 9.00 bis 19.00 Uhr, Samstag 9.00 bis 18.00 Uhr.

Anreise

A9, Ausfahrt 61 Ingolstadt-Nord, rechts in die Römerstraße, geradeaus bis zur BP-Tankstelle. Dort rechts, nächste Straße links.

GOLD◯FINK
Fabrikverkauf

EINKAUFS-GUTSCHEIN

Das Familienunternehmen hat seit mehr als 50 Jahren Erfahrung in der Schmuckanfertigung. Es werden Zuchtperlen, Diamanten, Gold und Silber kunstvoll verarbeitet.

Goldrichtig

Warenangebot
Ketten, Anhänger, Ohrringe, Clips, Armbänder und Armreifen in verschiedenen Gold- und Silberlegierungen, mit Perlen, Saphiren, Rubinen, Diamanten und Brillanten, Armbanduhren, Manschettenknöpfe, Pillendosen und weitere Accessoires, lose Steine. Nur 1.-Wahl-Ware in Echtschmuck, Musterteile, Überproduktionen, Einzelteile.

Ersparnis
Perlen 40 bis 50 %, Gold/Silber bis 35 %.

Ambiente
Stilvolle Präsentation der Ware in Vitrinen und Schaukästen in drei Räumen, ruhige Einkaufsatmosphäre und fachkundige Beratung. Parkplätze: begrenzte Anzahl auf dem Betriebsgelände.

Besonderheiten
Schätzungen von Schmuckstücken (nur auf Anfrage), kleine Diashow über einen PC. Der Chef Michael Fink ist Diamantgutachter und Perlenspezialist.

Adresse
Gold-Fink GmbH, Bismarckstraße 2, 87600 Kaufbeuren, Telefon: 0 83 41/ 86 86, Fax: 7 39 70, E-Mail: goldfink@ aol.com, Internet: www.gold~fink.de.

Öffnungszeiten
Montag bis Freitag 9.30 bis 17.00 Uhr.

Anreise
Aus Marktoberdorf kommend auf der B16 in Richtung Kaufbeuren. Nach Kaufbeuren hineinfahren, weiter geradeaus in Richtung Günzburg/B16, links abbiegen in die Bismarckstraße Richtung Klinikum/ Parkplatz-Süd und der Beschilderung Gold-Fink folgen, nach ca. 20 m rechts.

Große Auswahl an Artikeln aus Glas und Kunststoff zur eigenen Herstellung von Modeschmuck oder Bastelarbeiten.

Profi für Modeschmuck

Warenangebot
Schmuckteile aus Kunststoff und Glas in allen Größen, Farben und Formen. Besonderheit sind die geschliffenen Glasperlen. Modeschmuck-Artikel aller Art, Kolliers, Arm- und Ohrschmuck, Broschen etc.

Ersparnis
Ca. 30 bis 50 %.

Ambiente
Große Auswahl, auch ab Lager. Nach vorheriger Anmeldung können Betriebsführungen durchgeführt werden.

Adresse
EHS, Emil Hübner & Sohn GmbH, Modeschmuck – Glas und Kunststoff, Sonnenstraße 17, 87600 Kaufbeuren-Neugablonz, Telefon: 0 83 41/63 72, Fax: 6 51 64.

Öffnungszeiten
Montag bis Donnerstag 8.00 bis 12.00 und 14.00 bis 16.00 Uhr, Freitag 8.00 bis 12.00 Uhr.

Anreise
B12, Ausfahrt Kaufbeuren, Kreisverkehr Ausfahrt Neugablonz, weiter auf der Hauptstraße (= Sudetenstraße). Dann nach Plan weiter.

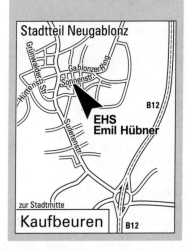

Die Firma Miko-Schmuck produziert seit mehr als 55 Jahren hochwertigen Modeschmuck. Die umfangreiche Kollektion passt sich stets den aktuellen Trends an. Erstklassige nickelfreie Verarbeitung. Die Steine sind von Swarovski.

Exklusiver Modeschmuck

Warenangebot
Qualitativ hochwertiger Modeschmuck wie Colliers, Armbänder, Armreifen, Ohrschmuck, Broschen, Kettengürtel, Schlüsselanhänger.

Ersparnis
Ca. 50 %. Nur erstklassige Ware zu Fabrikpreisen.

Ambiente
Persönliche Beratung durch fachkundiges Personal.

Besonderheiten
Neugablonz ist als Schmuckstadt bekannt. Besuch des Industriemuseums empfehlenswert. Dort reichhaltige Informationen über Modeschmuck.

Adresse
Ferdinand Mikolasch, Schmuck- und Metallwarenfabrik, Hüttenstraße 24, 87600 Kaufbeuren-Neugablonz, Telefon: 0 83 41/63 29, Fax: 6 94 43, Internet: www.mikolasch.com.

Öffnungszeiten
Montag bis Donnerstag 7.15 bis 12.00 und 13.00 bis 17.00 Uhr, Freitag 7.15 bis 12.00 Uhr. Betriebsferien im August.

Anreise
Neugablonz liegt neben Kaufbeuren zwischen Kempten und Landsberg im Allgäu. B12, Ausfahrt Kaufbeuren, Kreisverkehr Richtung Neugablonz, dann Sudetenstraße bis zur Kreuzung, dann Hüttenstraße, nächste Kreuzung Ecke Grünwalder Straße ist Fabrikverkauf (schräg gegenüber Firma Swarovski).

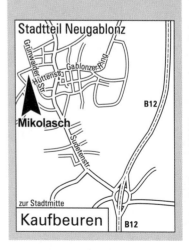

Walter Stöckel

Seit mehr als 60 Jahren ist die Walter Stöckel GmbH in der Modeschmuck-branche tätig. Entstanden aus den unterschiedlichsten Werkstoffen, präsentiert sich das Sortiment von zeitloser Eleganz bis zu modischem Pep.

Zeitlos und modisch

Warenangebot

Colliers, Armbänder, Broschen, Ohr-clips, Ohrstecker, Schalringe, Schalclips, Knopfboutique mit handgefertigten Glasknöpfen, Kunststoff- und Metall-knöpfen. Holz- und Glasperlen, Glas-steine, Zubehör für Modeschmuck-fertigung.

Ersparnis

Ca. 20 bis 40 %.

Ambiente

Großer Ausstellungsraum, Präsenta-tionswände und Schauvitrinen. Freund-liche Beratung durch fachkundiges Personal. An der Rezeption anmelden.

Adresse

Walter Stöckel & Co. KG, Knopfgasse 30, 87600 Kaufbeuren-Neugablonz, Tele-fon: 0 83 41/6 23 20, Fax: 6 10 35.

Öffnungszeiten

Montag bis Donnerstag 8.00 bis 12.00 und 13.30 bis 17.00 Uhr, Freitag 8.00 bis 12.00 Uhr. Samstag geschlossen.

Anreise

B12 über Landsberg, Buchloe bis Ausfahrt Kaufbeuren (Verteilerring), dort Richtung Neugablonz. In die letzte Straße (Lange Straße) rechts abbiegen, dann wieder rechts in die Knopfgasse. Von Ulm: A7, Ausfahrt Memmingen, Richtung München bis Ausfahrt Wörishofen. Von Wöris-hofen über Schlingen bis Pforzen. Ausfahrt Pforzen/Neugablonz be-achten. In Neugablonz 1. Straße links, nächste rechts.

FISCHER TEXTIL GM BH

Die Firma Fischer beliefert die Modemacher im Damenwäsche- und Miederwarenbereich im In- und Ausland. In den Fabrikhallen lagern mehr als 30 Tonnen Stoffe.

Stoff-Eldorado

Warenangebot

Modische Wirk- und Strickstoffe: Unis, Jacquards, Präge-, Flock-, Pigment-, Transfer-, Gold- und Silberdrucke, Plissees, Stickereien. Materialien: Polyester, Polyamid, Polycotton, Viskose, Seide, Baumwolle, Baumwoll-Lycra.

Ersparnis

30 bis 70 %.

Ambiente

Verkauf im 1. Stock des Betriebes, sehr beengt, soll aber ausgebaut werden. Bei Großabnahme (ab 100 kg oder 1000 m) wird mit dem Geschäftsführer verhandelt. Verkaufsraum ca. 15 m² groß; Fachverkäufer steht zur Verfügung.

Adresse

Fischer Textil GmbH, Alte Amberger Straße 8, 95478 Kemnath-Stadt, Telefon: 0 96 42/4 61, Fax: 85 04.

Öffnungszeiten

Donnerstag 13.00 bis 16.30 Uhr. Betriebsferien im Juli/August, bitte vorher anrufen.

Anreise

A9, Ausfahrt Bayreuth, weiter in Richtung Bayreuth auf der B22 nach Kemnath. Zentrum Kemnath, Richtung Pressath/Kastl, Amberger Straße. Von hier abzweigen in die Alte Amberger Straße (ca. 200 m).

Shoes and Fashion

Schuster bleib bei deinen Leisten – dieser Spruch ist das Leitmotiv für die Arbeit der Firma Meindl. Seit nunmehr zehn Generationen produzieren sie Schuhe und Bekleidung mit internationalem Anspruch. Schuhe für Alltag, Freizeit, Sport und Bewegung sowie Leder- und Lammfellbekleidung in modernem alpinem Design.

Auf Schritt und Tritt

Warenangebot

Trekking-, Berg-, Outdoor-Schuhe, „Aktivschuhe" (Sportschuhe für den Alltag), Langlauf-, Trachtenschuhe und Stiefel. Die Kollektion der Trachtenmode umfasst von Lederhosen über Lederjacken bis hin zur Trachtenbluse so ziemlich alles in sehr großer Auswahl.

Ersparnis

Die Sonderangebote aus Restposten, 2. Wahl und Sondermodellen sind 20 bis 40 % günstiger. Bei Jacken und Hosen Anfertigung auch nach Maß!

Ambiente

Großzügiges, neu gestaltetes Einzelhandelsgeschäft.

Adresse

Meindl Bekleidung GmbH & Co. KG, Dorfplatz 8-10, 83417 Kirchanschöring, Telefon: 0 86 85/98 52 70, Fax: 15 75, E-Mail: fashion@meindl.de, Internet: www.fashion.meindl.de.

Öffnungszeiten

Montag bis Freitag 9.00 bis 18.00 Uhr, Samstag 9.00 bis 13.00 Uhr.

Anreise

B20 Freilassing–Passau nach Laufen. Richtung Kirchanschöring. A8, Ausfahrt Siegsdorf über Waging/See nach Kirchanschöring.

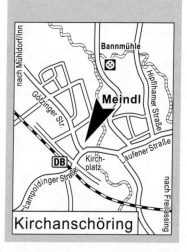

In den 30er-Jahren entdeckte Etienne Aigner die Liebe zum Leder. Daraus wuchs nicht nur ein großes Modeunternehmen sondern eine internationale Prestigemarke. Markenzeichen ist das Hufeisen, das auf keiner Handtasche, auf keinem Accessoire fehlen darf. Motto des Hauses: Form follows function with emotion. Das spürt man.

Internationale Prestigemarke

Warenangebot
Sportlich-elegante Damen- und Herrenbekleidung, vor allem aus der Vorjahreskollektion: Anzüge, Hemden, Jacken, Mäntel, Blusen, Sakkos, Kleider, Hosen. Taschen, Börsen, Schuhe, Gürtel, Parfüm und Kosmetika, Krawatten, Uhren, Armbänder.

Ersparnis
Etienne Aigner ist auch im Lagerverkauf nicht billig. Bei 1. Wahl liegt die Ersparnis bei ca. 30 %, bei 2. Wahl und Einzelstücken bis ca. 60 %.

Ambiente
Lagerverkauf in einer großen Halle. Das Ambiente hier entspricht so gar nicht dem Stil von Aigner. In einem Nebenraum sind Schuhe präsentiert. Etwas bürokratisch geht es am Eingang zu: Man muss ein Formular ausfüllen und eine Erklärung unterschreiben, dass man kein Wiederverkäufer ist.

Adresse
Etienne Aigner Lagerverkauf, Parsdorfer Weg 10, 85551 Kirchheim-Heimstetten, Telefon: 0 89/99 19 01 71 oder 99 19 01-0, Internet: www.aignermunich.com.

Öffnungszeiten
Montag bis Freitag 10.00 bis 19.00 Uhr, Samstag 10.00 bis 16.00 Uhr.

Anreise
A49 München–Passau, Ausfahrt Feldkirchen-Ost, Richtung Kirchheim-Heimstetten. Auf der Feldkirchener Straße ins Industriegebiet und der Beschilderung Aigner-Lagerverkauf folgen. Am Seiteneingang eines Industriegebäudes geht es über eine Treppe in den 1. Stock.

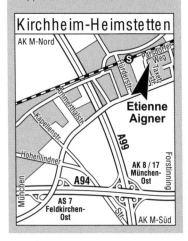

BOGNER

Der Name „Bogner" und das „B" am Reißverschluss stehen für Exklusivität und Klasse. Trendsetter in der Skikollektion. Sportlich, hochwertig, elegant.

Sportlich, hochwertig, elegant

Warenangebot
Komplette Bogner-Kollektion: Damen- und Herrenbekleidung, Sonia Bogner, Sportbekleidung (Ski, Golf, Tennis), Beach- und Freizeitmode. Kinderbekleidung Big Ice, Fire & Ice (Young Fashion), Bogner Leather, Accessoires. Die Artikel stammen nicht aus dem aktuellen Sortiment oder weisen kleine Fehler auf.

Ersparnis
40 bis 60 %.

Ambiente
Bogner Extra ist umgezogen direkt aufs Bogner-Werksgelände. Jetzt ca. 900 m² große, helle Lagerräume. Ca. 500 m Entfernung bis zur S-Bahn-Haltestelle Heimstetten (S6).

Adresse
Bogner Extra, Am Werbering 5-9, 85551 Kirchheim-Heimstetten, Telefon: 0 89/4 36 06-6 70, Fax: 4 36 06-6 99.

Öffnungszeiten
Montag bis Freitag 10.00 bis 18.00 Uhr, Samstag 10.00 bis 16.00 Uhr.

Weitere Verkaufsstellen
● 66482 **Zweibrücken**, oci designer outlet, Londoner Bogen 10-90, Telefon: 0 63 32/47 29 79, Fax: 47 29 84.

● 72555 **Metzingen**, Nürtinger Straße 63, Telefon: 0 71 23/96 38 47.
● 80993 **München-Moosach**, Triebstraße 36-38, im selben Gebäude wie Loden-Frey, Telefon: 0 89/14 72 86 01, Fax: 14 72 86 10. Montag bis Freitag 9.30 bis 18.00 Uhr, Samstag 9.30 bis 16.00 Uhr.

Anreise
A94, München–Passau, Ausfahrt Feldkirchen-Ost, Richtung Heimstetten. Auf die Feldkirchner Straße, rechts in die Weißenfelder Straße, links dann „Am Werbering". Am Ende ist die Hofeinfahrt von Bogner.

RENA LANGE

Die Firmenphilosophie des Modehauses Rena Lange lautet: Verwendung bester Materialien, beste Verarbeitung, beste Passform. Das international erfolgreiche Unternehmen zählt zum hochwertigen, exklusiven Genre der Damenmode.

Charme-Offensive

Warenangebot
Sehr elegante Damenkollektion mit viel Abendmode, Accesssoires.

Ersparnis
60%, am Saisonende nochmals 30 bis 50%.

Ambiente
Stilvolle Shopeinrichtung, helle, übersichtliche Räume, angenehme Beratung.

Adresse
Rena Lange Outlet, Ammerthalstraße 19, 85551 Kirchheim-Heimstetten, Telefon: 0 89/90 93 91 10.

Öffnungszeiten
Mittwoch bis Freitag 10.00 bis 18.00 Uhr, Samstag 10.00 bis 16.00 Uhr.

Weitere Verkaufsstelle
● B-3630 **Maasmechelen Village**, Zetellaan 121, Telefon: 00 32/89 47 18 40, Internet: www.maasmechelenvillage. com.

Anreise
Kirchheim-Heimstetten liegt im Osten von München, nahe der Messe München-Riem. Vom Norden: A99 Richtung Salzburg, dann auf die A94 Richtung München wechseln. Nach wenigen Metern Ausfahrt Feldkirchen-Ost/Heimstetten. Nach der Ausfahrt rechts. An der Kreuzung geradeaus und 2. Straße links. 1. Einfahrt rechts. Haus Nr. 19 auf der linken Straßenseite.

Die Firma produziert qualitativ hochwertige Kinderwagen- und Kinderbettausstattungen (keine Kinderbekleidung und Kinderwagen). Das komplette Sortiment besteht aus eigener Fertigung und zugekaufter Handelsware, z.B. findet man auch ein breit gefächertes Spielwarensortiment.

Der Vollsortimenter

Warenangebot
Sehr umfangreiches und vollständiges Sortiment rund um den Kinderwagen: Regenverdecke, Kinderbettwäsche, Fußsäcke, Schlafsäcke, Schirme usw. sowie Spielwaren. Reguläre Ware, Lagerüberhänge und 2.-Wahl-Ware.

Ersparnis
Ca. 50 %.

Ambiente
Über 200 m² Verkaufsfläche. Freundliche Verkaufsräume wie ein Fachgeschäft. Fachauskünfte möglich. Kein Umtausch der Ware. Alle Artikel nur gegen Barzahlung.

Adresse
Eckert GmbH, Armin-Knab-Straße 31-33, 97318 Kitzingen, Telefon: 0 93 21/ 3 93-0, Fax: 3 93-1 00.

Öffnungszeiten
Montag bis Donnerstag 13.00 bis 16.00 Uhr, Freitag 9.00 bis 13.00 Uhr.

Anreise
Von Norden kommend: A3, Ausfahrt Rottendorf. Auf der B8 nach Kitzingen und über die neue Mainbrücke. Von Süden kommend: A3, Ausfahrt Kitzingen-Schwarzach. Nach Kitzingen hinein, auf die B8 Richtung Nürnberg abbiegen. Am Einkaufscenter (rechte Seite) geradeaus vorbei, an Ampelkreuzung rechts. 1. Straße rechts und bis zum Ende durchfahren. Eckert auf der linken Seite.

der Keramik*Basar*

Werksverkauf von scheurich

Marktführer von Zier- und Haushaltskeramik, Terrakotta und Keramikgeschenken. Auf einer Riesenfläche und in einem einmaligen Umfeld präsentiert der Keramik Basar das gesamte aktuelle Programm sowie 2A-Ware, Rest- und Sonderposten aus dem Exportprogramm.

1000 m² Einkaufserlebnis

Warenangebot
Großes Angebot an Terrakotta, Übertöpfe und Pflanzschalen, Postamente und Schirmständer, Schalen, Leuchter und Vasen, Tonbratentöpfe und Auflaufformen, Mikrowellengeschirr, Becher und Krüge, Geschirr, Springbrunnen und Keramikfiguren, Sparschweine und Luftbefeuchter.

Ersparnis
1A-Programm 30 bis 50 %, 2A- und Sonderpostenware bis zu 80 %. Weitere Abschläge zum Saisonende.

Ambiente
Eigenes Verkaufsgebäude „Keramik Basar". Für Gruppen nach Voranmeldung Filmvorführung „Die Herstellung von Keramik" (kostenlos) sowie Kaffee und Kuchen (1,- € pro Person).

Adresse
Keramik Basar, K.E.P.U. GmbH, Bahnhofstraße 12, 63924 Kleinheubach, Telefon: 0 93 71/49 00, Fax: 49 60.

Öffnungszeiten
Montag bis Freitag 9.00 bis 18.00 Uhr, Samstag 9.00 bis 14.00 Uhr.

Anreise
A3, Ausfahrt Stockstadt, über die B469 Aschaffenburg–Miltenberg. Der Keramik Basar liegt direkt am Bahnhof und ist gut ausgeschildert.

ST.EMILE

Die Marke St.Emile gilt als Geheimtipp beim gehobenen Fachhandel. Der Grund: Die Marke besetzt trendige Themen. Alles, was in Sachen Damenmode etwas mehr Pfiff hat, findet man bei St.Emile. Kundinnen, die anders aussehen möchten als in der Vergangenheit — jünger, modischer — finden hier eine gute Adresse.

Echt anziehend

Warenangebot
Anzüge, Kostüme, Röcke, Hosen, Blazer, Mäntel, Strickwaren, Lederbekleidung. Vorjahresware, Musterteile aus der laufenden Saison, 1. und 2. Wahl.

Ersparnis
Generell 30 bis 50%.

Ambiente
Die Ware in dem 150m² großen Verkaufsraum ist sehr übersichtlich sortiert. Die Kunden können in ruhiger Atmosphäre einkaufen. Sechs Umkleidekabinen. Im hinteren Teil des Verkaufsraumes gibt es preisreduzierte Sonderposten. Freundliche und fachkundige Beratung. Bezahlung mit EC-Karte möglich.

Adresse
St.Emile, Wallstraße 6, 63839 Kleinwallstadt, Telefon: 0 60 22/6 62 41 14, Fax: 6 62 49 14.

Öffnungszeiten
Montag bis Freitag 10.00 bis 18.00 Uhr, Samstag 10.00 bis 16.00 Uhr.

Weitere Verkaufsstelle
● 97877 **Wertheim-Dertingen**, FOC Wertheim Village, Almosenberg, Telefon: 0 93 42/91 46 52, Fax: 91 46 72.

Anreise
A3 Frankfurt–Würzburg, Ausfahrt Aschaffenburg. B463 Richtung Miltenberg, Ausfahrt Niedernberg/Großostheim. Richtung Niedernberg nach Kleinwallstadt. Dort Richtung Eisenfeld. St.Emile ist gegenüber dem Bahnhof auf der rechten Seite.

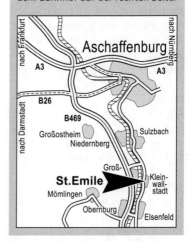

Kocheler Keramik
Meister Töpferei

Handbemalte Keramikgeschirre sind weithin als alpenländische Keramik bekannt. Oft wirkt diese Keramik derb und rustikal. Ganz anders ist das bei der Kocheler Keramik. Zarte Pastelltöne und feine Handbemalung passen zu Menschen, die Landhausstil auch auf den Tisch bringen.

Kunst direkt aus dem Brennofen

Warenangebot
1.- und 2.-Wahl-Ware. Handbemaltes Kaffeegeschirr, Speisegeschirr, Serviettenringe; Küchendosen, Brottöpfe, Zwiebel- und Knoblauchtöpfe; Tisch- und Hängelampen, Aromalampen; Duftkugeln, Windlichter, Geschenkartikel, Gartenkugeln, Übertöpfe für den Garten, Tischdecken.

Ersparnis
20 % bei 1.-Wahl-Artikeln, 40 % bei 2.-Wahl-Ware. Bei Sonderaktionen und Auslaufdekoren bis 50 %.

Ambiente
Ansprechender Verkaufsraum. Fachliche Beratung. Individuelle Geschenke können auf Wunsch gefertigt werden. Besichtigung der Werkstatt möglich.

Adresse
Kocheler Keramik, Graseckstraße 47/ Ecke Mittenwalder Straße, 82431 Kochel am See, Telefon: 0 88 51/2 46, Fax: 73 15, Internet: www.keramikshop.de.

Öffnungszeiten
Montag bis Freitag 9.00 bis 18.00 Uhr, Samstag 9.00 bis 12.00 Uhr.

Anreise
A952, Ausfahrt Murnau/Kochel. In Kochel Richtung Walchensee, Am Ortsausgang an der B11 Hinweisschild Kocheler Keramik Töpferei.

EINKAUFS-GUTSCHEIN

Hochwertige System-Büromöbel von einem der führenden Hersteller: Design und Funktion in Form und Farbe.

Feel at home at the office …

Warenangebot
Tischprogramme – vom Einzeltisch bis zur Winkelkombination, höhenverstellbar und voll elektrifizierbar, Schränke, Regale, Container, Trennwände, Stühle.

Ersparnis
50 %.

Ambiente
Kompetente Beratung, Parkmöglichkeiten direkt vor dem Gebäude.

Adresse
Werndl Werkverkauf, Rosenheimer Straße 64a, 83059 Kolbermoor, Telefon: 0 80 31/4 05-3 90, Fax: 29 75 99 oder 2 97 58 63, Internet: www.werndlwerk verkauf.de.

Öffnungszeiten
Montag bis Freitag 10.00 bis 18.00 Uhr.

Anreise
A8 München–Salzburg, Ausfahrt Bad Aibling. Links Richtung Kolbermoor. A8 Salzburg–München, Ausfahrt Rosenheim, rechts Richtung Rosenheim, über Pang. Am Ortsende Rosenheim/Ortsanfang Kolbermoor befindet sich das Industriegebiet Aicher-Park. Rechts in die Karl-Jordan-Straße, nochmals rechts in die Rosenheimer Straße. Hier ist der Werndl Werksverkauf.

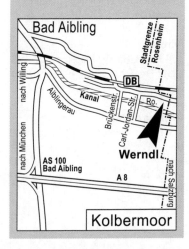

exclusive
BADEMODEN

Der Hersteller bietet ein umfassendes Sortiment an Badebekleidung an. Bikinis und Badeanzüge gibt es von Cup A bis F. Die Modelle „Magic Line" enthalten einen hohen Lycra-Anteil, um so die Figur zu korrigieren und zu formen. Die gesamt Kollektion entspricht dem ÖKO-TEX Standard 100.

Bademoden made in Germany

Warenangebot
Sehr große Auswahl an Badeanzügen (auch für Prothesen), Bikinis, Sport-badeanzüge, kleines Sortiment an Strand- und Fitnessbekleidung. Herren-Badehosen, Kinder-Badebekleidung.

Ersparnis
Ca. 40 %.

Ambiente
Rechts am Gebäude ist ein Verkaufs-raum für den Fabrikverkauf reserviert. Ware übersichtlich sortiert und preis-ausgezeichnet. Engagierte, freundliche Verkäuferin.

Adresse
L. Schmidt GmbH, Industriestraße 46, 96317 Kronach, Telefon: 0 92 61/60 68-0, Fax: 60 68-60.

Öffnungszeiten
Montag bis Donnerstag 13.00 bis 16.00 Uhr.

Weitere Verkaufsstelle
● 09419 **Thum-Jahnsbach**, Nautilus-Skin Touch GmbH & Co. KG, Straße der Freundschaft 102. Montag bis Freitag 9.00 bis 17.00 Uhr, Samstag 9.00 bis 14.00 Uhr.

Anreise
In Kronach in das Industriegebiet fah-ren. Die Hauptstraße im Industrie-gebiet ist die Industriestraße. Firma im letzten Teil der Straße, rechte Seite. Der Fabrikverkauf ist beschildert.

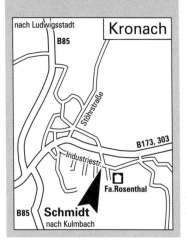

Mit dem Örtchen Krummennaab verbindet der Oberpfälzer Sportmode und den Namen Weidner. Die Sportmodenfabrik steht für Qualität, Funktion und Passform. Die Sportbekleidung des Unternehmens steht auch für erschwingliche Preise und die sucht man ja im Fabrikverkauf.

Starke Leistung, guter Preis

Warenangebot
Ski-, Tennis-, Wander-, Radfahr-, Jogging-, Golf- und Freizeitbekleidung für Damen und Herren. Kinderbekleidung, Outdoor-, Regen-, Snowboard-, Trekking- und Jagdbekleidung. Komplette Sortimente in riesiger Auswahl, Sportunterwäsche und Zubehör wie Strümpfe, Stirnbänder etc.

Ersparnis
30 bis 50%.

Ambiente
Die bescheiden-schlicht wirkende Eingangstür (beschriftet) eröffnet ein riesiges Einkaufsparadies: Verkauf im gesamten Lagerbereich und zwei dafür vorgesehenen Verkaufsräumen.

Adresse
R. Weidner GmbH, Schulstraße 5, 92703 Krummennaab, Telefon: 0 96 82/22 89, Fax: 22 96.

Öffnungszeiten
Donnerstag 17.00 bis 20.00 Uhr, Samstag 9.00 bis 13.00 Uhr.

Anreise
A93 Weiden–Hof, Ausfahrt Falkenberg, dann Richtung Erbendorf. In der Ortsmittevon Krummenaab am Rathaus rechts.

Drei Ski haben bei Kneissl Skigeschichte geschrieben, ja sie wurden zur Skilegende: der „White Star", der erste Kunststoffski, der „Big Foot", ein kurzer Spaßmacher, und der „Ergo", einer der ersten und besten Ski der Carver-Generation. Die Kufsteiner Skibauer sind weiter innovativ und konzentrieren sich ganz auf ihr Kerngeschäft: Sie produzieren einfach hervorragende Ski. Das spürt man spätestens auf der Piste.

Skilegenden aus Kufstein

Warenangebot

Aktuelle Modelle und Vorjahresmodelle, Restposten. Teilweise ist aber auch schon die kommende Saisonware erhältlich. Alpinski, Langlaufski, Tourenski, Alpinski- und Tourenskibindungen, Ski- und Snowboardschuhe, Wanderschuhe, Teleskopstöcke, Fahrradhelme, Sonnenbrillen, Tennisschläger.

Ersparnis

10 bis 50 %.

Ambiente

Großer Verkaufsraum mit den Abteilungen Schuhe, Tennis und Ski. Immer günstige Angebote. Gute Parkplatzsituation.

Adresse

Kneissl Tirol, Ladestraße 2, A-6330 Kufstein, Telefon: 00 43/53 72/69 90-0, Fax: 6 21 87, Internet: www.Kneissl.com.

Öffnungszeiten

Montag bis Freitag 8.00 bis 12.00 und 14.00 bis 18.00 Uhr, Samstag 9.00 bis 12.00 Uhr.

Anreise

A12 Kufstein-Innsbruck, Ausfahrt Kufstein-Nord. Im Kreisverkehr 1. Ausfahrt abfahren und weiter geradeaus. Nach ca. 2 km am Kreisverkehr in Richtung Kiefersfelden, 1. Möglichkeit rechts, dort sieht man schon das Firmengebäude. Vor der Bahnunterführung wieder rechts. Der Shop befindet sich direkt am Haupteingang des Firmengeländes.

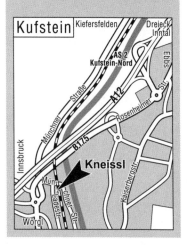

Wolfram Siebeck, die Institution in Sachen Essen und Trinken in Deutschland, schreibt: „Es ist das große Verdienst von Claus Riedel, den Zusammenhang zwischen der Form eines Weinglases und seinem Inhalt erforscht und daraus die richtigen Konsequenzen gezogen zu haben. Seine Schöpfungen haben das Leben der Weintrinker derart verändert, dass man mit Fug und Recht von einer Revolution sprechen kann."

Gläser für Gourmets

Warenangebot

Für jede Weinsorte gibt es ein eigenes Glas. Die Form des Glaskelches wird hier dem Charakter des Weines untergeordnet. Deshalb gibt es Gläser für über 20 Weinsorten, Champagner, Sekt, Bier, Spirituosen, Wasser sowie Karaffen.

Ersparnis

30 bis 60 %, bei 2.-Wahl-Ware mit kleinsten Fehlern. Aber auch ein Rotweinglas in 2. Wahl kostet noch 20,- €.

Ambiente

Attraktive Schauräume auf über 200 m². Fachkundige Bedienung. „Schau-Hütte" und Sensorik-Museum „Sinnfonie", hier erlebt der Besucher beeindruckend die Welt des Glases. Es gibt auch noch die „Schwemme", einen Verkauf mit Angeboten und Restposten bis zur 3. Wahl mit sichtbaren Fehlern.

Adresse

Riedel Glas, Shop-Verkauf, Weissachstraße 28, A-6330 Kufstein, Telefon: 00 43/(0) 53 72/64 89 6-901, Fax: 6 60 88, E-Mail: Info@Riedel.com, Internet: www.Riedel.com.

Öffnungszeiten

Montag bis Freitag 9.00 bis 17.30 Uhr, Samstag 9.00 bis 13.00 Uhr. Schwemme: Montag bis Freitag 10.00 bis 12.00 und 13.00 bis 17.00 Uhr, Samstag 9.30 bis 12.30 Uhr.

Anreise

E60/A12 München-Rosenheim-Innsbruck, Ausfahrt Kufstein-Süd. Dann der Beschilderung „Glashütte" folgen.

Das Unternehmen wurde 1870 gegründet und importiert heute im großen Stil. Im Direktverkauf sind rund 3000 Artikel ausgestellt, und es gibt fast nichts aus Korb und Rattan, was es hier nicht gibt.

Heimat der Korbmacher

Warenangebot
Rattan-/Korbmöbel, vom Regal über Tisch, Stuhl, Sofa usw., Truhen, Einkaufskörbe, Geschenkkörbe, Blumenbänke, Korbübertöpfe, Nähkästchen, Schirm-/Zeitungsständer, Fußmatten, Wäschekörbe, Türvorhänge, Tiertransportkörbe/Tierkörbe, Taschen, Schalen, Körbchen und Geschenkartikel.

Ersparnis
25 bis 50 %. Musterstücke, 2.-Wahl-Ware und Auslaufmodelle zu Sonderpreisen.

Ambiente
Verkauf in einem fränkischen Gutshof aus dem 16. Jahrhundert. Warenpräsentation über zwei Stockwerke und in den Erdgeschossräumen/Innenhof. Alle Preise ausgezeichnet.

Adresse
Christian Locker GmbH, Locker's Korbstadel, Marktplatz 4, 96328 Küps, Telefon: 0 92 64/9 14 51.

Öffnungszeiten
Montag bis Freitag 9.30 bis 18.00 Uhr, Samstag 9.30 bis 13.00 Uhr.

Anreise
B173 Lichtenfels–Kronach, an der 2. Ampel in Küps rechts Richtung Ortsmitte abbiegen und immer geradeaus. Nach ca. 500 m trifft man direkt auf den Korbstadel, Parkplatz am Korbstadel rechts. Von Kronach kommend an der 1. Ampel links in Richtung Ortsmitte. Dann wie oben.

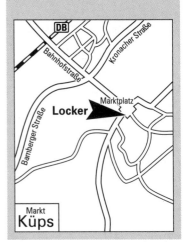

Scheler-Mode ist für Damen gemacht, die Qualität mehr schätzen als Modetrends. Zeitlose Schnitte in guter Qualität zum günstigen Preis.

Schicke Damenmode

Warenangebot
Damenbekleidung in den Größen 40 bis 52. Röcke, Hosen, gut sortiertes Angebot an Blusen und Pullis.

Ersparnis
Ca. 30 %.

Ambiente
Großzügige Präsentation im Rückteil des Gebäudes (beschildert), Ware preisausgezeichnet und übersichtlich geordnet, Fachberatung.

Besonderheiten
Änderungen, Kürzungen werden gegen kleinen Aufpreis sofort in der Nähstube erledigt.

Adresse
Scheler Damenbekleidung, Bahnhofstraße 26, 96328 Küps, Telefon und Fax: 0 92 64/8 02 72.

Öffnungszeiten
Montag bis Freitag 9.00 bis 12.00 und 14.00 bis 18.00 Uhr, Samstag 9.00 bis 12.00 Uhr.

Anreise
Von Nürnberg–Bamberg auf der B173 Richtung Lichtenfels–Küps–Kronach. In Küps Richtung Coburg, Firma noch vor der Bahnunterführung auf der rechten Seite.

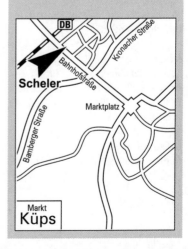

Aktuelle Lederwaren des gehobenen Genres und Vorjahresmodelle. Ob weiches oder strukturiertes Leder, es werden beste Materialien perfekt verarbeitet. Die Lederwaren sind außen elegant, innen funktionell.

Feine Lederhaut

Warenangebot
Lederwaren von CBS, Taschen, Geldbeutel, Kulturbeutel, Koffer, Trolleys, Schminktäschchen, Reisetaschen, Gewehrtaschen, Schirme, Tennistaschen, Kosmetikkoffer, Rucksäcke (Kunststoff), Flugbags, Handtaschen, Schlüsseltaschen. 1. und 2. Wahl, aktuelle Kollektion und Auslaufmodelle.

Ersparnis
30 bis 50 %.

Ambiente
Verkaufsräume mit ca. 50 m². Zwei Verkäuferinnen, die auch beraten. Die Ware ist übersichtlich in Regalen und auf Tischen präsentiert.

Adresse
Reila Lederwaren GmbH, Dr.-Martin-Luther-Straße 10, 93138 Lappersdorf, Telefon: 09 41/8 30 84 50 oder 83 08 40, Fax: 8 86 96.

Öffnungszeiten
Nur am Freitag 13.00 bis 17.00 Uhr.

Anreise
Autobahnausfahrt Regensburg-Lappersdorf, Richtung Lappersdorf-Mitte. Nach der Konditorei/Café Hahn rechts abbiegen Richtung Rathaus/Pfarrzentrum. Nach ca. 100 m Beschilderung CBS Reila Lederwaren. Noch ca. 150 m zum Fabrikverkauf.

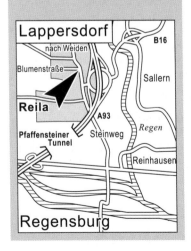

ELBEO

Bi, Ergee, nur die, Bellinda und Elbeo sind modische Qualitätsprodukte. Sie gehören zu den bekanntesten Marken in Deutschland.

Zartes für das Bein

Warenangebot
Feinstrumpfhosen, Strümpfe, Söckchen, Kniestrümpfe, Damen-, Herren-, Kinder-Strickwaren, Tag- und Nachtwäsche von bekannten Herstellern für Damen, Herren und Kinder, Hemden, Krawatten.

Ersparnis
30 bis 70 % bei 1. und 2. Wahl.

Ambiente
Heller, großzügiger Raum, in dem die Ware übersichtlich angeboten wird. Parkplätze direkt vor der Tür.

Adresse
Bi Shopping Store, Johann-Röhm-Straße 17, 89415 Lauingen an der Donau, Telefon: 0 90 72/92 15 40.

Öffnungszeiten
Montag bis Freitag 9.00 bis 18.00 Uhr, Samstag 9.00 bis 12.00 Uhr.

Weitere Verkaufsstellen
● 48432 **Rheine**, Birkenallee 110-134, Telefon: 0 59 71/9 93-0.
● 86972 **Altenstadt bei Schongau**, Niederhofener Straße 10, Telefon: 0 88 61/9 31-1 38.
● 87527 **Sonthofen**, Ergee-Werksverkauf, Hindelanger Straße 33, Telefon: 0 83 21/80 10, Fax: 2 26 52.

Anreise
Auf der B16 aus Richtung Dillingen in Richtung Stadtmitte Lauingen fahren (nicht die Ortsumfahrung nehmen). Der Verkauf ist neben dem Autohaus Rudhardt. Das Gebäude ist etwas zurückgesetzt.

Starke Leistungen aus eigener Produktion. Seit 1949 fertigt das Unternehmen Herrenbekleidung, Qualität ist das Maß für die Kollektionen.

Mode für Männer

Warenangebot
Herrenbekleidung für den anspruchsvollen Mann. Mode von sportlich bis leger. Anzüge, Sakkos, Hosen, Mäntel, Sportswear, Hemden, Krawatten, Accessoires. Spezialität: Maßanfertigung. Weitere Produktionsprogramme: Club- und Vereinskleidung, Messekleidung, Bühnenkleidung, Dienstkleidung.

Ersparnis
Ca. 30 bis 40 % günstiger, Sonderangebote bis zu 50 % preiswerter.

Ambiente
Verkaufsräume Parterre, klare Angebotsgliederung mit Verkaufsberatung. Extra-Abteilung für Maßanfertigung und Übergrößen.

Adresse
Schuck Mode für Männer, Bergstraße 19, 63849 Leidersbach, Telefon: 0 60 28/9 75 60, Fax: 97 56 56, E-Mail: info@-schuck-mode.de, Internet: www.schuck-mode.de.

Öffnungszeiten
Montag bis Freitag 9.00 bis 18.00 Uhr, Samstag 9.00 bis 16.00 Uhr.

Anreise
A3 Frankfurt–Würzburg: aus Richtung Frankfurt kommend, Ausfahrt Aschaffenburg-West. B469 Richtung Obernburg, Ausfahrt Leidersbach. A3 Würzburg-Frankfurt: aus Richtung Würzburg kommend, Ausfahrt Weibersbrunn. Richtung Hessenthal. Am Ortsausgang Heimbuchenthal rechts ab über Volkersbrunn nach Leidersbach. B26 aus Richtung Darmstadt. Auf der B469 Richtung Obernburg, Ausfahrt Leidersbach. In Leidersbach führen Hinweisschilder mit dem Firmenlogo in die Bergstraße 19.

Flott, schick, sportlich und ergonomisch gut gebaut. Mit so einem Kinderwagen liegen Eltern und Baby richtig. Was Sie beim Kauf beachten sollten? Vielseitigkeit, Sicherheit und Alltagstauglichkeit. Deshalb unbedingt vor dem Kauf Testhefte der Stiftung Warentest lesen. Danach ist man schlauer und hat Kriterien für die Kaufentscheidung.

Der richtige Kinderwagen

Warenangebot
Hauptsächlich 1.-Wahl-Ware, Restposten, Überproduktionen und Auslaufmodelle. Kinderwagen, Kombikinderwagen, Korbkinderwagen, Jogger, Zwillingswagen. Zubehör der Marken Bertini, Interbaby und Eichhorn.

Ersparnis
Teilweise bis ca. 50% und mehr.

Ambiente
Kleiner Verkaufsraum. Die Kinderwagen sind montiert. Zuständiges Verkaufspersonal gibt es nicht, bei Bedarf muss im Büro nachgefragt werden. Gute Parkplatzsituation.

Adresse
Eichhorn Kinderwagen GmbH, Siedlerstraße 8, 96215 Lichtenfels, Telefon: 0 95 71/9 54 90, Fax: 95 49 95, Internet: www.Eichhorn-Kinderwagen.de.

Öffnungszeiten
Montag bis Donnerstag 8.00 bis 12.00 und 13.00 bis 16.00 Uhr, Freitag 8.00 bis 12.00 und 13.00 bis 15.00 Uhr.

Anreise
B173 aus Richtung Bamberg kommend in Richtung Lichtenfels, Ausfahrt Lichtenfels-West. Hier auf die Bamberger Straße, weiter geradeaus, dann rechts abbiegen in die Gustav-Heinemann-Straße. Unter der B173 hindurchfahren und rechts abbiegen in die Siedlerstraße.

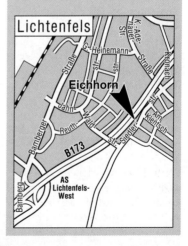

Lorenz Snack-World ist einer der führenden Hersteller von salzigen Snacks. Es ist der neue Namen für die bekannten Bahlsen-Spezialitäten. An der Produktpalette und dem hochwertigen Angebot ändert sich aber nichts.

Der Ruf verpflichtet

Warenangebot

Alle Snack-Produkte der Lorenz Snack-World, auch eine Auwahl hochwertiger Schokoladenspezialitäten sowie Kuchen und Gebäck von Bahlsen, Gubor und Feodora.

Ersparnis

20 bis 50 %. Das Sortiment enthält auch Ware, bei der in den nächsten Wochen das Mindesthaltbarkeitsdatum abläuft.

Ambiente

Verkauf in geräumiger Halle „Auf der Steig" mit übersichtlicher Warenpräsentation und freundlichem Verkaufspersonal. Großer Parkplatz.

Adresse

Lorenz Snack-World, Fabrikladen, Steigstraße 29, 88131 Lindau-Reutin, Telefon: 0 83 82/9 47 90 80, Fax: 9 47 90 81.

Öffnungszeiten

Montag bis Freitag 9.00 bis 18.00 Uhr, Samstag 9.00 bis 13.00 Uhr.

Weitere Verkaufsstellen

● 29386 **Hankensbüttel**, Am Thorenkampf 5, Telefon: 0 58 32/97 06 05.
● 49424 **Goldenstedt**, Barnstorfer Straße 1-3, Telefon: 04 44/9 63 30.

● 60314 **Frankfurt**, Hanauer Landstraße 150, Telefon: 0 69/94 94 36 62.
● 63263 **Neu-Isenburg**, Hermannstraße 34A, Telefon: 0 61 02/81 66 93.
● 92431 **Neunburg vorm Wald**, Industriestraße 11, Telefon: 0 96 72/46 0.

Anreise

A96 Memmingen–Bregenz, Ausfahrt Lindau-Ost. Richtung Lindau Insel auf der Bregenzer Straße. Rechts in die Kemptener Straße, dann wieder rechts in die Steigstraße. Der Verkauf ist „Auf der Steig", am Festplatz, am Hof der Privatbrauerei Steig.

Die Firma, vor allem bekannt durch die Hutproduktion, bietet für jeden Anlass, jedes Wetter und jeden Kopf eine passende Bedeckung. Das Angebot an Strickwaren sorgt für die modische Abrundung.

Mit Hut ist jedes Wetter gut

Warenangebot
Kopfbedeckungen für Damen und Herren in verschiedenen Qualitäten sowie Strickwaren. Kollektions- und Einzelposten, 1B-Posten.

Ersparnis
1.-Wahl-Ware zwischen 30 und 40 %, 2.-Wahl-Ware um 50 % ermäßigt.

Ambiente
Präsentation der Ware wie im Fachgeschäft, sehr übersichtlich, fachkundige Beratung. Der Verkauf nennt sich Lagerverkauf und befindet sich im Eckhaus der Fabrik. Und wer hier keinen Hut findet, der wird ewig suchen.

Adresse
Mayser, Bismarckstraße 4, 88161 Lindenberg, Telefon: 0 83 81/5 07-1 60, Fax: 5 07-1 01.

Öffnungszeiten
Montag bis Mittwoch und Freitag 9.00 bis 12.30 und 14.00 bis 16.30 Uhr, Donnerstag 9.00 bis 12.30 und 14.00 bis 18.00 Uhr, Samstag 9.00 bis 13.00 Uhr.

Anreise
Lindenberg liegt an der Deutschen Alpenstraße zwischen Lindau und Immenstadt. Vom Busbahnhof ca. 100 m (Richtung Isny) auf der linken Seite.

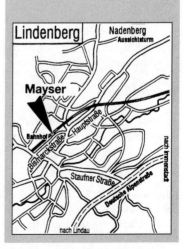

Gekäst aus naturbelassener Milch ist „Baldauf Alpkäse" zu einem Tipp unter den Kennern hochwertiger Milcherzeugnisse geworden. Dieser Bergkäse-Typ ist von würzig bis pikant in verschiedenen Reifegraden erhältlich. Ein „himmlisches Stück Allgäu ..."

Von würzig bis pikant

Warenangebot
Alpkäse, Bauernkäse, Emmentaler, Alp-käsle, Original Bergkäse von der Hoch-alpe sowie weitere Käsespezialitäten aus Deutschland, Frankreich, Italien, Spanien und der Schweiz. Außerdem edle Weine.

Ersparnis
Schwer zu ermessen, da die Ware un-vergleichlich gut ist. Die Preise richten sich zudem nach dem Reifegrad des Käses: Junger Käse ist billiger als durch-gereifter Käse.

Ambiente
Im hauseigenen „Käs-Keller" wird das gesamte Warensortiment angeboten. Außerdem besteht die Möglichkeit der Direktbestellung. Parkplätze vorhanden.

Besonderheiten
In den Sommermonaten werden unter der Regie des Lindenberger Tourismus-Büros Schaukäse-Veranstaltungen or-ganisiert. Außerdem Besichtigungs-möglichkeit nach Voranmeldung.

Adresse
Gebr. Baldauf GmbH & Co., Goßholz 5, 88161 Lindenberg-Goßholz, Telefon: 0 83 81/89 02 17.

Öffnungszeiten
Montag, Dienstag, Donnerstag und Freitag 8.30 bis 12.30 und 14.30 bis 18.00 Uhr, Mittwoch und Samstag 8.30 bis 12.30 Uhr.

Anreise
Von Lindenberg in Richtung Isny. Den „Käs-Keller" finden Sie im Teilort Goßholz auf der linken Seite (be-schildert).

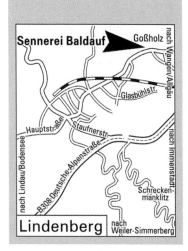

f.a.n. Frankenstolz Schlafkomfort ist einer der führenden deutschen Hersteller im Bereich der Bettwaren und Matratzen.

f.a.n.tastische Betten

Warenangebot
Großes Matratzensortiment (Federkern, Latex, Kaltschaum, 5-Zonen-System, Kindermatratzen), Lattenroste, Auflagen, Bettwäsche, Steppdecken, Schlafsäcke, Tagesdecken und Bettüberwürfe, Steppbetten, Kissen mit Naturhaar- und Synthetik-Füllungen (waschbar, kochfest), Nackenstützkissen, Daunen- und Federartikel.

Ersparnis
30 bis 50%. Zum Winter-/Sommer-Saisonende weitere Preisvorteile.

Ambiente
Großer Verkaufsraum mit übersichtlichem Artikelangebot, Möglichkeiten zum „Liegetest" bei Matratzen, Fachberatung.

Adresse
f.a.n. Frankenstolz Schlafkomfort, 63814 Mainaschaff, Industriestraße 1-3, Telefon: 0 60 21/7 08-0, Fax: 7 64 79.

Öffnungszeiten
Montag bis Freitag 9.00 bis 18.00 Uhr, Samstag 9.00 bis 14.00 Uhr.

Weitere Verkaufsstellen
● 04758 **Oschatz**, Hangstraße 19-37, Telefon: 0 34 35/67 08-0, Fax: 67 08-50.

Montag, Mittwoch und Freitag 13.00 bis 17.30 Uhr, Dienstag und Donnerstag 9.00 bis 17.30 Uhr, Samstag 9.00 bis 13.00 Uhr.
● 96132 **Schlüsselfeld-Aschbach**, Sandweg 8, Telefon: 0 95 55/92 40, Fax: 9 24-2 00. Montag 9.00 bis 13.00 Uhr, Freitag 13.00 bis 18.00 Uhr, Samstag 9.00 bis 13.00 Uhr.

Anreise
Mainaschaff bei Aschaffenburg liegt an der A3 Frankfurt–Würzburg. Die Firma ist direkt gegenüber dem Mainparksee.

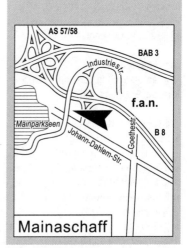

Trigema, Deutschlands größten T-Shirt- und Tennisbekleidungs-Hersteller, kennt man aus der ARD-Fernsehwerbung. Trigema produziert ausschließlich in Deutschland und vermarktet seine Produkte weitgehend selbst.

Deutschlands Nr. 1

Warenangebot
Original-Katalogangebot für Damen, Herren, Kinder. Sehr reichhaltiges Angebot an Sport- und Freizeitbekleidung, Bademoden, Tag- und Nachtwäsche. Auch Übergrößen 4XL bis 6XL erhältlich.

Ersparnis
Gutes Preis-Leistungs-Verhältnis.

Ambiente
Komplettes Katalogangebot, keine Beratung.

Adresse
Trigema, Industriestraße 1-3, 63814 Mainaschaff, Telefon und Fax: 0 60 21/45 89 26 (Im Firmengelände von f.a.n.).

Öffnungszeiten
Montag bis Freitag 9.30 bis 18.00 Uhr, Samstag 9.00 bis 14.00 Uhr.

Weitere Verkaufsstellen (Auswahl)
● 83324 **R u h p o l d i n g**, Otto-Filitz-Straße 1, Telefon/Fax: 0 86 63/50 10.
● 87541 **Bad Hindelang**, Am Bauernmarkt 1, Telefon/Fax: 0 83 24/ 95 31 40.
● 87645 **Schwangau**, Alemannenweg 5, Telefon/Fax: 0 83 62/8 17 07.
● 91350 **Gremsdorf**, Gewerbepark 1, Telefon/Fax: 0 91 93/50 41 30.

● 93471 **Arnbruck**, Zellertalstraße 13, Telefon/ Fax: 0 99 45/3 75.
● 94086 **Bad-Griesbach-Schwaim**, Schwaimer Straße 67, Telefon/Fax: 0 85 32/92 46 76.
● 95100 **Selb**, Hutschenreuther Platz, Telefon/Fax: 0 92 87/89 07 41.
Alle Verkaufsstellen im Internet unter www.trigema.de.

Anreise
Mainaschaff bei Aschaffenburg liegt an der A3 Frankfurt–Würzburg. Die Firma befindet sich gegenüber dem Mainparksee.

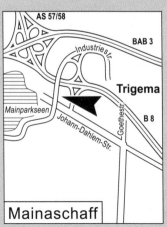

Kochen ist eine Kunst und jeder Künstler braucht das richtige Handwerkszeug. Verschiedene Designpreise (Design Award Winner, Stahlinnovationspreis, Der Feinschmecker/Die goldene Gabel) unterstreichen die hervorragende Qualität und Form der Küchenhelfer von Rösle.

Küchenhelfer

Warenangebot

1B-Ware, 2B-Ware, Sonderposten, Ware aus Überproduktion, Auslaufartikel. Große Palette an Haushaltsgeräten. Töpfe, Pfannen, Schüsseln, Kochlöffel, Grillbestecke, Backgeräte, Drahtrührgeräte, Zangen, Küchenspezialgeräte, Reiben, Hobel, Schäler, Messer, Schneidbretter, Messerträger, Siebe, Messgeräte, Mühlen, Bestecke.

Ersparnis

20 bis ca. 50%.

Ambiente

Heller, nüchterner Fabrikverkauf in einer ehemaligen Produktionshalle. Das reichhaltige Angebot ist übersichtlich angeordnet. Freundliches und kompetentes Personal. Auf Schautafeln sind die verschiedenen Arbeitsschritte zur Herstellung eines Suppenlöffels dargestellt. Parken auf dem Rösle-Besucherparkplatz.

Adresse

Rösle Fabrikverkauf, Johann-Georg-Fendt-Straße, 87616 Marktoberdorf, Telefon: 0 83 42/91 22 11, E-Mail: info@ roesle.de, Internet: www.roesle.de.

Öffnungszeiten

Montag bis Freitag 10.00 bis 18.00 Uhr, Samstag 10.00 bis 14.00 Uhr.

Anreise

B472 Schongau–Marktoberdorf, nach Marktoberdorf auf der Schongauer Straße. Weiter auf der Füssener Straße in Richtung Zentrum, links abbiegen in die Salzstraße. Weiter über den Bahndamm bis zur Brückenstraße, hier rechts abbiegen in die Johann-Georg-Fendt-Straße.

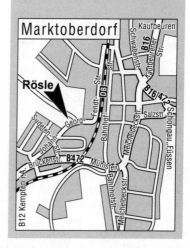

Die Warenpalette umfasst Tischwäsche für die festliche Tafel. Rustikale Macharten für den täglichen Gebrauch. Sehr effektvoll sind auch die Spitzendecken.

Tischdekore

Warenangebot
Handarbeitsstoffe, Tischwäsche, Tischdecken in vielen Farben, Stilrichtungen, Größen, Designs. 1.- und 2.-Wahl-Ware. Stoffe für Tischwäsche. Zugekaufte Ware von anderen Herstellern: Nacht- und Unterwäsche, Shirtmode, Kinderbekleidung, Bettwäsche, Handtücher, Arbeitsbekleidung.

Ersparnis
30 %.

Ambiente
Großer Verkaufsraum, Warenpräsentation einfach aber übersichtlich, Preise an allen Artikeln angebracht, Stoffreste in Wühlkiste, teilweise Selbstbedienung, zwei Umkleidekabinen. Parkplätze direkt vor der Tür.

Adresse
Obta Textilmarkt, Fabrikstraße 12, 95615 Marktredwitz, Telefon: 0 92 31/ 40 14, Fax: 66 14 67.

Öffnungszeiten
Montag bis Freitag 9.00 bis 18.00 Uhr, Samstag 9.00 bis 12.00 Uhr.

Anreise
In Marktredwitz Richtung Dörflas (nordöstlich der Stadtmitte). Nach Überqueren des Bachs nächste Straße rechts (Firma/Verkauf ist beschildert).

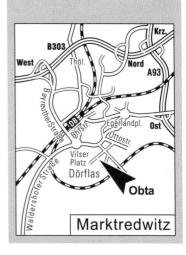

K+R Fashion

Die junge Mode und die Freizeitbekleidung, die hier angeboten werden, zeichnen sich durch angenehme Materialien und funktionsgerechte Details aus. Hochwertige Qualität zu günstigen Preisen.

Sportliches Outfit

Warenangebot

Große Auswahl an modischer Bekleidung für Damen und Herren, insbesondere Markenstrickwaren (Pullover und Jacken), Sport- und Freizeitbekleidung, Sweatshirts, T-Shirts, Jogginganzüge, Sportjacken, Damenhosen, Socken. Für Kinder: Sweatshirts, T-Shirts, Jogginganzüge, Pullover.

Ersparnis

1. Wahl 30% bis 40%; bei Sonderposten bis zu 50%.

Ambiente

Moderne Verkaufsräume, übersichtliche Präsentation, gute Preisauszeichnung, Umkleidemöglichkeiten. Zahlung mit EC-Karte möglich. Gute Verkehrsanbindung.

Adresse

K+R Fashion GmbH, Teramostraße 6, 87700 Memmingen/Allgäu, Telefon Verkauf: 0 83 31/92 20 43.

Öffnungszeiten

Montag bis Freitag 9.00 bis 18.30 Uhr, Samstag 9.00 bis 13.00 Uhr.

Weitere Verkaufsstelle

● 87700 **Memmingen**, Woringer Straße 6, Telefon: 0 83 31/96 21 58.

Anreise

A7 Richtung München, Ausfahrt Memmingen-Nord. Auf der Europastraße Richtung Gewerbegebiet Nord. Von dort rechts in die Teramostraße

Man nehme eine Frucht und mache sie zum Star. Dieser Joghurt heißt dann Starfrucht und zählt sicher zu den bekanntesten Produkten der Molkerei Zott. Der führende Anbieter hochwertiger Milchprodukte in Deutschland und Europa setzt als Familienunternehmen mit großer Tradition voll auf Genuss. Das schmeckt den Kunden.

Die Genuss-Molkerei

Warenangebot

Bekannte Produkte aus der Genuss-Molkerei sind Zott-Sahne-Joghurt, Starfrucht, Jogelé, Monte, Tiramisu und Zottarella. Die Ware ist nicht beschädigt, das Mindesthaltbarkeitsdatum (MHD) nicht überschritten. Für die Auslieferung in den Handel wäre das MHD aber teilweise zu nahe. Manchmal passen auch Becherinhalt und Deckelaufschrift nicht zusammen oder die Verpackungen sind in einer anderen Sprache beschriftet. Auch können einmal zwei Sorten in einem Becher vermischt sein. Deshalb gibt es ab Genuss-Molkerei beste Qualität zum günstigen Preis.

Ersparnis

Bei Sonderposten bis zu 50 %.

Ambiente

Ca. 60 m². Käseecke. Ware in Kühlregalen. Parkplätze vor und auf dem Firmengelände. Der Verkauf ist im Werk 1, gegenüber der Verwaltung.

Adresse

Zott GmbH & Co.KG, Dr.-Streichele-Straße 4, 86690 Mertingen, Telefon: 0 90 78/80 10, Fax: 80 11 10, Internet: www.zott. de.

Öffnungszeiten

Montag bis Freitag 7.00 bis 18.00 Uhr, Samstag 7.00 bis 12.00 Uhr.

Anreise

Auf der B2 von Donauwörth in Richtung Mertingen/Augsburg. Nach Mertingen einfahren. Auf der Durchgangsstraße bleiben.

In Michelau, wo sich das „Deutsche Korbmuseum" befindet, werden die handwerklich kunstvoll geflochtenen Sammler- und Nostalgiewagen von ausgebildeten Korbmachern gefertigt. Design und Materialien werden liebevoll gestaltet.

Ein Hauch von Nostalgie

Warenangebot
Kinderwagen, Kindersportwagen, Buggys, Dreiräder, Puppenwagen, Puppensportwagen, Puppenbetten, Keine Bekleidung.

Ersparnis
Je nach Produkt und Qualitätsklasse zwischen 10 und 30%.

Ambiente
200 m² großer Verkaufsraum, fachmännische Beratung, ständig wechselndes Warensortiment.

Adresse
Knorr GmbH & Co. KG, Gutenbergstraße 1, Industriegebiet, 96247 Michelau/ Oberfranken, Telefon: 0 95 71/97 60-0, Fax: 8 87 24, Internet: www.knorr-int. com.

Öffnungszeiten
Montag, Dienstag, Donnerstag und Freitag 13.00 bis 16.30 Uhr. Betriebsferien jeweils zwei Wochen in den bayerischen Pfingst- und Sommerferien sowie an Weihnachten.

Anreise
Michelau liegt bei Lichtenfels. Auf der B173 Ausfahrt Michelau in Richtung Industriegebiet fahren. Die Firma Knorr befindet sich mitten im Industriegebiet.

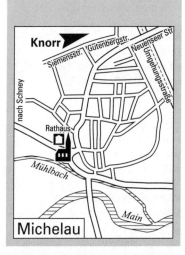

Die Firma Zellner beliefert die „Großen" der Polstermöbelindustrie. Interessante Designs in modischem Stil wechseln mit traditionellen Bezugsstoffen in vielen Mustern und Farben aus hochwertiger Qualität.

Lieferant der Polstermöbler

Warenangebot
1.- und 2.-Wahl-Ware. Möbelbezugsstoffe für Polstermöbel, Stühle, Eckbänke, Autositze, Wohnwagen-Polster, Samtvorhänge, Kissenbezüge, Tischdecken, Dekostoffe, Sets.

Ersparnis
Hauptsächlich 1.-Wahl-Ware, bis zu 50 % Ersparnis. 2.-Wahl-Posten vorhanden, teilweise zum reinen Materialpreis.

Ambiente
Lagerhallenatmosphäre; ca. 160 m²; Fachverkäuferin. Die Ware ist meist nach Preisen geordnet. Parkplätze vorhanden.

Adresse
Zellner GmbH, Fabrikverkaufsstelle Michelau, Gutenbergstraße 11, 96247 Michelau, Telefon: 0 95 71/97 97-0, Fax: 8 31 29.

Öffnungszeiten
Montag bis Donnerstag 8.00 bis 12.00 und 13.00 bis 17.00 Uhr, Freitag 8.00 bis 13.00 Uhr.

Weitere Verkaufsstellen
● 90478 **Nürnberg-Glockenhof**, Findelwiesenstraße 3, Telefon: 09 11/45 24 07.
● 71063 **Sindelfingen**, Paul-Zweigart-Straße 12, Telefon: 0 70 31/87 56 43.
● 83026 **Rosenheim**, Klepperstraße 1, Telefon: 0 80 31/47 04 19.
● 80797 **München-Schwabing**, Schleißheimer Straße 181a, Telefon: 0 89/30 00 51 21.
● 93057 **Regensburg**, Isarstraße 17, Telefon: 09 41/4 67 22 12.

Anreise
B173 aus Bamberg, Kronach oder Kulmbach kommend, Ausfahrt Michelau. Ort in Richtung Norden durchfahren, dann kommen Sie in die Gutenbergstraße.

Das Unternehmen bietet hauptsächlich Ski- und Golfartikel und warb mit der Aussage „Die von uns angebotenen Ski erhalten Sie in ganz Europa nirgendwo billiger".

Fundgrube für Skifahrer

Warenangebot
Hauptsächlich 1. Wahl und Auslauf-modelle, Restposten. Ski, Skihosen, -handschuhe, -bindungen, -brillen, -mützen, -stöcke, -anoraks. Wander-stiefel, Regenjacken, Faserpelz-Pullover, Rucksäcke, Golfschläger, -bags, -bälle.

Ersparnis
Bis 50 %. Bei Sonderangeboten bis 80 %.

Ambiente
Lagerhalle mit drei Umkleidekabinen.

Adresse
Sport Fundgrube, Rosenheimer Straße 9, 83714 Miesbach, Telefon: 0 80 25/ 81 50. Verwaltung: Kühme Sporthandels GmbH, Naturfreundestraße 19, 83734 Hausham, Telefon: 0 80 26/5 82 44, Fax: 53 54, E-Mail: info@kuehme-sport.de.

Öffnungszeiten
Montag bis Freitag 9.00 bis 19.00 Uhr, Samstag 9.00 bis 16.00 Uhr.

Weitere Verkaufsstellen
● 92224 **Amberg**, Regensburger Straße 69, Telefon: 0 96 21/78 91 59.
● 93053 **Regensburg**, Grunewaldstraße 2, Telefon: 09 41/7 04 04 45.

● 94032 **Passau**, Prachatitzer Straße 1, Telefon: 08 51/3 54 63.
● 94469 **Deggendorf**, Graflinger Straße 133, Telefon: 09 91/2 70 96 78.
● A-6380 **St. Johann/Tirol**, Salzburger Straße 29, Telefon: 00 43/53 52/6 14 60.

Anreise
A8 München–Salzburg, Ausfahrt Weyarn, Miesbach, Bayrischzell, Schliersee. Richtung Miesbach. In Miesbach an der 1. Ampel rechts einbiegen in die Rosenheimer Stra-ße. Einfahrt zur Shell-Tankstelle; die Sport Fundgrube ist dahinter.

DANIEL HECHTER
P A R I S

LAGERFELD

EINKAUFS-GUTSCHEIN

Seit 1977 besteht die Symbiose zwischen Créateur Daniel Hechter und Hersteller Otto Aulbach GmbH in Miltenberg. Prêt à vivre – bereit zu leben – das ist die selbstgewählte Devise Hechters und so ist auch seine Mode: unkonventionell und erfrischend anders, ein komplettes Bekleidungsprogramm für alle Tageszeiten und Anlässe. Jetzt auch die komplette Karl-Lagerfeld-Herrenkollektion.

Erfrischend anders

Warenangebot
Ware 1. Wahl und Ware der aktuellen Saison. Herrenanzüge, -sakkos, -mäntel, -sportswear (Jeans, Shirts, sportliche Hemden), Lederjacken, modische Parkas, Blousons, Hemden, Krawatten und Gürtel. Große Auswahl an Damenbekleidung.

Ersparnis
40% auf aktuelle Ware, 2. Wahl und ältere Ware noch günstiger.

Ambiente
Professioneller Fabrikverkauf. EG: Anzüge, Sakkos, Hosen, Mäntel. 2. OG: Sportswear, Lederjacken, Hemden, Pullover, Krawatten. Kellergeschoss: 2.-Wahl-Ware. EC-Karte und VISA werden bei regulärer Ware akzeptiert. Im 2.-Wahl-Verkaufsshop weiterhin nur Barzahlung.

Adresse
Miltenberger Otto Aulbach GmbH, Frühlingstraße 17, 63897 Miltenberg, Telefon: 0 93 71/4 00 00, Fax: 8 06 67.

Öffnungszeiten
Donnerstag 16.00 bis 19.00 Uhr, Freitag 12.00 bis 18.00 Uhr, Samstag 9.00 bis 14.00 Uhr.

Anreise
A3 von Frankfurt kommend, Ausfahrt Miltenberg/Obernburg, bis Ortsende Miltenberg auf der Eichenbühler Straße fahren. Links vor der Möbelfabrik Rauch, nach rückwärts versetzt: Miltenberger.

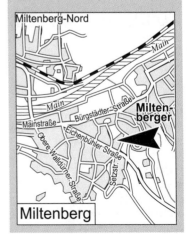

Viel Fantasie und kluge Ideen stecken in den außergewöhnlichen Produkten der Kindermarke sigikid: Kuscheliges zum Spielen, Verrücktes zum Verschenken und Praktisches zum Anziehen — das alles gibt es im Fabrikverkauf zu sehr günstigen Preisen.

Ein Klecks für Kinder

Warenangebot
Baby- und Kindermode (Gr. 62 bis 152), Kuscheltiere. Auslaufware und Kollektionen aus früheren Saisons (1. Wahl), Ware mit kleinen Fehlern (2. Wahl). Sehr gut sortiert nach Größen. Kurzwaren (Knöpfe, Bänder etc.), Bekleidungsstoffe (nicht immer im Sortiment).

Ersparnis
30 %, teilweise bis 50 %.

Ambiente
900 m² Ladenfläche, sehr großzügig und hell. Spielecke, Getränkeautomat, kinderwagenfreundlich, Parkplätze.

Besonderheiten
Integrierter Shop mit aktuellem Spielwaren-Sortiment zu regulären Preisen.

Adresse
sigikid, H. Scharrer & Koch GmbH & Co. KG, Am Wolfsgarten 8, 95511 Mistelbach. Telefon: 0 92 01/70 90 oder 70 89, E-Mail: family@sigikid.de, Internet: www.sigikid.de.

Öffnungszeiten
Mittwoch bis Freitag 10.00 bis 18.00 Uhr, Samstag 10.00 bis 14.00 Uhr.

Weitere Verkaufsstelle
● 72555 **Metzingen**, Outlet Center Samtfabrik, Nürtinger Straße 63, Telefon: 0 71 23/97 23 10, Fax: 9 72 31-11.

Anreise
A9, Ausfahrt BT-Nord, durch Bayreuth hindurch, B22 Richtung Hollfeld. Nach dem Ortsende von Bayreuth links Richtung Mistelbach. In Mistelbach am Ortsausgang links.

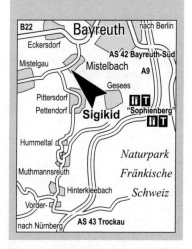

Auf kurzlebige Trendmode kann die Firma gut und gern verzichten: Das eher klassische Standardprogramm und die Trachtenmode aus deutscher Produktion ist heute wie morgen tragbar; die gute Qualität sorgt dafür.

Solides für den Herrn

Warenangebot
Anzüge, Sakkos, Hosen, Hemden, Krawatten, Trachtenjacken und -pullis, Bundhosen und -strümpfe, Westen, Mäntel, Jacken. Maß- und Einzelbestellservice, Vereinskleidung in allen Herrengrößen.

Ersparnis
Ca. 30 %.

Ambiente
Präsentation auf einfachen Ständerreihen, jedoch übersichtlich und luftig. Preislisten an den Ständern. Kundenparkplätze direkt vor dem gut erkennbaren Verkauf.

Adresse
Schildmann GmbH (im Hause Klotz), Odenwaldstraße 24, 63853 Mömlingen, Telefon: 0 60 22/68 42 33, Fax: 3 81 84, E-Mail: schildmann-moemlingen@web.de.

Öffnungszeiten
Montag bis Freitag 9.00 bis 12.30 und 14.00 bis 18.00 Uhr, Samstag 9.00 bis 13.00 Uhr. Viermal im Jahr verkaufsoffener Sonntag, Termine auf Anfrage. Betriebsferien an Pfingsten, im August, an Weihnachten, bitte vorher anrufen.

Anreise
A3 Frankfurt–Würzburg, Ausfahrt Stockstadt. Auf der B426, Obernburger Straße, über Obernburg nach Mömlingen. Am Kreisverkehr 3. Ausfahrt Richtung Höchst/Bad König (Bahnhofstraße). Der Fabrikverkauf befindet sich ca. 250 m vor dem Ortsende rechts in der Odenwaldstraße und ist von der Bahnhofstraße aus gut erkennbar.

Die Firma Traveller gehört seit 1919 zu den führenden Herstellern von Lederwaren. Sorgfältigste Verarbeitung und beste Materialien sind selbstverständlich. Die Lederwaren zeichnen sich durch hohe Funktionalität aus.

Für Individualisten

Warenangebot
Die Marken Traveller, Otto Kern und Bugatti prägen den Fabrikverkauf. Business- und Aktentaschen, Reisegepäck, Otto-Kern-Damenhandtaschen, klassisch und modisch, Kleinlederwaren, Gürtel. Auch Damen- und Herrenbekleidung der Marke Otto Kern.

Ersparnis
30 bis 50%. Mehrmals jährlich Verkaufsveranstaltungen mit besonderen Preisaktionen.

Ambiente
Übersichtliche Warenpräsentation auf 350 m², fachkundige Beratung, angenehmes Ambiente, Parkplätze.

Adresse
Traveller, Jean Weipert GmbH, Kolpingstraße 18, 63165 Mühlheim-Lämmerspiel, Telefon: 0 61 08/90 42 26, Fax: 7 79 41. Internet: www.traveller-werkverkauf.de.

Öffnungszeiten
Montag bis Freitag 10.00 bis 18.00 Uhr, Samstag 10.00 bis 15.00 Uhr.

Anreise
A3 Frankfurt–Würzburg, Ausfahrt Hanau. In Richtung Hanau fahren. Links Richtung Steinheim halten. Auf der linken Spur Richtung Lämmerspiel. Am Ortseingang Lämmerspiel 2. Straße rechts (Stauffenbergstraße), dann 2. Straße links in die Kolpingstraße.

Münchberg in Oberfranken hat eine große Tradition als Weber- und Textilstadt. Das Unternehmen gehört zu den führenden Herstellern von Heimtextilien und Dekostoffen. Es ist bekannt für Markenqualität zu erschwinglichen Preisen für ein gemütliches Zuhause.

Für schönes Wohnen

Warenangebot
Große Auswahl an Dekostoffen, Schlaufenschals, Kissenhüllen, Tischdecken, Tischläufern und Tischsets.

Ersparnis
20 bis 40%. Ständig wechselnde Sonderaktionen mit 1B-Ware.

Ambiente
„Eventhalle" in der alten Weberei, 500 m² Verkaufsfläche. Freundliche Beratung durch fachkundiges Personal. Tipp: Messen Sie vorher zuhause Ihre Tischplatte. Parkplätze direkt am Haus.

Adresse
Esprit home Werksverkauf für schönes Wohnen, Gartenstraße 25, 95213 Münchberg, Telefon: 0 92 51/89-1 44.

Öffnungszeiten
Montag bis Freitag 10.00 bis 17.00 Uhr, Samstag 10.00 bis 14.00 Uhr.

Anreise
A9 Nürnberg–Berlin, Ausfahrt Münchberg-Süd. Nach Münchberg fahren. Nach der Aral-Tankstelle rechts ab in die Georg-Meister-Straße. Auf dieser Straße ca. 300 m bleiben, dann links in die Gartenstraße. Nach 300 m kommt der Fabrikverkauf.

Die Firma Hammer-Fashion gehört zu den führenden Modeanbietern in Europa und ist bekannt für ihre anspruchsvollen und qualitativ hochwertigen Produkte. Das Unternehmen hat sich vom Rockspezialisten zum Anbieter aktueller Kombimode entwickelt.

Rock- und Kombimode

Warenangebot

1. und 2. Wahl, Überproduktion aus laufender Saison, 2. Wahl aus laufender Saison, Restposten aus der Vorsaison. Damenbekleidung im mittleren bis gehobenen Genre (auch Designermode), Röcke, Hosen, Blazer, Shirts, Accessoires, Blusen und Jacken, aber auch Gürtel und Stoffreste, Kinderschuhe. Ständig 15.000 Teile am Lager. Zugekaufte Ware: Italienische und deutsche Schuhmode, Designermode für Kinder und Damen aus dem Vorjahr (Prada, Gucci, Jil Sander, etc.).

Ersparnis

1.-Wahl-Rest- und Sonderposten 20 bis 40 %, 2. Wahl bis 70 %.

Ambiente

Große Verkaufsfläche (900 m²) in ehemaliger Produktionshalle. Beratung möglich, 20 Umkleidekabinen, Kaffeebar, Kinderecke, Bezahlung mit EC-Karte möglich.

Adresse

Hammer-Fashion GmbH & Co., Kirchenlamitzer Straße 71, 95213 Münchberg, Telefon: 0 92 51/44 10 (Zentrale), Verkauf: 44 11 05.

Öffnungszeiten

Montag bis Freitag 11.00 bis 18.00 Uhr, Samstag 10.00 bis 16.00 Uhr.

Anreise

Von der A9 auf der B289 durch die Münchberg in Richtung Schwarzenbach/Saale weiter Richtung Rehau (Gewerbegebiet Ost). Firma befindet sich ca. 800 m vor dem Ortsausgang.

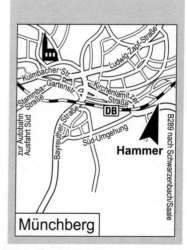

Feine Pralinen, Plätzchen und Torten, die als Werbemittel und -geschenke von Unternehmen aus ganz Europa eingesetzt werden, sind eines der Markenzeichen des Traditionsunternehmens Backhaus Fickenscher. Das komplette Sortiment süßer Köstlichkeiten für Naschkatzen aller Couleur findet sich im Münchberger Werksverkauf.

Nascherie für Naschkatzen

Warenangebot
Edle Trüffel-Pralinen mit und ohne Alkohol, handgeschöpfte Schokolade und Schokoladenspezialitäten, Feingebäck und Plätzchen, Präsente und Geschenk-Sets, Schoko-Dragées, Nüsse, hausgemachte Marmeladen und Konfitüren, süße und pikante Backspezialitäten wie Schoko- und Zwiebel-Knäckebrot – frisch und ohne Konservierungsstoffe hergestellt.

Ersparnis
Bis zu 20% beim Standardsortiment. Dazu saisonal wechselnde Aktionsangebote und Sonderverkäufe.

Ambiente
Der Spezialitäten-Werksverkauf ist ein kleines Ladengeschäft mit Fachbedienung und befindet sich direkt neben der Hauptproduktion. In angenehmem Ambiente und auf einer Fläche von 70 m² finden Schokoladenfans eine reiche Auswahl süßer Köstlichkeiten.

Adresse
Nascherie.com – Der Werksverkauf, August-Horch-Straße 17, 95213 Münchberg, Telefon: 0 92 51/8 70 08 15, Fax:

8 70 08 99, E-Mail: info@nascherie.com, Internet: www.nascherie.com.

Öffnungszeiten
Montag bis Freitag 10.00 bis 17.00 Uhr, Samstag 10.00 bis 15.00 Uhr.

Anreise
A9 München-Berlin, Ausfahrt Münchberg-Nord. Weiter Richtung Münchberg-Stadt, nach ca. 150 m rechts abbiegen und an der 2. Querstraße links fahren.

JAWA, die Jahreswagenvermittlung der BMW Group, hält attraktive Angebote bereit und vermittelt den direkten Kontakt zu den Fahrzeugverkäufern. Über die JAWA können folgende Fahrzeugarten erworben werden: BMW Jahreswagen (6–18 Monate jung), MINI Jahreswagen (6–18 Monate), sowie BMW und MINI Gebrauchtwagen (über 18 Monate), ausschließlich von BMW-Mitarbeitern gefahren, immer aus erster Hand und zu günstigen Konditionen.

BMW/MINI Jahreswagen

Warenangebot

Meist sind etwa 3000 Jahreswagen bzw. 200 Gebrauchtwagen gespeichert. 2000 davon sind sofort verfügbar. Die JAWA stellt über die Vermittlungsmedien (Internet etc.) den Kontakt zwischen dem Interessenten und dem Verkäufer her. Die Verhandlungen werden dann direkt von beiden Parteien geführt. Fahrzeuge können in der Vermittlungszentrale in München nicht besichtigt werden.

Ersparnis

Jahreswagen sollten je nach Typ, Ausstattung und gefahrenen Kilometern zwischen 15 und 30 % (Gebrauchtwagen auch darüber hinaus) günstiger sein als Neuwagen.

Besonderheiten

Die **telefonische Erreichbarkeit** wurde wegen der hohen Nachfrage erweitert und verbessert: Montag bis Freitag 8.00 bis 20.00 Uhr, Samstag 9.00 bis 18.00 Uhr.

Adresse

BMW AG, Abt. PM-731/JAWA, 80788 München, Telefon: 01 80/3 18 33 18, Fax: 0 89/3 82-6 83 87, E-Mail: jawa@bmw. de, Internet: www.bmw.de/jawa bzw. www.mini.de/jawa.

Ginger-Modelle haben „das besondere Etwas", den i-Punkt, der durchschnittlicher Mode fehlt. Die Modelle sind häufig in bekannten Frauenzeitschriften wiederzufinden. Sehr gute Qualität.

Exklusiv und extravagant

Warenangebot

Mode im Mittel- und Hochpreissegment: komplettes Bekleidungssortiment, passende Kombimode und stark reduzierte Einzelstücke. Von der schlichten Stretchhose über Bodys, Röcke, Pullis, aufwändig verarbeitete Jacketts bis zum ausgefallenen Ledermantel.

Ersparnis

25 bis 50%.

Ambiente

Schlichter Verkaufsraum im Untergeschoss. Ware großzügig auf Ständerreihen, Umkleidekabinen, Pauschalpreise am Ständer befestigt.

Adresse

Helga Baur – Ginger Moden, Am Einlass 3A, 80469 München, Telefon: 0 89/ 26 63 09, Fax: 2 60 54 46.

Öffnungszeiten

Verkauf findet zweimal im Frühjahr und zweimal im Herbst, jeweils 2-3 Tage, statt. Wer in der Kundenkartei ist, wird angeschrieben. Telefonisch anfragen, wann Verkauf stattfindet.

Anreise

Der Verkauf befindet sich in der Stadtmitte von München, südlich des Viktualienmarkts und ist über die Blumenstraße zu erreichen.

Mit ca. 2000 m² Verkaufsfläche gehört Sport bittl München sicherlich zu den größten Lagerverkäufen. Sportausrüstung und Sportbekleidung für alle gängigen Sportarten lassen sich hier auf zwei Stockwerken günstig erwerben.

Der Sport-Riese

Warenangebot

1.-Wahl-Ware aus der Vorsaison, Restposten und Überhänge. Mountainbikes, Rennräder, Tourenräder, Kinderräder, Radsportbekleidung, Trainings- und Fitnessbekleidung, Fitnessgeräte, Wander-, Berg- und Skischuhe, Outdoor-Bekleidung, Langlauf- und Alpinski, Skibindungen, Skistöcke, Snowboards, Schlittschuhe, Rollerskates, Tennisschläger, Golftaschen, Rucksäcke, Sport- und Freizeitschuhe, Bademoden, Spielwaren-Shop.

Ersparnis

Ca. 15% bis 50%. Sonderverkaufsaktionen mit nochmaligem Preisnachlass bis 20%.

Ambiente

Lagerverkauf auf zwei Stockwerken; nüchternes, schmuckloses Ambiente. Großparkplatz.

Adresse

Sport Bittl München, Elly-Staegmeyr-Straße 11, 80999 München-Allach, Info-Telefon: 0 89/8 921 91 45, Internet: www.bittl.de.

Öffnungszeiten

Freitag 15.00 bis 20.00 Uhr, Samstag 9.00 bis 16.00 Uhr (ggf. vorher anrufen oder im Internet nachsehen).

Anreise

A9 Nürnberg–München bis Autobahnkreuz München-Nord, dort A99 in Richtung Stuttgart, Ausfahrt Ludwigsfeld. Weiter auf der Dachauer Straße in Richtung München. Nach dem Rangierbahnhof rechts ab in die Ludwigsfelder Straße bis zur Eversbuschstraße, hier links bis zur Esmarchstraße, weiter geradeaus bis es rechts zum bittl-Lagerverkauf geht, dann der Beschilderung folgen.

An fast allen deutschen Flughäfen hat die Lufthansa-Catering-Tochter Ringeltaube-Outlets aufgemacht. Sie sind in erster Linie für Lufthansa-Mitarbeiter und „alle anderen auf dem Flughafen" bestimmt. Doch von allen, die in die Ringeltaube kommen, wird angenommen, sie seien mit der Fliegerei irgendwie verbunden. Für bestimmte Waren gibt es Kundenkarten, da wendet man sich vertrauensvoll an den Kassierer/die Kassiererin.

Ringeltaube sorgt für Mumm

Warenangebot
Wein, Spirituosen, Lebensmittel, in- und ausländische Delikatessen, Aktionsware, Kosmetika, auch Pilotenkoffer und Bekleidung.

Ersparnis
Zwischen 10 und 60 %. Besonders preiswert: Sekt oder Sonderaktionsartikel. Nicht nur das Standard-Sonderangebot des Mumm-Sekts „Selektion", sondern auch den selteneren Mumm-Sekt „Brut".

Ambiente
Der Markt ist eine Mischung aus gepflegtem Supermarkt mit vergrößertem Sortiment – auch bei Textilien und US-Artikeln – Parfümerie und Discountladen.

Adresse
Ringeltaube, Flughafen München, Nordallee 14, 85356 München-Flughafen, Telefon: 0 89/9 77 39 02.

Öffnungszeiten
Montag bis Freitag 9.00 bis 18.30 Uhr, Samstag 10.00 bis 14.00 Uhr.

Weitere Verkaufsstelle in Bayern
● 90411 **Nürnberg-Marienberg**, Flughafen Nürnberg, Flughafenstraße 90, Telefon: 09 11/93 72-2 95.

Anreise
A9 München–Nürnberg, dann A92 Richtung Franz-Josef-Strauß-Flughafen. Der Beschilderung Besucherparkplatz folgen. Der Verkauf ist gegenüber im LSG-Gebäude (= Lufthansa Service Gesellschaft).

Das umfangreiche Sortiment stammt aus eigener Produktion und dem Großeinkauf bei bekannten Markenherstellern.

Landhaus & Tracht

Warenangebot
Große Auswahl an Landhausmode und Tracht in allen Preislagen: über 50 verschiedene Modelle kurze und lange Trachtenhosen in Wildbock und Hirsch (auch Maßanfertigung). Über 100 verschiedene Modelle an Dirndln und Kleidern, Hemden, Janker in Leder, Strick und Walk.

Ersparnis
Ca. 25 bis 50 %.

Ambiente
Sehr gute, freundliche Beratung, Ware übersichtlich präsentiert, Änderungsservice.

Adresse
Steiger, Leder & Tracht, Drygalski-Allee 33, 81477 München-Forstenried, Telefon: 0 89/78 01 99 09, Internet: www.trachten-steiger.de.

Öffnungszeiten
Montag bis Donnerstag 9.30 bis 19.00 Uhr, Freitag 9.30 bis 20.00 Uhr, Samstag 9.00 bis 16.00 Uhr, vor Weihnachten bis 18.00 Uhr.

Weitere Verkaufsstellen
● 80993 **München-Moosach**, Hanauer Straße 85a, Telefon: 089/14 33 85 65.

● 86153 **Augsburg**, Wertachstraße 19, Telefon: 08 21/42 52 12.
● 93059 **Regensburg**, Im Gewerbepark C 40, Telefon: 09 41/4 02 02 40.

Anreise
In München auf dem Mittleren Ring Richtung A95 Garmisch-Partenkirchen. Auf dem Mittleren Ring im Süden von München Ausfahrt München-Kreuzhof, dann in die Boschetsrieder Straße. 1. Querstraße rechts ist die Drygalski-Allee.

München-Forstenried

SportScheck

Einer der größten deutschen Sportartikelhändler hält in München gleich zweimal Einzug in die Schnäppchenwelt.

„Heißer Fleck" für Sportler

Warenangebot
Sport- und Freizeitbekleidung. Schuhe, Inlineskates, Mountainbikes. Restposten und Auslaufware aus dem Gesamtprogramm. Supertrends und sportive Mode der bekanntesten Markenhersteller.

Ersparnis
Bis 70%. Einzelteile oft noch günstiger.

Ambiente
Laden in Einkaufspassage.

Adressen
Sport-Scheck „Hot-Spot" – Ostbahnhof, Orleansplatz 11, 81667 München-Haidhausen, Telefon: 0 89/44 90 03 41, Fax: 44 90 03 42.

Öffnungszeiten
Montag bis Freitag 9.00 bis 19.00 Uhr, Samstag 9.00 bis 18.00 Uhr.

Weitere Verkaufsstelle
● 82008 **Unterhaching**, Grünwalder Weg 34, Gewerbepark Unterhaching, Telefon: 0 89/6 14 53 95 Fax: 61 45 31 97. Montag bis Freitag 10.00 bis 20.00 Uhr, Samstag 10.00 bis 18.00 Uhr.

Anreise
Der Orleansplatz liegt im Stadtteil Haidhausen und ist am besten mit der U-Bahn, S-Bahn, DB oder dem Bus, Haltestelle Ostbahnhof, zu erreichen.

München-Haidhausen

Das Unternehmen ist Deutschlands größter Hersteller von Stil- und Furnier-Rahmen. Es werden alle Arten von Stilrahmen gefertigt – auch geschnitzt – in jeder gewünschten Größe. Auf 1800 m² Ausstellungsfläche über 7000 Gemälderahmen in Normgrößen auf Lager.

Alles im Rahmen ...

Warenangebot

Stil- und Furnierrahmen in mehr als 500 verschiedenen Ausführungen und Tönungen bis hin zu Originalmodellen aus alter Zeit. Glas und Passepartouts mit und ohne Verzierungen. Große Auswahl an Spiegeln, Postern, Gemälden, Stichen, Kunstdrucken und Ölgemälden.

Ersparnis

Ca. 35 %.

Ambiente

Lagerverkauf, freundliche und kompetente Bedienung. Parkplatz im Hof.

Adresse

Europa Leisten, Dachauer Straße 15, 80335 München-Maxvorstadt, Telefon: 0 89/59 59 11, Fax: 55 59 40.

Öffnungszeiten

Montag bis Freitag 9.30 bis 19.00 Uhr, Samstag 10.00 bis 18.00 Uhr.

Anreise

Der Verkauf ist vom Hauptbahnhof München leicht und schnell zu erreichen (150 m). Am Kopfbahnhof Fernreisezüge in Richtung Norden, die Arnulf-, Hirten- und Marsstraße überqueren und in die Dachauer Straße einbiegen. Auf der linken Seite ist das Hotel King's Daneben das Schaufenster von Europa Leisten. Der Eingang ist im Rückgebäude.

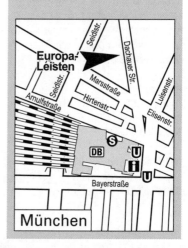

Mit 2000 Beschäftigten und einem Jahresumsatz von ca. 250 Millionen Euro ist Triumph International Marktführer unter den Wäscheherstellern in Deutschland.

Für den Körper, für die Sinne

Warenangebot

Für Damen: Tagwäsche, Nachtwäsche, Bade- und Strandmoden, Homewear, Dessous, BHs, Sport-BHs (triaction), Jugendliche Programme (BeeDees), Slip-Programme, Mamabel Still-BHs. Für Herren: Tagwäsche, Nachtwäsche, Bademoden dazu Socken und Accessoires.

Ersparnis

Ca. 20% bis 50% u.a. auf Auslaufmodelle, Retouren, Muster.

Ambiente

Verkauf im Gebäude der Spatenbräu-Hauptverwaltung. Ware teilweise originalverpackt oder auf Ständern wie im Fachgeschäft. Preise sind ausgezeichnet. Anprobieren nicht möglich. Ideal ist es daher, wenn man sein Triumph-Modell bereits kennt.

Adresse

Triumph International AG, Marsstraße 46-50, 80335 München-Maxvorstadt, Telefon: 01 80/4 96 09 60.

Öffnungszeiten

Montag bis Freitag 9.00 bis 18.00 Uhr, Samstag 9.00 bis 16.00 Uhr.

Weitere Verkaufsstellen

● 72555 **Metzingen**, Mühlstraße 2-6, Telefon: 0 71 23/16 58-03.

● 73430 **Aalen**, Burgstallstraße 7. Montag bis Freitag 10.00 bis 18.00 Uhr, Samstag 10.00 bis 16.00 Uhr.

● 73538 **Heubach**, Fritz-Spiesshofer-Straße 7–11. Montag bis Samstag 10.00 bis 16.00 Uhr.

Anreise

In München vom Hauptbahnhof weiter in westlicher Richtung. Die Marsstraße verläuft parallel zu den Gleisen (nördlich). Triumph befindet sich rechts neben der Brauerei Spaten.

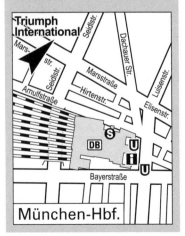

DR.SCHNELL

QUALITÄT UND SERVICE

Hochwirksam gegen Schmutz, umweltschonend und wirtschaftlich – das sind die Prinzipien bei der Herstellung der Dr.Schnell-Qualitätsprodukte.

Die Reinigungskraft

Warenangebot

Professionelle Reinigungsprodukte für Küche, Bad, Böden, Teppiche, Kleidung, Geschirr, Auto. Die Kosmetiklinie beinhaltet das vollständige Spektrum von der Handwaschcreme bis zur Hautlotion.

Ersparnis

Fabrikabgabepreis abzüglich 10 % Rabatt.

Ambiente

Im firmeneigenen Fabrikverkauf wird das gesamte Sortiment präsentiert. Einzelflaschen und Handelsgrößen sind erhältlich. Parkplätze direkt vor dem Verkauf.

Adresse

Dr.Schnell Chemie GmbH, Taunusstraße 19, 80807 München-Milbertshofen, Telefon: 0 89/35 06 08-9 49, Fax: 35 06 08-9 60, Internet: www.dr-schnell.de.

Öffnungszeiten

Montag bis Freitag 8.00 bis 17.00 Uhr.

Anreise

Die Firma befindet sich im Norden von München, in Milbertshofen, in der Nähe des Euroindustrieparks. A9 Nürnberg–München, Ausfahrt Frankfurter Ring. Nach ca. 1 km rechts in die Taunusstraße einbiegen. Firmenparkplatz nach ca. 300 m rechts.

HALLHUBER dh

www.hallhuber.de

Der Münchener Modehersteller ist deutschlandweit mit rund 55 Filialen vertreten. Hallhuber produziert hochwertige Basics und trendige Mode zu erschwinglichen Preisen, einige Designermarken runden das Programm ab.

Hochwertiges günstig

Warenangebot

Umfangreiches Sortiment wie in den Filialen, aktuelle und vergangene Saisons, Damen- und Herrenbekleidung, Accesoires, kleines Schuh-Sortiment.

Ersparnis

15 bis 50%, bei Einzelteilen bis 70%.

Ambiente

Ca. 300 m² großer Verkaufsraum, Preisauszeichnung, Umkleidekabinen, Spiegel. Umtausch nur mit Bon gegen Ware.

Adresse

Hallhuber GmbH, Taunusstraße 49, 80807 München-Milbertshofen, Telefon: 0 89/35 62 41 38.

Öffnungszeiten

Montag und Dienstag 11.00 bis 18.30 Uhr, Mittwoch bis Freitag 11.00 bis 20.00 Uhr, Samstag 10.00 bis 18.00 Uhr.

Weitere Verkaufsstellen

● 14641 **Wustermark**, B5 Designer Outlet Center Berlin-Brandenburg, Alter Spandauer Weg 1, Telefon: 03 32 34/ 2 06 33.

● 22765 **Hamburg-Ottensen**, Ottenser Hauptstraße 10, Telefon: 0 40/ 39 90 31 53.

● 66482 **Zweibrücken**, oci designer outlet, Londoner Bogen 10-90, Telefon: 0 63 32/46 03 11.

● 85599 **Parsdorf,** Heimstettener Straße 1, Telefon: 0 89/90 47 65 22.

● 90403 **Nürnberg-Lorenz**, Ludwigsplatz 7, Telefon: 09 11/2 01 97 42.

Anreise

A9 Nürnberg–München, Ausfahrt Frankfurter Ring, dem Straßenverlauf folgen. Die Taunusstraße in Milbertshofen zweigt nach ca. 1000 m rechts vom Frankfurter Ring ab. U-Bahn-Station: Frankfurter Ring.

Es gibt wohl fast keine modebewusste Frau, die mit Oui-Bekleidung noch keine Bekanntschaft gemacht hat. Tragbare Modelle aus guten Qualitäten machen diese Mode unwiderstehlich.

Das „Ja" zur Mode

Warenangebot
Kleider, Blusen, Hosen, Röcke, Pullis, T-Shirts, Sweatshirts, Blazer, Kostüme, Mäntel, Accessoires wie Gürtel, Schals, Tücher. Aktuelle Kollektion jedoch ausschließlich 2. Wahl (teilweise erhebliche Mängel), Rückläufe vom Einzelhandel und nicht georderte Ware.

Ersparnis
Bis zu unglaublichen 75 %.

Ambiente
Wenn sechsmal jährlich die aktuelle Kollektion verramscht wird, gerät die Münchner Frauenwelt in Aufruhr. Große Halle im UG reserviert (Eingang über Laderampe). Ware liegt bergeweise auf dem Boden, nur wenige Ständer. Keine Spiegel/keine Kabinen. Die gut organisierte Frau bringt die Freundin zur Beratung und einen Spiegel mit.

Adresse
Oui KG, Moosacher Straße 26 a, 80809 München-Milbertshofen, Telefon: 0 89/ 35 48 10, Fax: 3 51 60 59.

Öffnungszeiten
Jeweils am 1. Mittwoch im Monat 14.00 bis 18.00 Uhr.

Anreise
In München Richtung Olympiazentrum, nördlich der Innenstadt. Oui ist rechts neben dem Olympiapark-Nord; die Moosacher Straße verläuft von Moosach (West) nach Milbertshofen (Ost).

LODEN-FREY
VERKAUFSHAUS
OUTLET

Loden-Frey, längst weit über die Grenzen Bayerns für Top-Mode bekannt, gehört zu den führenden Bekleidungshäusern Europas. Nicht nur traditionelle Loden- und Trachtenbekleidung, sondern auch ein reichhaltiges Angebot an aktueller und hochwertiger Mode international bekannter Designer-Labels für Damen, Herren und Kinder gehört zum festen Sortiment von Loden-Frey.

Von Cerruti bis Meindl ...

Warenangebot
Ein ausgewähltes Sortiment hochwertiger Einzelstücke aus den Designerkollektionen (z.B. Armani, Bogner und Windsor). Auch die Highlights der klassischen bayerischen Trachtenmode für die ganze Familie.

Ersparnis
1.-Wahl-Ware 20 bis 50 %.

Ambiente
Weitläufige, helle und freundliche Verkaufsräume, die durch das besondere Ambiente des „Trachtenhäusels" perfekt ergänzt werden. Kompetente und freundliche Beratung. Im Obergeschoss jetzt neu: ein Bogner Outlet.

Adresse
Loden-Frey Outlet, Triebstraße 36-38, 80993 München-Moosach, Telefon: 0 89/14 90 08 10, Fax: 14 90 08 80.

Öffnungszeiten
Montag bis Freitag 9.30 bis 18.00 Uhr, Samstag 9.30 bis 16.00 Uhr. Im August drei Wochen Betriebsferien (telefonisch anfragen).

Anreise
Der Verkauf befindet sich nordwestlich des Olympiaparks. Die Triebstraße ist die Verbindungsstraße Ost-West im Norden Münchens. Mit öffentlichen Verkehrsmitteln: U-Bahn bis Olympia-Einkaufszentrum, von hier ca. 5 Minuten zu Fuß.

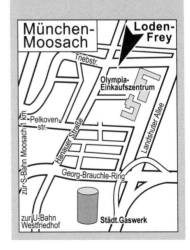

Hier lassen sich Persönlichkeiten aus Politik, Fernsehen, Theater und Industriekonzernen gerne eine „Schlinge" um den Hals legen.

... der feine Unterschied

Warenangebot

Hemden, Smokinghemden, Krawatten, Blusen, Maßhemden, Maßblusen, über 1800 verschiedene Stoffe. Kragenweiten 37 bis 54, Übergrößen, Kurz- und Langgrößen, Armlängen 58, 64, 68, 72. Musterhemden, Monogramme, Auswahl an Knöpfen, 70 verschiedene Kragen- und Manschettenformen. Außerdem Bett- und Tischwäsche.

Ersparnis

30 bis 70 %.

Ambiente

Laden mit Anprobe und Stilberatung. Änderungen aller Art bei Hemden und Blusen möglich.

Adresse

Scherer Hemden und Maßhemden, Hannelore Scherer, Albrechtstraße 32/ Ecke Volkartstraße, 80636 München-Neuhausen, Telefon: 0 89/1 23 10 17, Fax: 18 89 77.

Öffnungszeiten

Montag, Mittwoch, Freitag 14.00 bis 19.00 Uhr und nach Terminvereinbarung.

Anreise

Landshuter Allee, an den Gaswerken vorbei, Richtung Donnersberger Brücke. In Höhe Sapporo-Ring/ Dachauer Straße abfahren (die Volkartstraße kann von Norden kommend auf der Landshuter Straße nicht direkt angefahren werden). Oder mit der U 1 bis Haltestelle Rotkreuzplatz und Bus 33 bis Haltestelle Albrechtstraße.

Die Computerbranche ist ein schnelllebiges Geschäft. Die Fujitsu-Siemens Computers GmbH will durch den Werksverkauf neue Kunden gewinnen.

PCs vom Feinsten

Warenangebot
Business-PCs, Consumer-PCs, Notebooks und Zubehör, Workstations, Monitore, Home Peripherals, Komponenten, Zubehör.

Ersparnis
Erheblicher Preisvorteil bei Rückläufer-Restposten, Angeboten. Regelmäßig Neuware (Retouren) besonders günstig.

Ambiente
Verkaufsräume 50 m neben Haupteingang Nord. Kompetentes Personal.

Besonderheiten
Das aktuelle Angebot der Neugeräte kann unter www.COMBAY-COMPUTER. com abgerufen werden. Versand gegen Vorauskasse. Im Shop auch Beratung und Service. Hier auch immer wieder besonders preisgünstige Geräte, die nicht im Internet-Angebot zu finden sind.

Adresse
Fujitsu Siemens Computers GmbH, Filiale München, PC Werksverkauf, Otto-Hahn-Ring 6-10, 81739 München-Neuperlach, Telefon: 0 89/6 36-4 29 82, Fax: 6 36-4 30 31, E-Mail: MUENCHEN@COMBAY-COMPUTER. com, Internet: www.COMBAY-COMPU TER.com.

Öffnungszeiten
Montag bis Freitag 11.00 bis 18.00 Uhr.

Weitere Verkaufsstelle
● 86199 **Augsburg-Haunstetten**, Bürgermeister-Ulrich-Straße 100, Hotline: 01 80/5 00 76 96 (0,12 €/Minute), Fax: 08 21/8 04 22 61, E-Mail: AUGSBURG@COMBAY-COMPUTER.com.

Anreise
Der Verkauf ist im Südosten Münchens, U-/S-Bahn Neuperlach Süd.

Feine Anzüge und Kostüme nach Maß – aber ab Fabrik und zu günstigeren Preisen als Kleidung von der Stange. So lautet das schlichte Konzept, mit dem Dolzer-Chef Thomas Rattray Selkirk auf dem deutschen Textilmarkt eine Erfolgsgeschichte schreiben will.

Auf den Leib geschnitten

Warenangebot
Herren: Mäntel, Anzüge, Westen, Sakkos, Hosen, Fräcke, Cuts, Maßhemden. Damen: Kostüme, Jacken, Röcke, Hosen, Mäntel, Hosenanzüge, Maßblusen. Krawatten, Tücher. Große Stoffauswahl.

Ersparnis
Feine Anzüge und Kostüme nach Maß kosten von 150,- bis 598,- €, je nach Stoffqualität. Maßhemden und -blusen ab 45,- €. Übergrößen 10 % Aufschlag.

Ambiente
Ca. 500 m² Verkaufsfläche, hell und freundlich. Beratung durch ausgebildete Schneider.

Besonderheiten
Die Lieferzeit für Maßbekleidung beträgt ca. sechs Wochen.

Adresse
Dolzer Maßkonfektionäre GmbH, Wilhelm-Wagenfeld-Straße 18, 80807 München-Schwabing, Telefon: 0 89/32 21 19 94, Fax: 32 21 19 96, Internet: www.dolzer.de.

Öffnungszeiten
Montag, Mittwoch und Freitag 10.00 bis 18.30 Uhr, Dienstag und Donnerstag 10.00 bis 20.00 Uhr, Samstag 10.00 bis 18.00 Uhr.

Anreise
A9 Nürnberg-München bis Autobahnende München-Schwabing. Auf den Mittleren Ring Richtung Schwabing/Lindau/Garmisch/Mittlerer Ring West. Nach ca. 500 m rechts in die Lyonel-Feininger-Straße, nach 200 m links, weiter bis zur Herbert-Bayern-Straße. Dort links in die Wilhelm-Wagenfeld-Straße.

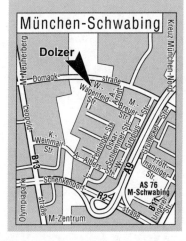

TRIXI SCHOBER

Trixi Schober steht für edle, effektvolle Mode und ist doch ganz schlicht geschnitten. Eine Marke, die sehr oft in Zeitschriften wie Vogue, Elle, Freundin, Brigitte und Burda International zu finden ist.

Klare Linie

Warenangebot
Nobel-Look im gehobenen Preissegment: Mäntel, Jacken, Kostüme, Kleider, Blusen, Hosen, Röcke, Westen, Abendgarderobe.

Ersparnis
40 bis 50% auf 1. Wahl.

Ambiente
Nach dem Eingang rechts in den Verkauf. In heller, kühler Atmosphäre ist die Ware auf Ständerreihen akkurat präsentiert. Besucherparkplätze.

Adresse
Trixi Schober Bekleidungsfabrik, Hauptstraße 48, 94127 Neuburg am Inn-Neukirchen, Telefon: 0 85 02/4 75.

Öffnungszeiten
Montag bis Freitag 9.00 bis 12.00 und 13.00 bis 17.00 Uhr, Samstag geschlossen.

Anreise
Neuburg am Inn liegt ca. 8 km südwestlich von Passau. A3 Passau–Regensburg, Ausfahrt Passau-Süd, nach Neuburg-Neukirchen. Die Hauptdurchgangsstraße im Ort ist die Hauptstraße. Firma am Ortsende rechts.

Otto Bittel.

Reichhaltiges Angebot für Babys bis hin zu den reiferen Jahrgängen, die vor allem auf Qualität achten und auf kurzlebige Modegags verzichten.

Qualität und Tradition

Warenangebot

Marken-Vollsortiment angefangen bei Damen-, Herren-, Baby- und Kinderbekleidung über Strumpfwaren, Miederwaren, Wäsche und Nachtwäsche für jedes Alter und jeden Anspruch bis hin zu Bettwäsche, Frottierwaren, Wolle und Berufsbekleidung, Kleiderröcke, Schürzen und Kurzwaren; ausschließlich Markenware.

Ersparnis

Mindestens 20 % bei 1.-Wahl-Ware, bei Sonderposten höhere Ersparnis, z.B. 50 % bei Überproduktionen.

Ambiente

Der knapp 400 m² große Laden ist trotz seiner Größe oft sehr voll; lässt man sich etwas Zeit, findet man alles. Die Fachverkäuferinnen helfen gerne.

Adresse

Mode- und Wäschehaus Bittel OHG, Waldstraße 22, 91564 Neuendettelsau, Telefon: 0 98 74/42 94, Fax: 43 19.

Öffnungszeiten

Montag bis Freitag 9.00 bis 18.00 Uhr, Samstag 9.00 bis 13.00 Uhr.

Anreise

A6 Nürnberg—Heilbronn, Ausfahrt 54, Neuendettelsau. Weiter nach Neuendettelsau, durch den Ort hindurch bis zum Bahnübergang, die nächste Straße rechts bis zum Ende durchfahren, dann trifft man genau auf den Verkauf.

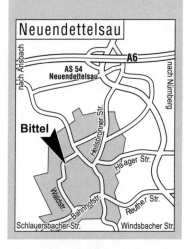

Die Firma produziert Herren- und Damenhosen im klassischen und modischen Stil. Zudem verkauft sie Jeans und Freizeitbekleidung.

Für jeden Po eine Hose ...

Warenangebot
Riesige Auswahl an Herren- und Damenhosen, Hemden, Blusen, Blazer, T-Shirts, Damenkombinationen aus T-Shirt-Stoff, Marken-Jeans von Levi's, Lee, h.i.s., Pioneer, Krawatten, Sakkos, Sweatshirts, Pullis, sportliche Jacken, Damenpullover der Marke Camelot, Sportanzüge und Sweatshirts der Marke Champion. Übergrößen auch bei Jeans.

Ersparnis
Bis 20%. Bei Barkauf zusätzlich 10% bei Hosen und Jeans.

Ambiente
Ware wie im Fachgeschäft präsentiert; vier Umkleidekabinen, Parkplätze vor dem Haus. Sofort-Änderungs-Service; Tele-cash.

Adresse
Hosen Löhr, Waldstraße 21, 91564 Neuendettelsau, Telefon: 0 98 74/52 11.

Öffnungszeiten
Montag bis Freitag 8.00 bis 18.00 Uhr, Samstag 8.30 bis 12.30 Uhr.

Weitere Verkaufsstellen
● 91126 **Schwabach**, Altstadthof 25 (Fußgängerzone). Montag bis Freitag 9.00 bis 13.00 und 14.00 bis 18.00 Uhr, Samstag 9.00 bis 13.30 Uhr.
● 91522 **Ansbach**, Neustadt 15 (Fußgängerzone). Montag bis Freitag 9.00 bis 18.30 Uhr, Samstag 9.00 bis 13.30 Uhr.

Anreise
Hosen Löhr befindet sich in Neuendettelsau gegenüber der Kleiderfabrik Otto Bittel. Firma ist ab der A6, Anschlussstelle Neuendettelsau, ausgeschildert.

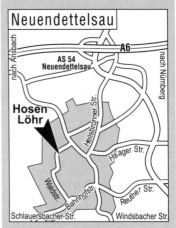

EINKAUFS-GUTSCHEIN

Lorenz Snack World ist einer der führenden Hersteller von salzigen Snacks. Es ist der neue Name für die bekannten Bahlsen-Spezialitäten. An der Produktpalette und dem hochwertigen Markenangebot ändert sich aber nichts.

Der Ruf verpflichtet

Warenangebot
Alle Snack-Produkte der Lorenz Snack-World, auch eine Auswahl hochwertiger Schokoladenspezialitäten sowie Kuchen und Gebäck von Bahlsen, Gubor und Feodora.

Ersparnis
30 bis 50%. Sonderangebote zum Teil noch günstiger.

Ambiente
Angenehmer Laden mit übersichtlicher Warenpräsentation und freundlichem Verkaufspersonal.

Adresse
Fabrikladen Lorenz Snack World, Hermannstraße 34A, 63263 Neu-Isenburg, Telefon: 0 61 02/81 66 93.

Öffnungszeiten
Montag bis Freitag 10.00 bis 18.00 Uhr, Samstag 9.00 bis 13.00 Uhr.

Weitere Verkaufsstellen
Öffnungszeiten jeweils Montag bis Freitag 9.00 bis 18.00 Uhr, Samstag 9.00 bis 13.00 Uhr. (Neunburg bis 12.00 Uhr).
● 29386 **Hankensbüttel**, Am Thorenkamp 5, Telefon: 0 58 32/97 06 05.

● 49424 **Goldenstedt**, Barnstorfer Straße 1-3, Telefon: 04 44/9 63 30.
● 60314 **Frankfurt**, Hanauer Landstraße 150, Telefon: 0 69/94 94 36 62.
● 88131 **Lindau–Reutin**, Steigstraße 29, Telefon: 0 83 82/9 47 90 80.
● 92431 **Neunburg vorm Wald**, Industriestraße 11, Telefon: 0 96 72/4 60.

Anreise
A5 oder A661 bis Ausfahrt Neu-Isenburg, dann über die B44 nach Neu-Isenburg. Über die Frankfurter Straße, Rathenaustraße in die Hermannstraße.

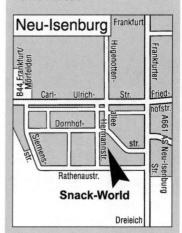

Efruti ist ein weltweit exportierender Hersteller von Fruchtgummi mit international anerkannter Qualität.

Fruchtgummi-Fabrikverkauf

Warenangebot
Fruchtgummi in verschiedenen Formen und Rezepturen, von süß bis sauer. Spezialität: Fruchtsaft-Fruchtgummi, aber auch klassisch-bunte Fruchtgummi in gehobener Qualität. Auch 2.-Wahl-Ware und ständig wechselnde Angebotsware aus Überproduktionen.

Ersparnis
20 bis 40 %.

Ambiente
Selbstbedienungsladen. Ware übersichtlich in Regalen geordnet.

Adresse
Efruti GmbH & Co KG, Industriestraße 1-3, 92431 Neunburg vorm Wald, Telefon: 0 96 72/9 21 80, Fax: 92 18 11.

Öffnungszeiten
Montag bis Freitag 9.00 bis 12.00 und 13.00 bis 17.00 Uhr.

Anreise
A93/E50 Regensburg–Weiden, Ausfahrt 31, Schwarzenfeld. Richtung Neunburg vorm Wald. Am Ortsanfang von Neunburg auf der Umgehungsstraße bleiben, die direkt ins Industriegebiet führt.

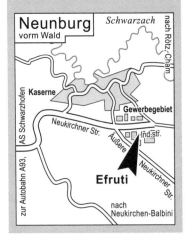

65 Jahre Rolly Toys. Erinnern Sie sich an die lustigen Stehaufmännchen, die auch heute noch aus keinem Kinderzimmer wegzudenken sind? Damit begann der Aufstieg des oberfränkischen Unternehmens, das durch besonders innovative und originelle Produkte Weltgeltung in der Spielzeugbranche besitzt. Sehr früh erkannte man hier auch das Thema Sicherheit von Kinderspielzeug. Das reicht von der Physik bis zur Chemie. Die Fahrzeuge kippeln nicht, sie sind stabil. Sämtliche Farben, auch Metallbeschichtungen, sind frei von Blei und Cadmium.

Traktoren-Spezialist

Warenangebot
Hauptsächlich 1.-Wahl-Ware. Dreiräder, Roller, Kinderbagger, rolly cars mit Flüsterreifen, Dreiradfahrzeuge, Traktoren und Zubehör, Schlitten, Bobs, Spiele für draußen, Schwimmtiere, Stehauf-Clowns.

Ersparnis
Ca. 20 bis 30 %.

Ambiente
Direkt neben dem Werk gelegener, kleiner und schmuckloser Verkaufsraum. Gute Parkmöglichkeiten direkt auf dem Fabrikgelände. Daneben befindet sich das Museum der Deutschen Spielzeugindustrie.

Adresse
Rolly Toys, Franz Schneider GmbH & Co. KG Werk I, Siemensstraße 13-19, 96465 Neustadt bei Coburg, Telefon: 0 95 68/ 8 56-0, Fax: 8 56-190, E-Mail: info@ rollytoys.de, Internet: www.rollytoys.de.

Öffnungszeiten
Montag bis Donnerstag 7.30 bis 12.00 und 13.00 bis 16.30 Uhr, Freitag 7.30 bis 12.00 Uhr. Samstag geschlossen.

Anreise
Auf der B303 aus Richtung Coburg kommend nach Neustadt. Hier auf die Coburger Straße, abbiegen in die Mühlenstraße, weiter in die Austraße, geradeaus und weiter in die Siemensstraße.

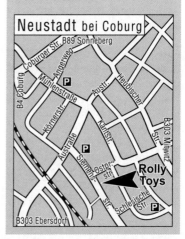

ESTELLA®
Ambiente für mein Bett

Das Unternehmen ist führender Hersteller moderner Markenbettwäsche und farblich abgestimmter Betttücher. Die Spezialität des Hauses ist eine bügelfreie Interlock-Jerseybettwäsche aus ägyptischer Mako-Baumwolle mit praktischem Reißverschluss zum einfachen und schnellen Beziehen.

Ambiente für das Bett

Warenangebot
Bettwäsche in Mako-Satin, Mako-Jersey, auch Edelflanell-Bettwäsche, Frottierwäsche, Jersey-Spannbettücher, Kinderbettwäsche, Kissenprogramme.

Ersparnis
30 bis 50%, noch günstiger bei 1B-Ware und Sonderangeboten.

Ambiente
Fabrikverkauf im vorderen Teil der Lager- und Versandhalle. Riesenauswahl, sehr übersichtlich präsentiert. Die Ware ist preisausgezeichnet. Freundliches Personal. Parkplätze direkt vor dem Gebäude.

Adresse
Estella-Ateliers – Die besondere Bettwäsche GmbH, Josef-Kühnl-Weg 1-3, 91413 Neustadt/Aisch, Telefon: 0 91 61/6 60 69, E-Mail: info@estella.de, Internet: www.estella.de.

Öffnungszeiten
Montag, Dienstag, Mittwoch, Freitag 9.30 bis 18.00 Uhr, Donnerstag 9.30 bis 20.00 Uhr, Samstag 9.30 bis 16.00 Uhr.

Anreise
In Neustadt/Aisch die B470 Richtung Rothenburg o.d. Tauber fahren. Die Firma befindet sich am Ortsende auf der rechten Seite. Man erreicht sie über die Karl-Eibl-Straße.

Die Altbayerische Krystall Glashütte ist keine Glashütte, sondern ein Laden-geschäft mit Schauglashütte, in dem sich alles ums Glas dreht. Nicht zu verwechseln mit dem echten Fabrikverkauf des Glasherstellers Nachtmann ca. 150 m weiter südlich. Dennoch ist die Altbayerische Krystall Glashätte einen Besuch wert, die Ware ist dort nicht unbedingt teurer ist als bei Nachtmann.

Funkelndes Spitzen-Design

Warenangebot
Echt- und Bleikristall, Glas- und Kris-tallprogramm der Marken F. X. Nacht-mann, Marc Aurel, Spiegelau, Leonardo.

Ersparnis
1. Wahl ca. 20 %, 2. Wahl ca. 40 %. Son-derpreise bis 50 %.

Ambiente
Freundliche und fachkundige Bedie-nung, ruhige Einkaufsatmosphäre. Schauglashütte, Brotzeitstüberl.

Besonderheiten
In ganz Neustadt gibt es interessante Ladengeschäfte, in denen Glas und Porzellan angeboten werden. Für Porzellan ist und bleibt allerdings Selb die erste Adresse in Deutschland. Folgende Marken wurden in Neu-stadt/Waldnaab entdeckt: Villeroy & Boch, Goebel (Hummel-Figuren), Swa-rovski. Ganzjähriger Weihnachtsmarkt mit vielseitigen Geschenkartikeln.

Adresse
Altbayerische Krystall Glashütte, Juden-graben 1, 92660 Neustadt/Waldnaab, Telefon: 0 96 02/9 44 09-0, Fax: 9 44 09-29, E-Mail: altbayerische@krystallglas huette.de, Internet: www.krystallglas huette.de.

Öffnungszeiten
Montag bis Freitag 9.30 bis 18.00 Uhr, Samstag 9.30 bis 14.00 Uhr.

Anreise
A93, Regensburg-Hof, Ausfahrt Neu-stadt/Altenstadt. Durch Altenstadt Richtung Neustadt. Dort Wegweiser zu Firma Nachtmann folgen.

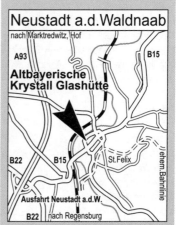

 Nachtmann

Die Hauptattraktion in Neustadt an der Waldnaab ist der Fabrikverkauf der F. X. Nachtmann Bleikristallwerke. Erlesenes erschwinglich machen – so lautet die Maxime der Firma, die hochwertige Trinkglasgarnituren anbietet.

View on Crystal

Warenangebot
Große Auswahl in 2. Wahl. Trinkglasgarnituren, Vasen, Kerzenleuchter, Geschenkartikel und Wohnaccessoires von Nachtmann und Marc Aurel, Leuchter.

Ersparnis
Ca. 40 % unter Ladenverkaufspreis. „Schnäppchen" und Restposten bis über 50 %. Sonderverkäufe.

Ambiente
Verkauf neben dem Fabriktor (rote Türe), fachkundiges Personal. Großer Parkplatz.

Besonderheiten
In Neustadt an der Waldnaab gibt es neben dem echten Fabrikverkauf von Nachtmann auch interessante Ladengeschäfte, in denen Glas und Porzellan angeboten werden. Als Richtschnur für Vergleiche eignen sich die Preise hier.

Adresse
F. X. Nachtmann Bleikristallwerke GmbH, Zacharias-Frank-Straße 7, 92660 Neustadt/Waldnaab, Telefon: 0 96 02/ 30 11 76, Internet: www.nachtmann.de.

Öffnungszeiten
Montag bis Freitag 9.00 bis 18.00 Uhr, Samstag 9.00 bis 14.00 Uhr.

Weitere Verkaufsstellen
● 94227 **Zwiesel**, Kristallerie Nachtmann, Theresienthal 51, Telefon: 0 99 22/ 60 96 17, Fax: 60 96 16.
● 94518 **Spiegelau**, Hauptstraße 2-4, Telefon: 0 85 53/2 41 91, Fax: 9 10 47.
● 94566 **Riedlhütte**, Glashüttenstraße 1, Telefon: 0 85 53/2 524 30.

Anreise
A93, Ausfahrt Neustadt/Altenstadt, durch Altenstadt Richtung Neustadt, dort den Wegweisern zur Firma folgen.

Die traditionsreiche Puppenfabrik mit der internationalen Marke „Lissi"
bietet Puppen in über 1000 Modellen an. Ständiges Verkaufslager von über
10.000 Puppen. Ferner Spiel- und Sammlerpuppen, Puppenwagen mit
Zubehör.

Lissi-Puppen in aller Welt

Warenangebot
Kleinpuppen, Babypuppen von 15 bis
65 cm, Nostalgiepuppen, preisgekrönte
Sammlerpuppen, Spielpuppen, Puppenwagen und -bekleidung. Ständig Sonderposten.

Ersparnis
Je nach Artikel 25 bis 30 %.

Ambiente
Ansprechende Präsentation der Ware.

Besonderheiten
Museum der Deutschen Spielzeugindustrie in Neustadt: täglich 10.00 bis
17.00 Uhr geöffnet, Führung nach Voranmeldung möglich, Telefon: 0 95 68/
56 00.

Adresse
Lissi Bätz GmbH, Hutstraße 31, 96465
Neustadt-Wildenheid bei Coburg, Telefon: 0 95 68/92 10 93 und 21 66, Fax:
92 10 99.

Öffnungszeiten
Montag bis Donnerstag 8.00 bis 12.00
und 13.00 bis 17.00 Uhr, Freitag 8.00 bis
12.00 Uhr.

Anreise
B4 von Coburg nach Neustadt bei
Coburg. Dort Richtung Altenpflege-
heim, dann nach links abbiegen
zum Ortsteil Wildenheid. Vorbei am
Hallenbad, in Wildenheid 1. Straße
rechts abbiegen. Nach ca. 500 m
Firma Lissi Bätz auf der rechten
Seite.

Voll im Trend liegen Schnitte und Designs der sportlich-legeren Hosenmode von The Best by Baumstark. Lässig, leicht auch spielerisch, insgesamt sehr frisch und natürlich wirken die Damen- und Herrenhosen dieses Herstellers.

Wer hat die Hosen an?

Warenangebot
1. und 2. Wahl: Damen- und Herrenhosen von der Anzughose bis zur Jeans in modischen Waschungen und Finish.

Ersparnis
Ca. 50 %.

Ambiente
Präsentation wie in schlichtem Fachgeschäft; sechs Umkleidekabinen; Herrenmode in der rechten Raumhälfte, die Damen suchen links; 2.-Wahl-Ständer mit Extra-Angeboten.

Adresse
The Best by Baumstark, Bayerwaldstraße 57, 93073 Neutraubling, Telefon: 0 94 01/5 28 70.

Öffnungszeiten
Montag bis Freitag 9.00 bis 18.00 Uhr, Samstag 9.30 bis 14.00 Uhr.

Anreise
A3 Regensburg–Passau, Ausfahrt Neutraubling. An der 1. Ampel links, dieser Straße weiter folgen. Baumstark ist auf der linken Seite in rot-weißem Haus.

Jérome Leplats oberstes Prinzip ist es, edle Materialien zu hochwertigen Lederwaren zu verarbeiten.

Das Original

Warenangebot
Reisetaschen, Damenhandtaschen, Herrentaschen, Kulturtaschen aus Leder, Ledertaschen und -beutel, Kosmetikkoffer, große Auswahl an Kleinlederwaren, Krawatten, Tücher, Gürtel.

Ersparnis
Ca. 20 bis 40 %.

Ambiente
Präsentation wie in einem Fachgeschäft. Fachkundige Beratung und Preisauszeichnung, Kataloge sind erhältlich, jedoch nicht von allen Artikeln 2.-Wahl-Angebote.

Besonderheiten
Jérome-Leplat-Artikel sind Waren im oberen Preissegment. Hier ist Ware mit kaum erkennbaren Fehlern günstig zu erwerben. Großes Angebot auch an Geschenkartikeln.

Adresse
Jérome Leplat, Max-Eyth-Straße 39, 89231 Neu-Ulm-Offenhausen, Telefon: 07 31/7 25 37-10.

Öffnungszeiten
Dienstag bis Freitag 9.00 bis 12.00 und 14.00 bis 18.00 Uhr oder nach Vereinbarung.

Anreise
Von der A8 aus Stuttgart oder München kommend: Ausfahrt Ulm-West, Richtung Ulm, Ausfahrt Neu-Ulm. Dann links, immer geradeaus. Nach der 3. Ampel: rechts Schild Max-Eyth-Straße. Diesem folgen, dann rechts. Auf der Max-Eyth-Straße immer geradeaus, über eine Ampelanlage, Firma dann nach ca. 450 m. Von der A7 aus Richtung Kempten/Lindau kommend: Autobahndreieck Hittistetten, Richtung Senden, Neu-Ulm. Nach ca. 10 km Ausfahrt Neu-Ulm, weiter s.o.

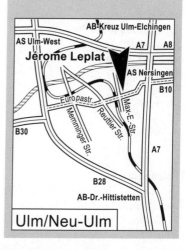

STRENESSE

Die Kollektionen von Gabriele Strehle stehen für die leisen Töne: versteckter Luxus, überlegene Schnittführung, einzigartige Stoffe, hoher Qualitätsstandard.

Designermode mit Gefühl

Warenangebot

Sehr große Auswahl an Damenbekleidung, gutes Sortiment an Schuhen und Accessoires. Herrenbekleidung aus der hochwertigen Herrenkollektion.

Ersparnis

30 bis 50 %. Bei Saisonschlussverkäufen und in der Fundgrube (Einzelteile) nochmals 50 %.

Ambiente

Heller, großzügiger Verkaufsraum, Ware übersichtlich präsentiert, mit vielen Umkleidekabinen.

Besonderheiten

Die Altstadt von Nördlingen gehört zu den schönsten mittelalterlichen Städten in Deutschland.

Adresse

Strenesse AG, Gewerbestraße 10-14, 86720 Nördlingen, Telefon: 0 90 81/80 70, Fax: 64 48, E-Mail: info@strenesse.com.

Öffnungszeiten

Dienstag und Mittwoch 10.00 bis 18.00 Uhr, Donnerstag und Freitag 10.00 bis 20.00 Uhr, Samstag 9.00 bis 16.00 Uhr.

Weitere Verkaufsstellen

● 66482 **Zweibrücken**, oci designer outlet, Londoner Bogen 10-90, Telefon: 0 63 32/48 28 75, Fax: 48 28 76.
● 72555 **Metzingen**, Lindenplatz 3, Telefon: 0 71 23/7 20 00, Fax: 72 00 10, E-Mail: foc.metzingen@strenesse.com.

Anreise

A7 Würzburg–Ulm, Ausfahrt 114, Aalen-Westhausen. Über Bopfingen nach Nördlingen. In Nördlingen Richtung Wemding ins Industriegebiet. Dort Wegweiser Strenesse folgen. Verkauf ist gut ausgeschildert.

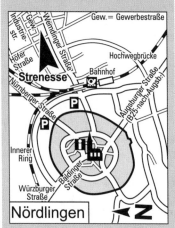

Die hochwertig verarbeiteten Schulranzen sind mehrmals von der Stiftung Warentest mit „sehr gut" ausgezeichnet worden. Hoher Tragekomfort, Leichtigkeit und ein hoher Sicherheitsstandard zeichnen Scout-Schulranzen aus.

Fünf-Sterne-Schulranzen

Warenangebot
Scout-Schulranzen, 4You-Freizeitrucksäcke, 4You-Sonnenbrillen, Federmäppchen, Schultüten, Freizeittaschen, Wechselbilderrahmen, Schmuckkästchen der Marke „Windrose". Auslaufmodelle und 2.-Wahl-Ware ohne Funktionsbeeinträchtigung.

Ersparnis
Etwa 35%. Sonderaktionen zum Beispiel zu Ostern und Schulbeginn.

Ambiente
Der Lagerverkauf befindet sich im Keller. Die Ware ist einfach und großzügig präsentiert, preisausgezeichnet. Gute Parkmöglichkeit entlang der Raudtener Straße.

Besonderheiten
Die Ware ist vom Umtausch ausgeschlossen, Garantie ist gewährleistet.

Adresse
Hans Kottek GmbH & Co.KG, Raudtener Str. 17, 90475 Nürnberg-Altenfurt, Telefon: 09 11/ 98 43/2 15 (nur während der Öffnungszeiten).

Öffnungszeiten
Dienstag 10.00 bis 17.00 Uhr, Donnerstag 10.00 bis 16.00 Uhr.

Anreise
A9 Nürnberg–München, Ausfahrt Nürnberg/Fischbach, weiter Richtung Altenfurt in die Hauptverkehrsstraße/Löwenberger Straße. Weiter geradeaus bis zu einer Ampelkreuzung, hier rechts abbiegen auf die Oelser Straße in Richtung Gewerbegebiet, rechts abbiegen in die Raudtener Straße. Firma befindet sich dort nach ca. 200 m links.

Die Firma Zellner beliefert die „Großen" der Polstermöbelindustrie. Interessante Designs in modischem Stil wechseln mit traditionellen Bezugsstoffen in hochwertiger Qualität; viele Muster und Farben.

Neuer Schick für alte Polster

Warenangebot
1.- und 2.-Wahl-Ware. Möbelbezugsstoffe für Polstermöbel, Stühle, Eckbänke, Autositze, Wohnwagenpolster, Samtvorhänge, Kissenbezüge, Tischdecken, Dekostoffe, Sets.

Ersparnis
Bis zu 50 % Ersparnis bei 1.-Wahl-Ware, bei 2.-Wahl-Ware teilweise reiner Materialpreis.

Ambiente
Einfacher Laden; Stoffballen einfach aufgestellt; freundliche Beratung.

Adresse
Zellner Möbelstoffe, Findelwiesenstraße 3, 90478 Nürnberg-Glockenhof, Telefon: 09 11/45 24 07.

Öffnungszeiten
Montag bis Freitag 12.00 bis 18.00 Uhr, Samstag geschlossen.

Weitere Verkaufsstellen
● 71063 **Sindelfingen**, Paul-Zweigart-Straße 12, Telefon: 0 70 31/87 56 43.
● 80797 **München-Schwabing**, Schleißheimer Straße 181a, Telefon: 0 89/30 00 51 21.

● 83026 **Rosenheim**, Klepperstraße 1, Telefon: 0 80 31/47 04 19.
● 93057 **Regensburg**, Isarstraße 17, Telefon: 09 41/4 67 22 12.
● 96247 **Michelau/Ofr.**, Gutenbergstraße 11, Telefon: 0 95 71/97 97-0.

Anreise
Vom Hauptbahnhof Nürnberg in östlicher Richtung auf der Bahnhofstraße weiterfahren (Richtung St. Peter). Nach dem Bahnhof die 2. Straße rechts unter den Bahngleisen durch. Die 3. Querstraße rechts ist die Findelwiesenstraße.

Nicht nur Nürnberger Tand geht durchs ganze Land. Ebenso berühmt wie das Spielzeug sind die Nürnberger Lebkuchen.

Hoflieferant des Nürnberger Christkindl

Warenangebot
Elisenlebkuchen, feinste Oblaten-Lebkuchen, Lebkuchenpräsente, Diät- und Vollkornlebkuchen, weiches Kokosfeingebäck, Vollkorngebäck, saftiges Feingebäck mit Piemont-Kirsch-Füllung und Marzipan, runde braune Lebkuchen mit Schokoladenboden, glasiert oder schokoladenüberzogen.

Ersparnis
Ca. 20 bis 30%. Beste Einkaufszeit: September bis Dezember.

Adresse
Ferdinand Wolff GmbH & Co., Lebkuchenfabrik, Kilianstraße 96, 90425 Nürnberg-Großreuth, Telefon: 09 11/ 93 79 30, Fax: 36 47 15.

Öffnungszeiten
Januar bis August: Montag bis Donnerstag 10.00 bis 17.00 Uhr, Freitag 10.00 bis 15.00 Uhr. September bis 23. Dezember: Montag bis Freitag 8.00 bis 18.00 Uhr, Samstag 8.00 bis 15.00 Uhr.

Anreise
A3 Nürnberg-Würzburg, Ausfahrt 84, Erlangen-Tennenlohe. B4 in Richtung Nürnberg fahren. Dem Straßenverlauf ca. 7 km in Richtung Nürrnberg folgen. Nach der Ortseinfahrt von Nürnberg die B4 verlassen und geradeaus auf die Erlanger Straße. Auf dieser Straße ca. 9,5 km weiter fahren bis zur Endhaltestelle Thon. Dann links in die Kilianstraße. Nach ca. 1 km finden Sie die Firma rechts neben dem Tevi-Markt.

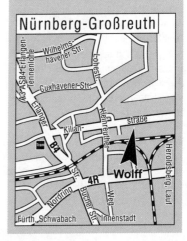

Zu den Traditionsunternehmen für Nürnberger Lebkuchen gehört Lebkuchen Schmidt, der weltweit größte Lebkuchenversender. Schon beim Eintreten in diesen Fabrikverkauf umgeben den Besucher Lebkuchendüfte, die ihm das Wasser im Mund zusammenlaufen lassen. Und dann die Lebkuchen: feinste Elisen-Schnitten und runde Lebkuchen, mit Mandeln, glasiert, schokoliert, eingepackt in traumhaft schönen Truhen, Kästchen, Dosen und Schatullen.

Lebkuchen für Kenner

Warenangebot

Lebkuchen der verschiedensten Sorten, auch Lebkuchenbruch in großer Auswahl. Gebäck und Christstollen, Honig, Vollkorn-Spezialitäten, Diabetiker-Lebkuchen und sehr große Auswahl an Diabetiker-Spezialitäten, Beerenweine, Liköre, Pralinen, Konfitüren. Geschenk-Bestell-Service.

Ersparnis

Nur Sonderangebote und Bruchware sind preislich interessant. Die reguläre Ware ist nicht deutlich günstiger als im Versand.

Ambiente

Ausgesprochen schönes Ladengeschäft mit fachkundigem Personal. Sehr große Auswahl. Sonderangebote direkt neben dem Eingang. Parkplätze entlang der Straße benutzen.

Adresse

Lebkuchen-Schmidt, Zollhausstraße 30, 90469 Nürnberg-Langwasser, Telefon: 09 11/89 66 31, Fax: 8 96 65 55, E-Mail: info@Lebkuchen-Schmidt.com, Internet: www.Lebkuchen-Schmidt.com.

Öffnungszeiten

Montag bis Freitag 9.00 bis 18.00 Uhr.

Anreise

A9 München–Nürnberg, Ausfahrt Nürnberg/Feucht. Weiter auf der A73 in Richtung Fürth, Nürnberg-Messe. Dann auf der B8 weiter in Richtung Messe/Stadion. Am Burger King rechts abbiegen in die Zollhausstraße. Der Fabrikverkauf befindet sich nach ca. 500 m auf der rechten Seite.

Nürnberger Lebkuchen sind die bekanntesten „Botschafter" der fränkischen Metropole. In der ganzen Welt kennt man die Dosen mit mittelalterlichen Motiven und köstlichem Inhalt.

Wie bei Hänsel und Gretel

Warenangebot

Nürnberger Elisenlebkuchen, Feine Nürnberger Lebkuchen, Nürnberger weiße Lebkuchen, Gewürzplätzchen, Lebkuchen-Hexenhaus „Hänsel und Gretel", Früchtebrot. Nürnberger Vollkornlebkuchen, Vollkornfrüchtebrot, Nürnberger Diabetiker-Elisenlebkuchen, Lebkuchen in Geschenkdosen und -Truhen. Feinste Wendler-Nougat-Spezialitäten: Nougat-Barren-Schicht, Edelmarzipan Nougat-Baumstamm, feinste Nougat-Pralinen.

Ersparnis

In den Verkauf gelangen nahezu ausschließlich Sonderabpackungen (zu speziellen Preisen), die der Handel nicht führt. Besonders günstig: Lebkuchenbruch! Beste Einkaufszeit: September bis Dezember.

Ambiente

Stimmungsvoll dekorierter Verkaufsraum, kompetente Bedienung.

Adresse

Schuhmann Lebkuchen GmbH & Co.KG, Kreuzburger Straße 12, 90471 Nürnberg-Langwasser, Telefon: 09 11/99 80 20, Fax: 9 98 02 23.

Öffnungszeiten

Januar bis September: Montag bis Freitag 8.00 bis 16.00 Uhr. Oktober bis Weihnachten: Montag bis Freitag 10.00 bis 18.30 Uhr, Samstag 10.00 bis 14.00 Uhr.

Anreise

A6 Heilbronn-Amberg, Ausfahrt 58, Kreuz Nürnberg-Süd. Weiter Richtung Stadtzentrum fahren. 1. Ausfahrt, Nürnberg-Zollhaus. Über die Münchener Straße zur Zollhausstraße. Links in die Breslauer Straße, nach ca. 2,5 km links in die Kreuzburger Straße.

Premium-Qualität in Confiserieaufmachung zeichnet die Wendler-Nougatspezialitäten aus. Verwendung erlesener Rohstoffe nach jahrzehntealter Konditortradition. Die aus der ausschließlichen Herstellung von Nougatartikeln erwachsene Kompetenz bürgt für den Geschmack.

Zarter Schmelz

Warenangebot
Umfassendes Sortiment von Nougatspezialitäten: Riegel, Barren, Happen, Pralinen sowie Weihnachts- und Osterartikel (z.B. Baumbehang, „Eier" in unterschiedlichsten Geschmacksrichtungen).

Ersparnis
Bis 30 %. Es werden Sonderpackungen verkauft, die es im Einzelhandel nicht gibt. Für diese Sonderpackungen gelten Spezialpreise. Beste Einkaufszeit: September bis Dezember.

Ambiente
Kleiner Laden mit fachkundiger Beratung und Bedienung. Alle Waren sind ausgestellt.

Besonderheiten
An heißen Sommertagen empfiehlt sich das Mitbringen einer Kühltasche, damit die hitzeempfindlichen Nougatspezialitäten nicht bereits auf dem Heimweg die Form verlieren.

Adresse
Josef Wendler GmbH & Co.KG, Kreuzburger Straße 12, 90471 Nürnberg-Langwasser, Telefon: 09 11/9 98 02 10, Fax: 9 98 02 23.

Öffnungszeiten
Januar bis September: Montag bis Freitag 10.00 bis 18.30 Uhr. Anfang Oktober bis Weihnachten: Montag bis Freitag 10.00 bis 18.30 Uhr, Samstag 10.00 bis 14.00 Uhr.

Anreise
A6 Heilbronn–Amberg, Ausfahrt 58, Kreuz Nürnberg-Süd. Richtung Stadtzentrum. 1. Ausfahrt Nürnberg-Zollhaus. Über die Münchener Straße zur Zollhausstraße. Links in die Breslauer Straße, nach ca. 2,5 km wiederlinks.

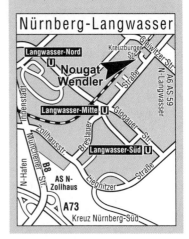

QUELLE. FUNDGRUBE

Weit unter den Katalogpreisen verkauft Quelle hier Überhänge und 2.-Wahl-Ware aus dem Katalogsortiment. Und so sieht auch das breit gefächerte Angebot aus: Ware von A wie Autoradios bis Z wie Zelte.

Superpreise in der Fundgrube

Warenangebot

Ständig wechselndes Angebot an Bekleidung für Damen, Herren und Kinder, Haushaltswaren, Spielwaren, Sportgeräte und Elektrogeräte, wie z.B. Mikrowellen, Herde, Waschmaschinen, Trockner, Kühlschränke, Gefriertruhen und Kühl-/Gefrierkombinationen, Hifi-Geräte. Kleinmöbel und Polstergarnituren.

Ersparnis

Elektrogeräte ca. 30%, Bekleidung ca. 50%. Bei Aktionen sind Einsparungen bis zu 70% (Textilien) und 50% (sonstige Waren) möglich.

Ambiente

Dieser Verkauf nennt sich „Quelle Fundgrube" und ist nicht mit dem Quelle-Einkaufszentrum zu verwechseln (das Quelle-EKZ ist am anderen Ende des gleichen Gebäudekomplexes).

Adresse

Quelle Fundgrube, Fürther Straße 205, 90429 Nürnberg-Seeleinsbühl, Telefon/Fax: 09 11/1 42 83 98.

Öffnungszeiten

Montag bis Freitag 9.00 bis 19.00 Uhr, Samstag 9.00 bis 16.00 Uhr.

Weitere Quelle Fundgruben

Es gibt über 100 Quelle Fundgruben in Deutschland. Die Standorte können am Infotelefon 09 11/1 42 45-30 oder –32 erfragt werden. Sie stehen auch im Internet unter www.quelle.de. Der Gutschein gilt in allen deutschen Filialen.

Anreise

Auf der Fürther Straße von Fürth nach Nürnberg. Direkt hinter der Quelle-Tankstelle befindet sich im ehemaligen Versandgebäude rechts die Quelle Fundgrube. Vor dem Gebäude großer Kundenparkplatz.

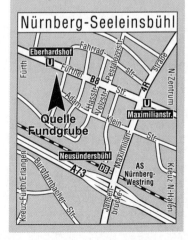

221

Reebok

Reebok ist eine der bekanntesten Marken des Sport auf der ganzen Welt. Jetzt gibt es neu auch einen Outlet Store in S-Bahn-Nähe im Großraum München. Das Outlet in Oberhaching ist im amerikanischen Stil gehalten und spricht Jung und Alt und alle anderen an, die gerne Reebok tragen.

Wear the vector outperform

Warenangebot

Sportschuh- und Bekleidungsangebot, aber keine aktuelle Ware. Lauf-, Tennis-, Fußball-, Fitness-, Basketballschuhe, Tennis-, Fitness-, Freizeitbekleidung, Kindersportbekleidung, Schuhe der Marke Rockport, Taschen, Rucksäcke.

Ersparnis

30 bis 50%, bei Aktionen bis 70%.

Ambiente

200 m² großer Verkaufsraum mit angenehmer Atmosphäre und Ausstattung, qualifizierte Beratung, zwei Umkleidekabinen. Gute Parkmöglichkeiten.

Adresse

Reebok Muster/Outlet Store, Keltenring 9 (Rückgebäude), 82041 Oberhaching, Telefon: 089/61 38 23 10.

Öffnungszeiten

Montag bis Freitag 10.00 bis 18.00 Uhr, Samstag 10.00 bis 14.00 Uhr.

Weitere Verkaufsstellen

● 72555 **Metzingen**, Mühlstraße 5, Telefon: 071 23/94 72 97.
● 91171 **Greding**, An der Autobahn 2, Telefon: 084 63/6 42 20, Fax: 6 44 22 10.

● 97877 **Wertheim-Dertingen**, Wertheim Village, Almosenberg, Telefon: 093 42/85 82 22.

Anreise

Aus Richtung Innenstadt: A995 Richtung Salzburg (nicht A8!), Ausfahrt Oberhaching. 1. Kreuzung rechts Richtung Grünwald/Gewerbegebiet Oberhaching. Straße bis zum Kreisverkehr folgen. Am Kreisverkehr links in die Raiffeisenallee und gleich wieder links in den Keltenring.

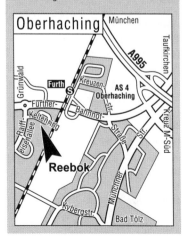

MarJo

Ledermode kann sein wie eine zweite Haut. Hochwertiges Leder und erstklassige Verarbeitung machen Ledermode zu einem Feeling besonderer Art: Es fühlt sich weich an und geschmeidig, wie Samt und Seide. Hier findet man erstklassiges Leder, sorgfältig verarbeitet und mit modischem Schick.

Topmode in Leder

Warenangebot
Landhaus-, Trachten-, Lederbekleidung, junge Mode. Komplettes Trachtenangebot (eigene Kollektionen) wie Blusen, Hemden, Strickwaren. Alles aus eigener Herstellung, Maßanfertigung ist möglich, große Lederauswahl. Sportive Lederjacken bis Größe 62 bei Herren, bis Größe 52 bei Damen. 2.-Wahl-Teile reduziert auf Lager.

Ersparnis
30 bis 70%. Zweimal im Jahr, im Frühjahr und im Herbst, lohnender Sonderverkauf in der Tennishalle hinter dem Geschäftsgebäude. Termine erfahren Sie im Internet.

Ambiente
Gepflegtes Ladenlokal durch Schild „Verkauf direkt vom Hersteller" gekennzeichnet.

Adresse
MarJo, Passauer Straße 4, 94130 Obernzell, Telefon: 0 85 91/9 00 10, Fax: 9 00 15, E-Mail: marjo@t-online.de, Internet: www.marjo.de.

Öffnungszeiten
Montag bis Freitag 9.00 bis 18.00 Uhr, Samstag 9.00 bis 12.00 Uhr, jeden 1. Samstag im Monat 9.00 bis 16.00 Uhr.

Anreise
Obernzell liegt zwischen Passau und Linz. Auf der B388 von Passau kommend auf der linken Seite gegenüber der Shell-Tankstelle.

MÜNCH

Die Produktion von Lederbekleidung wird hier seit über 40 Jahren betrieben und ist aus der angrenzenden Lederfabrik hervorgegangen. Deshalb auch Verkauf von Leder aller Art.

Ein Lederprofi

Warenangebot
Lederbekleidung für Damen und Herren, Sommer und Winter in den verschiedensten Lederarten. Eigen- und Auslandsfertigung.

Ersparnis
20 bis 30 % bei Einzelstücken, bei 2. Wahl ca. 50 %.

Ambiente
Verkaufsraum 150 m², Fachberatung.

Adresse
Münch GmbH, Lederbekleidung, Ledererplatz 4-6, 94130 Obernzell, Telefon: 0 85 91/5 36.

Öffnungszeiten
Montag bis Freitag 9.00 bis 12.00 und 13.00 bis 18.00 Uhr, Samstag 9.00 bis 16.00 Uhr.

Anreise
Obernzell liegt zwischen Passau und Linz. Von Passau kommend durch Obernzell bis zum Schlossmuseum, dann links, danach 1. größerer Gebäudekomplex rechts.

Ehrmann

Alles begann 1920: Molkereimeister Alois Ehrmann gründet seine erste Molkerei. Mittlerweile ist das Unternehmen eines der erfolgreichsten auf dem Molkereimarkt in Europa. Der Trinkjoghurt ist führend in Deutschland und den Werbeslogan „Ehrmann, keiner macht mehr an" kennt jedes Kind.

Süße Anmache

Warenangebot
Joghurt, Trinkjoghurt, Quark, Desserts, Käse, Sahne, Kaffeesahne, Diät-Artikel, Maultaschen, Schinken, Wurst.

Ersparnis
Zwischen ca. 20 und 50 %. Produkte, bei denen das Mindesthaltbarkeitsdatum bald erreicht ist, noch etwas günstiger.

Ambiente
Der kleine und unscheinbare Laden mit nur 10 m² hat vor allem Milchprodukte im Angebot. Wegen der Enge ist es etwas anstrengend, wenn man sich die Joghurtkartons mit den verschiedenen Geschmacksrichtungen selbst zusammenstellen will. Bei nur sechs Kunden ist der Raum überfüllt. Teilweise müssen Kunden vor dem Eingang warten.

Adresse
Ehrmann AG, Hauptstraße 19, 87770 Oberschönegg, Telefon: 0 83 33/30 10, Fax: 30 12 80, Internet: www.ehrmann.de.

Öffnungszeiten
Dienstag, Donnerstag und Freitag 8.00 bis 10.00 Uhr, Freitag 15.00 bis 17.00 Uhr.

Anreise
B300 Memmingen–Krumbach, kurz vor Babenhausen rechts abbiegen in Richtung Egg an der Günz, dann abbiegen in Richtung Oberschönegg. Das Ladengeschäft befindet sich in der Hauptstraße 19 des kleinen Ortes. Wenige Parkplätze davor, aber weitere Parkmöglichkeit am ca. 50 m entfernten Verwaltungsgebäude der Firma Ehrmann.

FLORINGO

Floringo steht für beste Frottierwaren ohne wenn und aber. Vor allem Hotels nutzen die modernen Webtechniken und Färbeverfahren des Herstellers. Besondere Garne halten die Produkte lange flauschig und bringen ein besonderes Wohlbefinden.

Lassen Sie sich verwöhnen

Warenangebot
Hauptsächlich 1.-Wahl-Ware, Vorjahreskollektion und Überproduktion. Bettwäsche, Frottierwaren, Stoffe, Bademäntel, Badematten, Saunatücher, Handtücher, Waschlappen, Schlafanzüge, Kissen, Strandkleider. Übergrößen bis 10XL.

Ersparnis
20 bis 40 %, bei Sonderposten bis 50 %.

Ambiente
Großer, heller Verkaufsraum mit übersichtlich präsentierter Ware. In einem Nebenraum Meterware. Gute Parkmöglichkeiten auf dem Fabrikgelände, in dem sich der Lagerverkauf befindet.

Adresse
Floringo, Frotti-Markt, Äußere Kreuzäcker 2, Gewerbegebiet, 82395 Obersöchering, Telefon: 0 88 47/69 07 80, Fax: 690789, Internet: www.floringo.com.

Öffnungszeiten
Montag bis Freitag 8.00 bis 17.00 Uhr, Samstag 9.00 bis 13.00 Uhr.

Anreise
A95 München–Garmisch, Ausfahrt Sindelsdorf. Auf die B472 Richtung Murnau–Weilheim, Abzweigung Obersöchering. Kurz vor dem Ortseingang von Obersöchering links auf das Fabrikgelände.

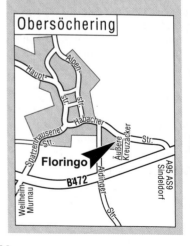

ADM●NT

Admont besticht geradezu durch perfekte Verarbeitung und Eleganz. Der Spezialist für sportliche und elegante Trachtenmode ist sogar im Nobelskiort Vail/Colorado vertreten.

Der Loden für die feine Dame

Warenangebot
Loden- und Lederbekleidung, Outdoor-Jacken, Röcke, Hosen, Blusen, Jacken, Pullover, Tücher, Schals, (Kurz-)Mäntel, Westen, Knöpfe, Stoffe, Strickjacken, Hüte. Hauptsächlich 1.-Wahl-Ware aus Restposten, Überhängen, Musterteilen; keine Billigware.

Ersparnis
Ca. 30 bis 40%, bei „Specials" bis 60% Ersparnis.

Ambiente
Ein roter Teppich führt Sie in den ca. 400 m² großen Verkaufsraum in einem ehemaligen Elektrizitätswerk. Die Ware ist übersichtlich präsentiert und preisausgezeichnet. Die wenige 2.-Wahl-Ware ist gekennzeichnet. Drei Umkleidekabinen und Schließfächer. Ca. zehn Parkplätze vor dem Eingang.

Besonderheiten
Die Ware ist vom Umtausch ausgeschlossen.

Adresse
Admont Moden GmbH, Jahnstraße 7, 97199 Ochsenfurt, Telefon/Fax: 0 93 31/ 73 43.

Öffnungszeiten
Mittwoch bis Freitag 11.00 bis 18.00 Uhr, Samstag 10.00 bis 14.00 Uhr.

Anreise
A3 Frankfurt–München, Ausfahrt Randersacker/Ochsenfurt. Weiter auf der B13 in Richtung Ochsenfurt, Richtung Ansbach/Uffenheim, über die Mainbrücke in Richtung Altstadt/Mainklinik. Am Ende der Brücke befindet sich linker Hand ein rotes Backsteingebäude (altes E-Werk), hier ist der Fabrikverkauf.

Sebastian Kneipp war Theologe, Pflanzenkundler und vor allem Menschenfreund. In seiner Lehre spielt die Heilwirkung der Pflanzen, des Wassers, der Bewegung und der Ernährung eine entscheidende Rolle für ein harmonisches und gesundes Leben.

Wohlbefinden mit Pfarrer Kneipp

Warenangebot
Hauptsächlich 2.-Wahl-Ware aus Überproduktion, Restposten und Ware in leicht beschädigter Verpackung. Tee in den unterschiedlichsten Varianten, Körperpflegeprodukte wie Hautöl, Massageöl, Badesalz, Duschbalsam, Bodylotion, Salben, Fußbalsam. Nahrungsergänzungsmittel wie Brausetabletten.

Ersparnis
Ca.10% bei 1. Wahl, ca. 50% bei 2. Wahl.

Ambiente
Kleiner Verkaufsraum. Es duftet angenehm nach den verschiedensten Essenzen. Fachkundige Verkäuferin. Parkplätze vorhanden.

Adresse
Kneipp-Werke Fabrikverkauf, Johannes-Gutenberg-Straße 8, 97199 Ochsenfurt-Hohestadt, Telefon: 09 31/8 00 20, E-Mail: info@Kneipp.de, Internet: www.Kneipp.de.

Öffnungszeiten
Dienstag und Mittwoch 10.00 bis 16.00 Uhr, Donnerstag 12.00 bis 18.00 Uhr, Freitag 10.00 bis 16.00 Uhr.

Weitere Verkaufsstelle
● 97084 **Würzburg-Heidingsfeld**, Winterhäuser Straße 85. Verkauf hat unregelmäßig geöffnet. Termine in der Main Post oder unter Tel.: 09 31/8 00 20.

Anreise
A3 Würzburg-Frankfurt, Ausfahrt Würzburg-Randersacker. B13 Richtung Ochsenfurt, weiter Richtung Winterhausen/Ochsenfurt. Durch Goßmannsdorf in das Gewerbegebiet Hohestadt. Dort erst links ab und dann rechts.

Die Firma entwirft eigene Modelle und lässt produzieren. Schlichte Leder-klassiker sind ebenso zu finden wie Trendledermode. Komplettes Programm auch im textilen Landhausbereich.

„Bärenstark"

Warenangebot

Lederjacken, -blousons, -mäntel, -hosen und -röcke. Lederbekleidung im Trach-tenstil und „Krachlederne". Textile Land-hausmode (Kleider, Röcke, Hosen, Hem-den, Westen, Strick- und Walkjacken), Accessoires wie Haferl-Schuhe, Gürtel, Strümpfe, Tücher, Trachtenschmuck. Übergrößenabteilung, Fertigung von Trachtenhosen nach Maß ohne Aufpreis.

Ersparnis

Aktuelle Kollektion ca. 30 %. Zweimal jährlich (im Mai und Oktober) große Zeltaktion mit Sonderpreisen. Genaue Termine erfragen.

Ambiente

Der schlauchförmige Verkaufsraum ist beidseitig mit Ständerreihen bestückt. 2. Wahl auf Extra-Ständern, fach-kundige Beratung, 7 Umkleidekabinen.

Adresse

Leder Bär, Bräunleinsberg 51, 91242 Ottensoos-Bräunleinsberg, Telefon: 0 91 23/32 68, Fax: 32 81, Internet: www.leder-baer. de.

Öffnungszeiten

Montag bis Freitag 9.00 bis 18.00 Uhr, Samstag 9.00 bis13.00 Uhr.

Weitere Verkaufsstellen

● 92224 **Amberg**, Georgenstraße 50, Telefon: 0 96 21/6 50 92 68.

● 92237 **Sulzbach-Rosenberg**, Lilien-Center, Telefon: 0 96 61/81 33 68.

● 92318 **Neumarkt/Oberpfalz**, Bahn-hofstraße 4, Telefon: 0 91 81/29 95 68.

Anreise

A9 Nürnberg–Berlin, Ausfahrt Lauf-Hersbruck. Auf der B14 nach Otten-soos (Richtung Hersbruck). Am Ortsbeginn links ins Gewerbegebiet Bräunleinsberg, Firma im letzten Haus (von der B14 bereits sichtbar).

HALLHUBER dh

Hallhuber produziert hochwertige Basics und trendige Mode zu erschwinglichen Preisen. Der Münchner Modehersteller verkauft in Deutschland in über 55 Filialen und bietet in fünf deutschen Städten einen Lagerverkauf an.

Hochwertiges günstig

Warenangebot

Umfangreiches Sortiment, aktuelle Ware und Ware der vergangenen Saison (1B-Ware), Damen- und Herrenbekleidung, Accessoires. Auch Ware von anderen Designermarken.

Ersparnis

Ca. 30 %, bei Sonderposten bis ca. 70 %.

Ambiente

In den selben Räumen: Lagerverkauf von Ludwig Beck. Freundliche Verkäuferinnen. Mehrere Umkleidekabinen, Ware übersichtlich geordnet. Das Angebot für Herren fällt eher spärlich aus.

Adresse

Hallhuber, Lagerverkauf Parsdorf, Heimstettener Straße 1, 85599 Parsdorf, Telefon: 0 89/90 47 65 22, Internet: www.lagerverkauf-parsdorf.de.

Öffnungszeiten

Montag bis Freitag 10.00 bis 19.00 Uhr, Samstag 10.00 bis 18.00 Uhr.

Weitere Verkaufsstellen

● 14641 **Wustermark**, B5 Designer Outlet Center Berlin-Brandenburg, Alter Spandauer Weg 1, Telefon: 03 32 34/20 6 33.

● 22765 **Hamburg-Ottensen**, Ottenser Hauptstraße 10, Telefon: 0 40/39 90 31 53.
● 66482 **Zweibrücken**, oci Designer Outlet, Londoner Bogen 10-90, Telefon: 0 63 32/46 03 11.
● 80807 **München-Milbertshofen**, Taunusstraße 49, Telefon: 0 89/35 62 41.
● 90403 **Nürnberg-Lorenz**, Ludwigsplatz 7, Telefon: 09 11/2 01 97 42.

Anreise

A94 München–Passau, Ausfahrt Parsdorf. Nach dem Möbelhaus Segmüller 1. Querstraße rechts. Der Beschilderung folgen.

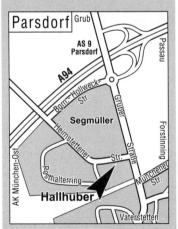

Käfer ist ein Begriff weit über München hinaus für feinstes Essen, Trinken und Genießen. Ein Großteil der Warenpalette von Käfer ist auch im Lagerverkauf in Parsdorf erhältlich. Es gibt alles, worauf sich der Schlemmer freut, in Käfer-Qualität und das zu deutlich günstigeren Preisen. Vor allem interessant: Großgebinde.

Schlemmer-Adresse

Warenangebot
2000 feine, frische Artikel: Feinkost und Lebensmittel, Obst und Gemüse direkt aus dem Logistik-Center Parsdorf. Mittwoch und Freitag frischer Fisch. Begehbare Kühlhäuser mit frischem Fleisch und delikaten Aufschnitten, Molkereiprodukte und Käsespezialitäten aus Frankreich. Mehr als 100 Sorten Wein aus dem Sortiment. Bei Abnahme eines kompletten Originalkartons: 5% Rabatt.

Ersparnis
Bis zu 20% günstiger als im Delikatessenhaus Feinkost Käfer, München.

Ambiente
Lagercharakter.

Besonderheiten
Kostenlos Produkte zum Testen. Nebenan weitere Lagerverkäufe bekannter Marken wie Ludig Beck, Hallhuber Extra, Tretter Schuhcenter und Palmers.

Adresse
Käfer's Delikatessen Lager GmbH, Heimstettener Straße 1, 85599 Parsdorf, Telefon: 0 89/41 68-4 20.

Öffnungszeiten
Montag bis Freitag 8.00 bis 20.00 Uhr, Samstag 8.00 bis 18.00 Uhr.

Anreise
A94 München–Passau, Ausfahrt Parsdorf. Nach dem Möbelhaus Segmüller 1. Querstraße rechts. Folgen Sie der Beschilderung des Lagerverkaufs Parsdorf.

LUDWIG BECK

Ludwig Beck am Rathauseck in München ist eine der guten Adressen für Mode und Textilien in München. Die elegante und anspruchsvolle Markenvielfalt des Modehauses in der Landeshauptstadt findet man auch hier, allerdings nur die Vorjahreskollektionen (1B-Ware).

Die Markenvielfalt bringt's

Warenangebot
Umfangreiches Sortiment an Vorjahreskollektionen, Restposten, Einzelteilen. Damen- und Herrenbekleidung, kleineres Sortiment an Kinderbekleidung.

Ersparnis
25 bis 40 %, bei Restposten bis 70 %.

Ambiente
Großzügiger Lagerverkauf mit Bedienung und Beratung. Zu Stoßzeiten sind kurze Wartezeiten möglich. Parkplätze.

Besonderheiten
Im Lagerverkauf Parsdorf sind fünf bekannte Marken und Firmen unter einem Dach: Tommy Hilfiger (Monoshop im hinteren Gebäude), Hallhuber, Schuhcenter Tretter, Palmers und Käfer's Delikatessen Lager.

Adresse
Ludwig Beck, Lagerverkauf Parsdorf, Heimstettener Straße 1, 85599 Parsdorf, Telefon: 0 89/90 47 60 67, Fax: 90 47 60 69, Internet: www.lagerverkauf-parsdorf.de.

Öffnungszeiten
Montag bis Freitag 10.00 bis 19.00 Uhr, Samstag 10.00 bis 18.00 Uhr.

Weitere Verkaufsstellen
● 73329 **Kuchen**, Marken-Outlet im Einkaufspark Kuchen, Auf der Fabrik 1, Telefon: 0 73 31/9 84 97 10, Fax: 9 84 97 19.
● 72379 **Hechingen**, Fashion-Outlet im City-Outlet Hechingen, Neustraße 12, Telefon: 0 74 71/61 09 70, Fax: 61 09 69.

Anreise
A94 München–Passau, Ausfahrt Parsdorf. Nach dem Möbelhaus Segmüller 1. Querstraße rechts. Folgen Sie der Beschilderung Lagerverkauf Parsdorf.

PALMERS

Palmers ist Synonym für Dessous, Sinnlichkeit und Mode. Die Marke steht für anmutige Wäschekollektionen in ausgesuchten Materialien und raffinierten Schnitten. Die Wäschekollektion zeigt Tag- und Nachtwäsche, sportliche Basics, Bademoden, Freizeitbekleidung und Strümpfe.

Wäscheträume

Warenangebot
Vor allem Vorjahresware an Tag- und Nachtwäsche für Damen, Spitzen-Dessous, Morgenmäntel, Pyjamas, Nylonstrümpfe. Keine fehlerhafte 2.-Wahl-Ware.

Ersparnis
Bis ca. 50 %, bei Einzelstücken mehr.

Ambiente
Der Shop liegt im hinteren Ladenbereich vom Tretter Schuh-Center. Die Ware ist in dem kleinen Shop übersichtlich geordnet. Sehr hilfreiche Verkäuferin.

Besonderheiten
Gutscheine und Münzen gibt es als Einkaufs- und Geschenkgutscheine in edlen Etuis zu kaufen. Palmers ist mit weiteren Marken-Lagerverkäufen (Hallhuber, Käfer's Delikatessen Lager, Tretter Schuh-Center und Ludwig Beck) unter einem Dach.

Adresse
Palmers Deutschland GmbH & Co. KG, Heimstettener Straße 1, 85599 Parsdorf, Telefon: 0 89/90 90 11 83, Internet: www.palmers-shop.com oder www. lagerverkauf-parsdorf.de.

Öffnungszeiten
Montag bis Freitag 10.00 bis 19.00 Uhr, Samstag 10.00 bis 18.00 Uhr.

Weitere Verkaufsstelle
● 89231 **Neu-Ulm-Schwaighofen**, Mutschler Center, Borsigstraße 15, Shop Nr. 33, Telefon: 07 31/9 70 99 54.

Anreise
A94 München–Passau, Ausfahrt Parsdorf. Nach dem Möbelhaus Segmüller 1. Querstraße rechts. Der Beschilderung folgen.

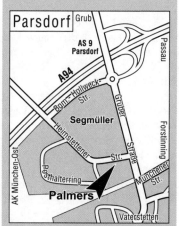

TRETTER

Tretter ist einer der großen Schuhhändler in Deutschland. Im Parsdorfer Lagerverkauf werden Schuhe aus den verschiedenen Filialen wie Vorjahresmodelle, Restposten, Einzelpaare und Schuhe mit kleinen Fehlern angeboten. Dabei handelt es sich durchaus auch um bekannte Marken und erlesene Modelle.

Große Marken unter einem Dach

Warenangebot
1.-Wahl-Ware, 2.-Wahl-Ware (extra gekennzeichnet). Große Auswahl an Damen-, Herren- und Kinderschuhen in allen Preisklassen. Auch Schuhe bekannter Hersteller.

Ersparnis
30 bis ca. 40 %, bei Sonderposten 50 % und mehr.

Ambiente
Übersichtliche Präsentation wie in einem Schuhgeschäft. Kaum Bedienung und Beratung. Kleines Sortiment an Taschen und Krawatten. In einem angrenzenden Raum ist der Lagerverkauf von Palmers.

Adresse
Tretter Schuh-Center, Lagerverkauf Parsdorf, Heimstettener Straße 1, 85599 Parsdorf, Telefon: 0 89/90 47 64 10, Internet: www.Lagerverkauf-Parsdorf.de.

Öffnungszeiten
Montag bis Freitag 10.00 bis 19.00 Uhr, Samstag 10.00 bis 18.00 Uhr.

Anreise
A94 München–Passau, Ausfahrt Parsdorf. Nach dem Möbelhaus Segmüller 1. Querstraße rechts. Der Beschilderung des Lagerverkaufs Parsdorf folgen.

eterna

Ein spezielles Verfahren macht Eterna-Hemden atmungsaktiv, hautsympathisch und bügelfrei. Die Verarbeitung des feinen Schweizer Stoffes: Sorgfältig in jedem Detail – man sieht es, spürt es, fühlt es.

Glatt ohne Bügeleisen

Warenangebot
Sehr ansprechende Auswahl an Herrenhemden, elegant und auch leger, bügelfrei und bügelleicht. Damenblusen.

Ersparnis
20 bis 30 %.

Ambiente
Kleiner Laden mit zwei Kabinen im neuen Eterna-Werk. Eingang und Besucherparkplatz sind gut ausgeschildert.

Adresse
Eterna Mode GmbH, Medienstraße 12, 94036 Passau, Telefon: 08 51/9 81 60, Fax: 9 81 64 70.

Öffnungszeiten
Montag bis Freitag 9.00 bis 17.00 Uhr, Samstag 10.00 bis 14.00 Uhr.

Anreise
A3, Ausfahrt Passau-Mitte, dann in das Gewerbegebiet Sperrwies. Eterna ist ausgeschildert.

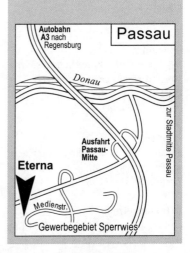

OUTLET STORE EINKAUFS-GUTSCHEIN

adidas-Salomon ist Europas größter Sportartikelhersteller. Die Marke wurde zum Symbol für Sport rund um den Globus. Die legendären drei Streifen haben längst Kultcharakter.

Die Marke mit den drei Streifen

Warenangebot

Große Auswahl an Sportschuhen und Sportbekleidung. Sonderposten, Lager-überbestände, Muster, Auslaufartikel und 2.-Wahl-Ware. Die Produktpalette ist übersichtlich nach Sportthemen aufgebaut: Fitness, Running, Tennis, Golf, Training, Teamsport, Sportswear, Outdoor, Radsport, Baden und Wellness. Große Auswahl an Sportswear für Kinder und Jugendliche. Zusätzlich zum adidas Angebot: Trekkingschuhe, Inline-skates, Taschen und Rucksäcke von Salomon.

Ersparnis

30 bis 50%.

Ambiente

Das Outlet hat 940 m² Verkaufsfläche, 10 Umkleidekabinen, Kinderecke. Die Ware ist gut sortiert. Parkplätze rund um das Gebäude.

Adresse

adidas Outlet Store Piding, Lattenberg-straße, Parzelle 3 und 4, 83451 Piding, Telefon: 0 86 51/71 46 13, Fax: 71 46 14.

Öffnungszeiten

Montag bis Freitag 10.00 bis19.00 Uhr, Samstag 9.00 bis 18.00 Uhr.

Anreise

E60/A8 München–Salzburg, letzte Ausfahrt vor der Grenze nach Öster-reich, das ist die Ausfahrt Piding/Bad Reichenhall/Berchtesgaden/Frei-lassing. In Piding auf den Kreisver-kehr. Gegenüber gut sichtbar Burger King. Ausfahrt Richtung Burger King nehmen, Lattenbergstraße entlang fahren, links ist das Gebäude.

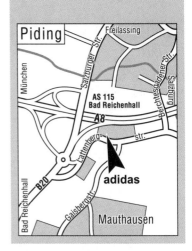

bassetti

Bassetti bringt die Stoffe zum Leuchten. Man spürt den Süden in den Farben der Tücher, den Himmel, die Sonne, die warmen Erdtöne. Oft ist es die Vielfalt der Farbtöne, elegant oder verspielt, auf nur einem Bettbezug, die den Touch der Marke ausmachen. Bassetti spielt mit den Farben und Tönen der Natur. Ein heiteres Design prägt die vielseitigen Kollektionen vom „großen Tuch" („Granfoulard") für die Terrasse bis zur Kissenhülle fürs Sofa.

Stoffe und Farben begeistern

Warenangebot
Hauptsächlich Ware der Vorjahreskollektion. Bettwäsche, Granfoulards, Tagesdecken, Kissenbezüge, Tischdecken, Sets, Vorhänge, Strandtücher, Badetücher.

Ersparnis
1. Wahl 25 bis ca. 40 %, 1B-Ware und 2. Wahl bis ca. 60 %.

Ambiente
Präsentation wie im Fachgeschäft, Fachberatung und große Auswahl an Kissenbezügen, Tisch- und Bettwäsche.

Adresse
Bassetti Fabrikverkauf, Röntgenstraße 5, 82152 Planegg-Martinsried, Telefon: 0 89/89 582 80, Internet: www. bassetti. de.

Öffnungszeiten
Montag bis Freitag 9.30 bis 13.00 und 14.00 bis 18.00 Uhr, Samstag 9.00 bis 14.00 Uhr.

Anreise
A95 München–Garmisch-Partenkirchen, Ausfahrt München-Fürstenried, weiter in Richtung Planegg/ Fürstenfeldbruck, Abzweigung Martinsried, Max-Planck-Institut. Nach Martinsried hinein fahren und der Beschilderung HL-Markt folgen. Nicht auf der Vorfahrtsstraße weiter, sondern geradeaus in die Röntgenstraße. Verkauf nach ca. 30 m auf der rechten Seite.

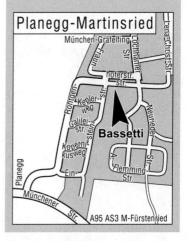

Marc O'Polo®

Marc O'Polo ist innovative Bekleidung aus überwiegend natürlichen Materialien für moderne, weltoffene Menschen. Die aktuelle Lifestyle-Marke auf qualitativ hohem Niveau ist modisches Statement eines individuellen Lebensgefühls.

Sportliche Mode

Warenangebot
Damen-, Herren- und Kinderbekleidung von sportiv bis modern.

Ersparnis
30 bis 60 %. Die Ware ist aus der Vorjahreskollektion.

Ambiente
Präsentation wie in einer Boutique, fachkundige Beratung, aufmerksames Personal. Große Auswahl, Preise ausgezeichnet, Ware ist generell vom Umtausch ausgeschlossen.

Adresse
Marc O'Polo Factory Outlet, Lena-Christ-Straße 46, 82152 Planegg-Martinsried, Telefon: 0 89/8 57 68 95.

Öffnungszeiten
Montag bis Freitag 10.00 bis 20.00 Uhr, Samstag 10.00 bis 17.00 Uhr.

Anreise
Von München-Stadtmitte Richtung Gräfelfing (auf der Würmtalstraße). Vor Gräfelfing links ins Gewerbegebiet Martinsried, nächste Straße links. Die Firma befindet sich im letzten Haus links vor der Kurve. Der Eingang ist an der Rückseite des Hauses (von der Straße aus).

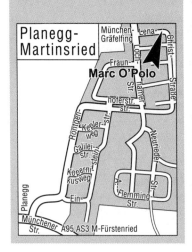

Weitere Verkaufsstellen

● 14057 **Berlin-Charlottenburg**, Kaiserdamm 7, Telefon: 0 30/ 3 25 61 60. Montag bis Freitag 10.00 bis 20.00 Uhr, Samstag 10.00 bis 18.00 Uhr.

● 72555 **Metzingen**, Reutlinger Straße 38, Telefon: 071 23/20 05 91, Fax: 20 07 56. Montag bis Freitag 10.00 bis 20.00 Uhr, Samstag 9.00 bis 18.00 Uhr.

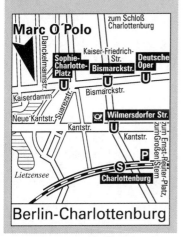

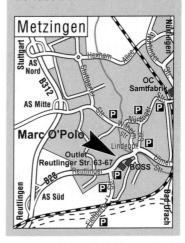

● 28816 **Stuhr-Brinkum**, Bremer Straße 113, Telefon: 04 21/ 8 78 45 80. Montag bis Freitag 10.00 bis 20.00 Uhr, Samstag 9.00 bis 18.00 Uhr.

● B-3630 **Maasmechelen**, Belgien, Zetellaan 151, Telefon: 00 32/89- 38 35 72. Montag bis Freitag 10.00 bis 20.00 Uhr, Samstag 10.00 bis 19.00 Uhr.

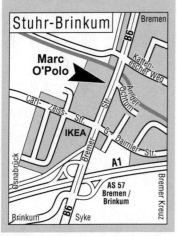

charmor.

Die Firma Charmor gehört zu den Markenherstellern von Damenwäsche in Deutschland. Gute Qualitäten und feminin-reizvolle Schnitte und Designs zeichnen diese Wäsche aus.

Mit femininem Charme

Warenangebot
Nur 1B-Ware, Auslaufmodelle und Musterware. Große Auswahl. Tagwäsche: Slips, Unterhemden, Bodys, Homewear (z.B. Hausanzüge), Morgenmäntel. Nachtwäsche: Nachthemden, Schlafanzüge.

Ersparnis
Ca. 30 bis 40% bei 1B-Ware.

Ambiente
Eingang zum „Werksverkauf" an der rechten Querseite des Hauses (beschildert). Ware großzügig auf Ständern präsentiert und preisausgezeichnet; Lageratmosphäre. 2. Wahl ist mit orange-farbenem Kleber bezeichnet. Schild: Bitte überprüfen Sie selbst die gekauften Teile – ein späterer Umtausch ist ausgeschlossen.

Adresse
Charmor, Plinganser Straße 4, 94060 Pocking, Telefon: 0 85 31/9 16 40, Fax: 1 21 91.

Öffnungszeiten
Montag bis Freitag 12.00 bis 17.00 Uhr. Samstag geschlossen.

Anreise
Von Pocking-Stadtmitte Richtung Passau, die Plinganser Straße ist eine Querstraße. Firma Charmor ist ausgeschildert ab Passauer Straße.

Der Krawatten- und Tücherspezialist aus Niederbayern bietet hier auf 300 m² Deutschlands größten Werksverkauf für Krawatten und Tücher. Die breit gefächerte Auswahl der unterschiedlichsten Stilrichtungen direkt vom Hersteller beeindruckt.

Gut betucht

Warenangebot
Krawatten: in Microfaser und „Reine Seide", Tücher: in Microfaser, „Reine Seide", Wolle, Seide/Wolle, Schals: in Cashmink, Wolle und Kaschmir; alle Längen, Breiten, Farben und Muster.

Ersparnis
30 bis 50 %. Ständig Sonderangebote.

Ambiente
Großer Verkaufsraum, übersichtliche Präsentation, die Krawatten und Tücher farblich sortiert, nach Qualitäten getrennt. Fachkundige Beratung. Bei der Produktion kann man zuschauen. Kundenparkplätze.

Besonderheiten
Firma macht auch Sonderanfertigungen für Firmen und Vereine (Eigendesigns). EC, Visa, Amex werden akzeptiert.

Adresse
Krawattenfabrikation Winklhofer, Füssinger Straße 5, 94060 Pocking, Telefon: 0 85 31/45 21, Fax: 1 25 07, E-Mail: winklhofer@krawattenfabrikation.de, Internet: www.krawattenfabrikation.de.

Öffnungszeiten
Montag bis Freitag 8.00 bis 12.00 und 13.00 bis 17.00 Uhr, Samstag geschlossen. Betriebsferien in den ersten drei Augustwochen.

Anreise
B12 Altötting–Passau, Ausfahrt Pocking/Bad Füssing. In Richtung Bad Füssing, Fabrik befindet sich am Stadtrand gegenüber von Norma und Lidl.

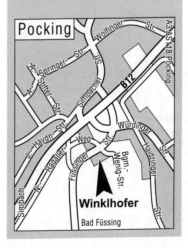

EINKAUFS-GUTSCHEIN

Kago ist einer der größten Hersteller für Kamine und Kachelöfen in Europa. Es werden alle Arten von Kaminen angeboten, vom Marmor-Stilkamin bis zum individuellen Kamin nach Maß und Wunsch. Hier sind über 3000 Kachel-, Stein-, Marmor- und Granitvarianten möglich. Kachelöfen und Kaminöfen in über 1000 Variationen.

Großer Ofenfabrikverkauf

Warenangebot
Die Ausstellung ist in fünf Bereiche gegliedert: Maß- und Wunsch-Öfen mit Werksberatung; günstige Fabrikmodelle; Öfen, die, meist aus finanziellen Gründen, zurückgenommen worden sind; allgemeine Fabrikangebote; Heizungs- und Solarabteilung; Dekorative Feuerstätten ohne Schornstein.

Ersparnis
Bei Fabrikangeboten zwischen 32 und 50 % Einsparung gegenüber dem aktuellen Listenpreis. Bei Angeboten zurückgeholter Kamine, z.B. wegen finanzieller Schwierigkeiten, bis zu 70 %.

Ambiente
Die Verkaufsfläche liegt in der Mitte von fünf Kago-Fabriken. Gut ausgeschildert.

Adresse
Kago, Kago-Platz 1-6, Gewerbegebiet Ost, 92353 Postbauer-Heng, Telefon: 0 91 88/9 20-0, Fax: 92 01 30, Internet: www.kago.de.

Öffnungszeiten
Montag bis Freitag 9.00 bis 18.30 Uhr, Samstag 9.00 bis 16.00 Uhr.

Anreise
Postbauer-Heng liegt 30 km südlich von Nürnberg, direkt an der B8 zwischen Regensburg und Nürnberg, siehe Anreisekarte.

BOD⊟NSCHATZ
BAGS & MORE

Das Familienunternehmen zählt zu den Spitzenreitern der deutschen Lederwarenindustrie. Bodenschatz wurde der deutsche Lederwarenpreis verliehen. Das Unternehmen wurde 20 Mal zum offiziellen Ausrüster der deutschen Olympiamannschaften berufen. Bodenschatz hat jetzt auch weltweit die Betty Barclay-Accessories-Lizenz. Deshalb im Shop in Presseck auch Betty Barclay-Handtaschen, Kleinlederwaren und Reiseaccessoires.

Die Fundgrube für Kenner

Warenangebot
Breit gefächertes, topmodisches Sortiment: Damentaschen, Reisegepäck, Kleinlederwaren, Herrentaschen, Mappen, Aktentaschen, Schulartikel, Schirme, Gürtel, Accessores. Topmodische Lederbekleidung für Damen und Herren mit Änderungsservice. Aktuelle Ware mit kleinen Schönheitsfehlern, Auslaufkollektionen, Musterartikel.

Ersparnis
Bis zu 60 %.

Ambiente
Verkaufsräume großzügig gestaltet, Ware übersichtlich präsentiert und preisausgezeichnet, Angebotsständer, Umkleidekabinen. Parken direkt am Shop.

Adresse
Bodenschatz Ledershop, Boschaplatz 3, 95355 Presseck, Telefon: 0 92 22/60 55, Fax: 60 20.

Öffnungszeiten
Montag bis Freitag 9.00 bis 18.00 Uhr, Samstag 9.00 bis 14.00 Uhr.

Anreise
Presseck liegt im Naturpark Frankenwald im Landkreis Kulmbach/Oberfranken. Von Kulmbach über Untersteinach, Stadtsteinach nach Presseck oder A9, Berlin–Nürnberg, Ausfahrt Bad Berneck/Himmelkron.

243

DSI

EINKAUFS-GUTSCHEIN

DSI ist ein Lagerverkauf für Sport- und Freizeitbekleidung mit einer großen Auswahl an Golfbekleidung im Münchner Westen. Es handelt sich um Restposten, Kollektionsteile und Überproduktionen von Markenherstellern.

Große Marken preiswert

Warenangebot

Ski- und Snowboardbekleidung: Overalls, Anoraks, Hosen, Handschuhe, Tennisbekleidung, Golfbekleidung, Fitnessanzüge, Fleece-, Sweat-, Polo- und T-Shirts, Westen, Jacken und Kindersportbekleidung.

Ersparnis

Ca. 30 bis 80 %. Jeden Monat zusätzliche Sonderverkaufsaktionen, die vier Tage dauern. Hier öffnet DSI auch das Lager, damit noch größere Auswahl.

Ambiente

Der Laden ist in eine Lagerhalle eingegliedert. Ware auf langen Ständerreihen übersichtlich und preisausgezeichnet präsentiert. Am besten in Kundenkartei aufnehmen lassen, dann erfolgt automatisch Benachrichtigung, wann Sonderverkaufsaktionen durchgeführt werden oder Termin telefonisch erfragen.

Adresse

DSI GmbH, Aubinger Weg 55, 82178 Puchheim-Bahnhof, Gewerbegebiet Nord, Telefon: 089/807737, Internet: dsi-puchheim.de.

Öffnungszeiten

Mittwoch bis Freitag 12.00 bis 19.00 Uhr, Samstag 10.00 bis 14.00 Uhr. Bei Sonderverkäufen: Mittwoch bis Freitag 9.00 bis 20.00 Uhr, Samstag 10.00 bis 16.00 Uhr.

Anreise

A8 München–Stuttgart, Ausfahrt Fürstenfeldbruck. Auf der B2 Richtung München. Nach Puchheim-Bahnhof (nicht -Ort). Dort rechts ins Gewerbegebiet Nord. Bis zur Einmündung, dort links. Firma linke Seite, blau-weiß beschildert.

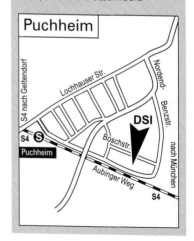

 **pierre cardin**

Produkte aus dem Hause Schildt sind Kompositionen zeitgemäßer Mode aus erlesensten Stoffen und Zutaten gepaart mit ausgezeichneter Verarbeitung. Neben den Marken Kaiser Design und Pierre Cardin auch Herrenbekleidung von Bäumler und Féraud.

Eine erste Adresse

Warenangebot
Nur 1.-Wahl-Modelle: Anzüge, Sakkos, Mäntel, Hemden und Krawatten, Gürtel, Hosen, Freizeithemden, Polos, T-Shirts und Strickwaren, Socken.

Ersparnis
30 bis 50 %.

Ambiente
Helle, neue Verkaufsräume. Preise sind ausgezeichnet. Der Verkauf ist im Hauptgebäude (wo auch die Verwaltung sitzt) auf der linken Seite. Gutes Parkplatzangebot.

Besonderheiten
Regensburg hat eine historisch sehenswerte Innenstadt mit netten Gässchen und tollen Lokalen.

Adresse
Schildt Modellkleidung GmbH, Dr.-Leo-Ritter-Straße 2, 93049 Regensburg, Telefon: 09 41/3 07 57 99, Fax: 2 86 46.

Öffnungszeiten
Montag bis Freitag 10.00 bis 18.30 Uhr, Samstag 10.00 bis 16.00 Uhr.

Anreise
Die Dr.-Leo-Ritter-Straße liegt im Westen der Stadt. Man fährt von der Innenstadt aus auf der Prüfeninger Straße 1 km stadtauswärts. An der Kaufmännischen Berufsschule nach rechts in die Lilienthalstraße. Noch 50 m, dann auf der linken Seite der neue Schildt-Firmensitz (im Gebäude auch Eon und Funkhaus).

245

W. Goebel Porzellanfabrik

Die Geschichte der W.-Goebel-Porzellanfabrik reicht zurück bis ins Jahr 1871. Bekannt ist Goebel heute vor allem durch seine künstlerisch ansprechenden Porzellanfiguren, Geschenkartikel und Wohnaccessoires. Die Einmaligkeit beruht auf dem Ideenreichtum und der schöpferischen Handarbeit der Porzellankünstler.

Weltbekannte Kinderfiguren

Warenangebot
Hummel-Figuren, Geschenkartikel und Wohnaccessoires von bekannten Künstlern wie Rosina Wachtmeister, Mara und Charlotte de Vita. Neben Künstlerserien auch die Goebel Saisonkollektionen Weihnachten und Ostern. Auch Porzellan, Glas und Kristallwaren anderer bekannter Hersteller.

Ersparnis
Grundsätzlich keine Ersparnis im Werksverkauf bei der Ware, die im Einzelhandel aktuell ist und bei Hummelfiguren. Ansonsten sehr günstige Angebote bei 2.-Wahl-Ware, Retouren oder Auslaufkollektionen, ca. 25 bis 40 %.

Ambiente
Der Verkauf wirkt wie ein Fachgeschäft. Gut eingerichtet, übersichtlich sortiert, interessant gestaltet. Keine Bedienung, doch an der Kasse fachkundige Beratung. Riesige Auswahl vor allem bei den Porzellanfiguren. Wer Schnäppchen machen will, muss sich Zeit lassen.

Adresse
W. Goebel-Werkverkauf-Porzellanfabrik, Coburger Straße 7, 96472 Rödental,

Telefon: 0 95 63/92-6 80, Fax: 9 25 73, Internet: www.goebel.de.

Öffnungszeiten
Montag bis Freitag 9.00 bis 17.00 Uhr, Samstag 9.00 bis 12.00 Uhr.

Anreise
Auf der 2202 von Coburg Richtung Neustadt. Ca. 7 km nach Coburg (hinter dem Ort Dörfles) liegt an der Hauptstraße am Ortsanfang von Rödental rechts das Fabrikgelände.

Die älteste ortsansässige Puppenfabrik liegt direkt an der Deutschen Spielzeugstraße. Engel-Puppen haben einen guten Ruf weltweit. Besonders stolz ist man hier auf das Prädikat „Made in Germany". Engel-Puppen werden auch heute in aufwändiger Handarbeit im eigenen Betrieb in Rödental hergestellt.

Puppen-Paradies

Warenangebot

Hauptsächlich 1.-Wahl-Ware. Spiel- und Sammlerpuppen, Puppenhäuser, Holzspielwaren, Blechspielwaren, Kindergeschirr, Schaukelpferde, Plüschtiere, Spiele, Puzzles, Weihnachtsdekoration, Christbaumschmuck.

Ersparnis

Ca. 20 %, bei Sonderposten bis ca. 30 %.

Ambiente

Der Fabrikverkauf ist in mehreren Räumen untergebracht. Das Puppenmuseum im Haus ist liebevoll eingerichtet. Der Chef bedient selbst und macht auch die Führungen (nach Anmeldung). Betriebsbesichtigungen sind ebenfalls nach Anmeldung möglich.

Adresse

Engel-Puppen GmbH, Puppen- und Spielwarenfabrik, Mönchrödener Straße 55, 96472 Rödental-Mönchröden, Telefon: 0 95 63/12 37, Fax: 29 25, E-Mail: Engel-Puppen@t-online.de, Internet: www.engel-puppen.de.

Öffnungszeiten

Montag bis Donnerstag 9.00 bis 12.00 und 13.00 bis 16.30 Uhr, Freitag 9.00 bis 12.00 Uhr, Samstag geschlossen.

Anreise

Auf der B4 aus Richtung Coburg kommend in Richtung Rödental nach Mönchröden. Dort ist der Fabrikverkauf direkt an der Deutschen Spielzeugstraße, das ist die Hauptstraße in Richtung Sonneberg.

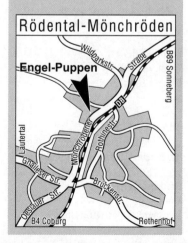

Gabor®

Der Weg von der Idee bis zum hochwertigen Gabor-Schuh ist weit: Erst nach 140 Arbeitsgängen mit 250 verarbeiteten Teilen aus 45 verschiedenen Materialien setzt Gabor seinen Namen darauf.

Der Schuh zur Mode

Warenangebot

Restposten: Elegante Schuhe in 2. Wahl oder Einzelstücke: Pumps, Stiefeletten, Sandalen. Sehr große Auswahl an Damenpumps in verschiedenen Designs und Absatzhöhen. Neu im Sortiment: Herrenschuhe. Auch Camel active-Schuhe.

Ersparnis

40 bis 50%.

Ambiente

Gepflegtes, kleines Geschäft. Geduld mitbringen. Meist sehr viele Kundinnen und nur eine Verkäuferin. Umtausch der 2.-Wahl-Ware ist ausgeschlossen. Eingang an der Querseite des Gebäudes.

Besonderheiten

Es ist oft jeweils nur ein Paar eines Modells zu haben. Beschränkte Auswahl also.

Adresse

Gabor, Marienberger Straße 31, 83024 Rosenheim, Telefon: 0 80 31/80 10.

Öffnungszeiten

Montag bis Freitag 8.30 bis 18.30 Uhr, Samstag 8.00 bis 16.00 Uhr.

Anreise

A8 München–Salzburg, Ausfahrt Rosenheim. Auf der Haupt-Einfallstraße bleiben und nach der Eisenbahnunterführung rechts einordnen. Richtung Landshut (B15) rechts abbiegen (Briançonstraße). Nächste Kreuzung links, dann geradeaus ca. 2,5 km. Am Ende der Prinzregentenstraße rechts in die Marienberger Straße. Aus Richtung Landshut: von der B15 kommend nach Ortseingang Rosenheim rechts Richtung Technische Hochschule, Straße trifft genau auf die Firma Gabor.

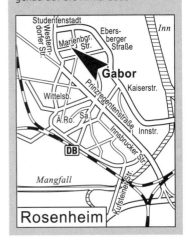

WAVE BOARD
AMERICAN SPORTSWEAR
Factory Outlet Stores

EINKAUFS-GUTSCHEIN

Die Marke Wave Board steht seit Jahren für Wintersport- und Outdoor-Bekleidung. Funktionalität und gute Verarbeitung sind die Qualitätsmerkmale für die Wander-, Trekking-, Bergsport und Regenbekleidung der Firma.

Outdoor-Spezialist

Warenangebot
Freizeit-, Wander-, Trekking, Bergsport-, Wintersport- und Regenbekleidung, Anoraks, Freizeithosen, Wanderhosen, multifunktionale Westen, Pullover, Hemden, Sweatshirts, T-Shirts, Polohemden.

Ersparnis
30 bis 50 %.

Ambiente
Ca. 300 m² Verkaufsfläche, fachkundige Verkäuferinnen, Umkleidekabinen, Ware gut sortiert.

Adresse
Wave Board, Klepperstraße 18, 83026 Rosenheim, Telefon: 0 80 31/1 40 24, Fax: 1 40 49.

Öffnungszeiten
Montag bis Freitag 9.30 bis 18.30 Uhr, Samstag 9.30 bis 16.00 Uhr.

Anreise
Von der A8 München–Salzburg, Ausfahrt Rosenheim, kommend, weiter auf der B15, Kufsteiner Straße, geradeaus bis zur linken Abzweigung: Klepperstraße (McDonald's). Nach ca. 200 m Verkauf auf der linken Seite.

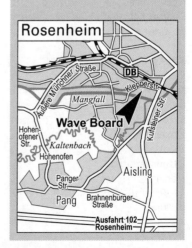

MARKENQUALITÄT SEIT 1908

Prophete-Fahrräder sind seit 1908 ein Begriff für Radler jeden Alters. Das Fahrradsortiment bietet preiswerte Einstiegsmodelle, die vor allem in Warenhäusern und Baumärkten angeboten werden. Dort sind vorwiegend die Marken Prophete, Topsy und Alu-Rex vertreten.

Preiswerte Einstiegsmodelle

Warenangebot
Hauptsächlich 2.-Wahl-Ware, Restposten und Auslaufmodelle. Touren- und Trekkingräder, Mountainbikes, Herren-, Damen- und Kinderräder, Kindertransport-Anhänger, Fahrradzubehör.

Ersparnis
10 bis 30 %, bei Einzelstücken oder Restposten bis 50 %.

Ambiente
Präsentation der Ware in einer Halle rechts neben der Verwaltung. Gute Parkplatzsituation. Fahrräder können zur Probe gefahren werden.

Adresse
Prophete GmbH & Co., Schießhausstraße 11, 97228 Rottendorf, Telefon: 0 93 02/30 71 37, E-Mail: Vertrieb-Sued@Prophete.net, Internet: www. prophete.de.

Öffnungszeiten
Montag bis Freitag 9.00 bis 12.00 und 13.00 bis 16.30 Uhr, Samstag 9.00 bis 12.00 Uhr.

Weitere Verkaufsstelle
● 33378 **Rheda-Wiedenbrück**, Holunderstraße 11, Telefon: 0 52 42/4 10 80 45.

Anreise
A3 Frankfurt–Würzburg. Ausfahrt Rottendorf. Weiter auf der B8 Richtung Rottendorf. Am Kreisverkehr geradeaus ins Gewerbegebiet. 1. Straße rechts abbiegen in die Schießhausstraße.

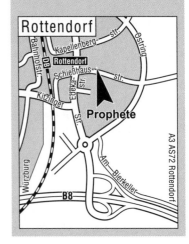

s.Oliver®

s.Oliver zählt zu den Marktführern im Young-Fashion-Bereich in Deutschland. Mit fünf Tochtergesellschaften und jeweils bis zu zwölf Kollektionen im Jahr erobert die Firma seit Jahren den jugendorientierten Sportswear- und Young-Fashion-Markt.

Fashion soll Spaß machen

Warenangebot

Sportswear, Jeanswear, Mens- and Womenswear und Casuals, eben alles, was Mode ist. Keine Schuhe, kleines Angebot an Kinderbekleidung. Ware aus Produktionsüberhänge, 1A-Ware und 2. Wahl.

Ersparnis

30 bis 50%. In unregelmäßigen Abständen gibt es Aktionen.

Ambiente

Das tolle Angebot lockt scharenweise junge Leute an. Großer Andrang vor allem am Wochenende. Es sind 17 Umkleidekabinen vorhanden. Die Preise sind ausgezeichnet.

Adresse

s.Oliver, Bernd Freier GmbH, Edekastraße 1 (Gewerbegebiet), 97228 Rottendorf, Telefon: 0 93 02/3 09 64 95, Fax: 3 09 64 96.

Öffnungszeiten

Montag bis Freitag 10.00 bis 19.00 Uhr, Samstag 9.00 bis 16.00 Uhr.

Weitere Verkaufsstellen

● 33803 **Steinhagen-Brockhagen**, Horststraße 2, im Gerry-Weber-Gebäude, Telefon: 0 52 04/92 47 80.
● 63843 **Niedernberg**, Telefon: 0 60 28/99 77 94, Fax: 99 77 96
● 97359 **Schwarzach**, Gewerbering 4, Telefon: 0 93 24/98 04 03

Anreise

A3 Frankfurt–Nürnberg, Ausfahrt Würzburg-Rottendorf. Auf der B8 Richtung Würzburg. Firma an der Ortsausfahrt von Rottendorf.

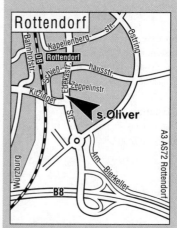

Es gibt wohl kein Land auf der Welt, in dem das Vereinsleben mehr gepflegt wird als bei uns in Deutschland. Aber was ist ein Feuerwehr-, Schützen-, Trachten-, Sport- oder Sängerfest ohne Ehrungen und Auszeichnungen. Dazu braucht es die Artikel, die Kössinger in seinem Vereinssortiment parat hält. Über 4000 Vereinsartikel gibt es in Schierling zu bestaunen und zu kaufen: vom Festabzeichen bis zur Schützenscheibe oder dem Zinnkrug.

Alles für den Verein

Warenangebot
Über 4000 Vereins- und Festartikel für Fahnenweihe, Schützenfest, Vereins-ehrung: Festabzeichen, Bierkrüge, Po-kale, Schützenmunition, Vereinsdruck-sachen, Schießscheiben, Zinnfiguren und Zinnartikel für Schützen.

Ersparnis
Bis zu 50 %.

Ambiente
250 m² großer Verkaufsraum mit Aus-laufmodellen aus aktuellen Serien.

Adresse
Kössinger AG, Frühaufstraße 21, 84069 Schierling, Telefon: 0 94 51/4 99-1 30, Internet: www.koessinger-shop.de.

Öffnungszeiten
Montag bis Freitag 8.00 bis 17.00 Uhr, Samstag 8.00 bis 12.00 Uhr.

Anreise
Von München kommend auf die A93 Regensburg, Ausfahrt Hausen/ Schierling; A3 von Nürnberg kom-mend am Autobahnkreuz Regens-burg Richtung München bis Aus-fahrt Hausen/Schierling. Ca. 10 km geradeaus bis Schierling. Im Ort zum Gewerbegebiet am Ortsausgang (Richtung Landshut). Firma ist be-schildert.

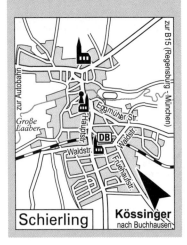

Schnäppchenführer–Verlag

Wie jeder Jäger muss der Schnäppchenjäger sein Revier pflegen. Die Hege und Pflege ist auch wichtiger Teil der Schnäppchenjagd. Deshalb werden unsere Adressen ständig gepflegt. Die Hege liegt den Autoren am Herzen. Deshalb unsere Bitte: Helfen Sie uns, wenn Sie neue Adressen finden und schreiben Sie uns, wenn Sie mit einem Fabrikverkauf nicht zufrieden waren.

Das Schnäppchen-Revier wächst

Warenangebot
Ein paar Angaben, was in etwa verkauft wird, helfen uns.

Ersparnis
Hier würden wir uns über Ihre Schätzung freuen, auch wenn wir verpflichtet sind, selbst noch einmal zu recherchieren. Aber die berühmte „Hausnummer" signalisiert schon einmal, welche Qualität der Fabrikverkauf besitzt. Ein paar Preisbeispiele sind sicher nützlich.

Ambiente
Es gibt angenehme Märkte und Geschäfte, die sich kaum von üblichen Einzelhandelsgeschäften unterscheiden. Manchmal aber wird man auf den Hof gebeten, weil dort ein Lagerverkauf im abgeteilten Bereich einer großen Halle veranstaltet wird. Ein paar Tipps helfen uns weiter. Gibt es Ankleidekabinen? Ist das Personal motiviert oder mürrisch? Hat es Sachkunde? Uns interessiert alles, was Ihnen in einem Fabrikverkauf aufgefallen ist.

Adresse
Hier kommt es schlicht auf die Adresse an, unter der Sie den Verkauf gefunden haben. Wenn möglich, eine Telefonnummer dazu schreiben. Uns erreichen Sie unter: Schnäppchenführer-Verlag, Heinz Waldmüller, Postfach 44 29, 70782 Filderstadt, Fax: 07 11/77 72 06, E-Mail: info@schnaeppchenfuehrer-verlag.de.

Besonderheiten
Keine Leistung ohne Gegenleistung. Jeder gute Tipp ist uns die nächste Ausgabe des Schnäppchenführers mit den neuesten Adressen, direkt von den Jägern und Hegern, wert.

Öffnungszeiten
Wann hat der Laden geöffnet? An welchen Tagen, zu welcher Uhrzeit?

Anreise
Wie kommt man hin? Ist der Eingang zum Fabrikverkauf leicht zu finden. Eine Anfahrtsskizze oder das örtliche Straßenverzeichnis helfen uns für den Erstbesuch sehr.
Herzlichen Dank im voraus.

Knapp 300 Beschäftigte fertigen Kaffee-, Tee-, Tafelservice in verschiedenen Formen mit vielen unterschiedlichen Dekoren. Formschönes Porzellan, von traditionell bis design-orientiert.

Die feine Linie für Porzellan

Warenangebot

Haushalts- und Hotelporzellan, Glas, Figuren, Servietten, Kerzen, Geschenkartikel.

Ersparnis

35 bis 50 %. Bei Aktionen und im Schnäppchenmarkt zusätzliche Rabatte.

Ambiente

Großzügig gestalteter Verkaufsraum mit großem Angebot an Auslaufserien, Porzellan mit kleinen Fehlern und einem Schnäppchenmarkt. Fachkundige Beratung.

Adresse

Arzberg-Porzellan GmbH, Werksverkauf Schirnding, Fabrikweg 41, 95706 Schirnding, Telefon: 0 92 33/4 03-1 27, Internet: www.arzberg-porzellan.com.

Öffnungszeiten

Montag bis Freitag 9.00 bis 18.00 Uhr, Samstag 9.00 bis 12.00 Uhr.

Weitere Verkaufsstellen

● 92648 **Vohenstrauß**, Johann-Seltmann-Straße 8, Telefon: 0 96 51/9 14 99. Montag bis Donnerstag 9.00 bis 12.00 und 13.00 bis 15.45 Uhr, Freitag 9.00 bis 12.00 Uhr.

● 94249 **Bodenmais**, Risslochweg 3, Telefon: 0 99 24/90 24 37. Montag bis Freitag 10.00 bis 17.00 Uhr, Samstag 10.00 bis 15.00 Uhr, Sonntag (nur Mai bis Oktober) 10.00 bis 12.00 Uhr.

● 95659 **Arzberg**, Jakobsburg 1, Telefon: 0 92 33/4 08-5 35. Montag bis Freitag 10.00 bis 18.00 Uhr, Samstag 9.00 bis 13.00 Uhr.

Anreise

E51, Nürnberg–Hof, Ausfahrt Bad-Berneck bzw. A93 Regensburg–Hof, B15 ab Kreuzung Marktredwitz nach Schirnding. Der Verkauf ist beschildert.

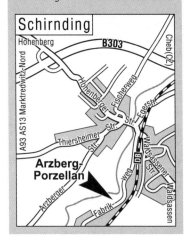

Puma ist einer der führenden Sportartikelhersteller weltweit. Seit über 50 Jahren steht die springende Raubkatze für Qualität und Höchstleistungen von Spitzensportlern aus aller Welt. Als Sportartikelhersteller ist Puma auch zum Trendsetter von Lifestyle-Mode geworden.

Verkauf im Logistikzentrum

Warenangebot

Große Auswahl in allen Sportartikel-bereichen: Sport-, Jogging-, Lifestyle-, Tennis-, Fußball-, Outdoor-, Allwetter-Schuhe sowie Kinderschuhe. Großes Angebot an Freizeit- und Sportbekleidung, Tennis-, Jogging-, Trend- und Kinder-bekleidung. Auch Teamsportartikel wie Fußbälle, Trikots, Sporttaschen usw. und Fanartikel. Topaktuelle Lifestyle-Kollektionen zu regulären Preisen.

Ersparnis

35 bis 50%, bei Einzel- und Muster-teilen bis 70%; Aktionen.

Ambiente

Angenehme Einkaufsatmosphäre, über-sichtliche Präsentation. Ausreichend Park-plätze, auch für Busse und Wohnwagen.

Adresse

Puma Outlet Elsendorf (im Logistik-zentrum Schlüsselfeld), Rudolf-Dassler-Straße 1, 96132 Schlüsselfeld-Elsendorf, Telefon/Fax: 0 95 52/93 30-77, Internet: www.puma.de.

Öffnungszeiten

Montag bis Freitag 9.00 bis 18.00 Uhr, Samstag 9.00 bis 14.00 Uhr.

Weitere Verkaufsstellen (Auswahl)

● 90411 **Nürnberg-Schafhof**, Klingen-hofstraße 70, Telefon: 09 11/5 27 29 10, Fax: 5 27 29 12.

● 91074 **Herzogenaurach**, Zeppelin-straße 2, Telefon: 0 91 32/74 17-15, Fax: 74 17 16.

Anreise

A3 Nürnberg–Würzburg, Ausfahrt Schlüsselfeld, hinter der Aral-Tank-stelle rechts Richtung Wachenroth, nach ca. 1 km ist das Outlet unüber-sehbar auf der linken Seite.

Feine Anzüge und Kostüme nach Maß – aber ab Fabrik und zu günstigeren Preisen als Kleidung von der Stange. So lautet das schlichte Konzept, mit dem Dolzer-Chef Thomas Rattray Selkirk auf dem deutschen Textilmarkt eine Erfolgsgeschichte schreiben will.

Auf den Leib geschnitten

Warenangebot

Herren: Mäntel, Anzüge, Westen, Sakkos, Hosen, Fräcke und Cuts, Maßhemden. Damen: Kostüme, Jacken, Röcke, Hosen und Mäntel, Hosenanzüge, Maßblusen, Accessoires: Krawatten, Tücher. Große Stoffauswahl.

Ersparnis

Feine Anzüge und Kostüme nach Maß kosten von 150,- bis 598,- €, je nach Stoffqualität. Maßhemden und -blusen ab 45,- €. Übergrößen kosten 10% Aufschlag.

Ambiente

Ca. 800 m² große Verkaufsräume auf zwei Ebenen. Sie werden von ausgebildeten Schneidern beraten.

Besonderheiten

Die Lieferzeit für Maßbekleidung beträgt ca. sechs Wochen.

Adresse

Dolzer Maßkonfektionäre GmbH, Rippberger Straße 7, 63936 Schneeberg, Telefon: 0 93 73/9 40-0 (Zentrale), Verkauf: 9 40-1 40, Fax: 94 02 99, Internet: www.dolzer.de.

Öffnungszeiten

Dienstag, Mittwoch und Freitag 9.30 bis 18.00 Uhr, Donnerstag 9.30 bis 20.00 Uhr, Samstag 9.00 bis 16.00 Uhr, Montag geschlossen.

Anreise

Von Aschaffenburg B 469 Richtung Miltenberg. Bei Amorbach auf die B47 nach Schneeberg.

Weitere Verkaufsstellen

Öffnungszeiten telefonisch erfragen.

● 10587 **Berlin-Charlottenburg**, Franklinstraße 12a, Telefon: 0 30/ 39 90 75 70, Fax: 39 90 75 72.

● 80807 **München-Schwabing**, Wilhelm-Wagenfeld-Straße 18, Telefon: 0 89/32 21 19 94, Fax: 32 21 19 96.

● 22761 **Hamburg-Bahrenfeld**, Gasstraße 2, Telefon: 0 40/8 97 17 60, Fax: 89 71 76 76.

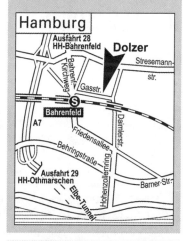

● 60314 **Frankfurt-Ostend**, Hanauer Landstraße 190a. Telefon: 0 69/94 41 21 78, Fax: 94 41 21 79.

● 50825 **Köln-Ehrenfeld**, Oskar-Jäger-Straße 170, Telefon: 02 21/ 9 54 16 20, Fax: 9 54 16 22.

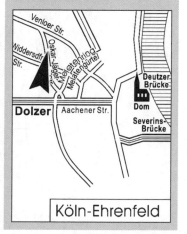

● 70469 **Stuttgart-Feuerbach**, Heilbronner Straße 326. Telefon: 07 11/ 89 66 30 50, Fax: 89 66 30 60.

Das 1921 gegründete Unternehmen Ludwig Hartnagel führt eine eigenständige Design- und Produktpalette im mittleren und gehobenen Genre. „Gute Qualität zum vernünftigen Preis."

Ihr Partner für modische Strickwaren

Warenangebot
Strickwaren aus eigener Produktion (Pullover, Pullunder, Westen, Jacken, Röcke). Große Auswahl an Damen- und Herrenbekleidung bekannter Marken, Freizeit-, Sport- und Bademoden, Tag- und Nachtwäsche, Accessoires.

Ersparnis
50 % bei regulärer Strickware, Sonderangebote laufend vorhanden.

Ambiente
Übersichtliche Präsentation der Ware auf ca. 1000 m². Angenehme Einkaufsatmosphäre. Freundliche und hilfsbereite Bedienung, Änderungsservice. Neuer großer Parkplatz direkt vor dem Eingang.

Adresse
Ludwig Hartnagel GmbH, Strickwarenfabrik, Schillerstraße 26, 91626 Schopfloch, Telefon: 0 98 57/2 29 und 97 98 97, Fax: 2 56.

Öffnungszeiten
Montag bis Freitag 9.00 bis 18.00 Uhr, Samstag 9.00 bis 13.00 Uhr.

Anreise
A6 Heilbronn—Nürnberg, Ausfahrt Aurach, weiter in Richtung Feuchtwangen und Dinkelsbühl (B25). Nach ca. 6 km Ausfahrt Schopfloch. In Schopfloch ist die Firma ausgeschildert. Der Eingang zu Modatrendi erfolgt über den Lenabergweg.
A7 Ausfahrt Feuchtwangen, weiter nach Feuchtwangen, dann B25 Richtung Dinkelsbühl, Ausfahrt Schopfloch.

Der „Wolf" in Bayern und Thüringen gehört zu den größten Fleisch- und Wurstherstellern. Allein 20 Tonnen Wiener Würstchen werden täglich produziert.

Der Wolf zum Schlemmen

Warenangebot
Frische Fleisch- und Wurstwaren. Aufschnitte, Sülzen, vereinzelt auch Käse. Überproduktionen und sogenannte „Bruchware" sind das Hauptangebot.

Ersparnis
Ca. 20 bis 50%, „Bruchware" bis 50%.

Ambiente
Die Ware wird wie im Fachgeschäft angeboten (Kühlregale, Wursttheke). Parkplätze vorhanden. Ware wird um 8.00 und 17.00 Uhr frisch aufgefüllt.

Besonderheiten
Mindestabnahmemenge 1 kg.

Adresse
Wolf GmbH, Am Ahornhof 2, 92421 Schwandorf, Telefon: 0 94 31/3 84-1 94, Fax: 3 84-1 95.

Öffnungszeiten
Montag bis Freitag 8.00 bis 18.00 Uhr, Samstag 8.00 bis 12.00 Uhr.

Weitere Verkaufsstellen
● 04626 **Schmölln**, Am Lindenhof 40, Telefon: 03 44 91/31-0. Montag bis Freitag 8.00 bis 18.00 Uhr, Samstag 8.00 bis 12.00 Uhr.

● 07751 **Jena-Sulza**, Daimler-Benz-Straße 2, Telefon: 03 64/14 78 24 14. Montag bis Freitag 8.00 bis 20.00 Uhr, Samstag 8.00 bis 16.00 Uhr.
● 90411 **Nürnberg-Marienberg**, Andernacher Straße 29, Telefon: 09 11/52 018 –0. Montag bis Freitag 8.00 bis 17.00 Uhr, Samstag 8.00 bis 12.00 Uhr.

Anreise
A6 Nürnberg–Amberg, Ausfahrt Amberg-Ost. Auf der B85 Richtung Schwandorf. Ausfahrt Wackersdorf, links Richtung Schwandorf. An der Ampel zweimal rechts.

minx sallie sahne

EINKAUFS-GUTSCHEIN

Minx Mode ist ein angesehenes, mittelständisches Unternehmen. Sowohl klassische Damenbekleidung als auch flotte, junge Kombinationsmode, abgerundet durch hochwertige Strickwaren sowie Jersey, Stretch und Jeans. Besonderes Interesse findet die Sallie Sahne-Kollektion, eine zeitgemäß klassische Mode mit vielfältigen Kombinationsmöglichkeiten für Damen mit Konfektionsgröße 40 bis 54

Mode zum Wohlfühlen

Warenangebot
Komplettes Damenbekleidungssortiment: Blazer, Mäntel, Jacken, Röcke, Shorts, Blusen, hochwertige Strick- und Jerseywaren, Stretchartikel aller Art, T-Shirts, Jeansbekleidung. Komplettes Programm auch im großen Größenbereich. Im Verkauf Produkte aus der Vorjahreskollektion und Musterteile. Hauptsächlich 1.-Wahl-Ware.

Ersparnis
Ca. 40 bis 60 %. Sonder- und Restverkäufe.

Ambiente
Verkaufsraum mit Einzel-Umkleidekabinen und einer Sammelkabine. Ware nach Kollektionen geordnet.

Adresse
Minx Mode Acc. GmbH, Gewerbering Nord 4, 97359 Schwarzach, Telefon: 0 93 24/90 34 41, Fax 90 34 43, Internet: www.sallie-sahne.de.

Öffnungszeiten
Montag bis Freitag 10.00 bis 19.00 Uhr, Samstag 10.00 bis 16.00 Uhr.

Anreise
A3 Frankfurt–Nürnberg, Ausfahrt Kitzingen/Schwarzach. Rechts auf die L2271 Richtung Volkach. Ca. 2 km dem Straßenverlauf folgen. Nach dem Ort Hörblach (Ortsumfahrung) auf die B22 Richtung Bamberg. Am Kreisverkehr 1. Ausfahrt Richtung Bamberg. Man umfährt Schwarzach. Nach ca. 1 km rechts Richtung Kleinlangheim. Nach 200 m links abbiegen in das Gewerbegebiet.

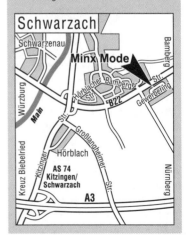

Das Unternehmen gehört seit Jahren zu den führenden Herstellern von beidseitig verwendbaren Handwebteppichen in Europa. Bevorzugt werden qualitativ hochwertige Wolle aus Neuseeland und geruchsneutrale Jute verarbeitet.

Natürlich schöner wohnen

Warenangebot
Handwebteppiche, Tibetteppiche, Berberteppiche und handgeknüpfte Designerteppiche. Musterwaren, Ware mit kleinen Schönheitsfehlern (z.B. Farbabweichung), Auslaufmodelle.

Ersparnis
50 % bei 1. Wahl, 2.-Wahl-Ware mehr.

Ambiente
Fabrikverkauf auf dem Firmengelände. Teppiche hängen an den Wänden und liegen gestapelt. Fachberatung falls erwünscht. Parkplätze vor dem Eingang. Personal hilft bei Bedarf beim Einladen.

Adresse
Paulig Teppichweberei GmbH, Gewerbering Nord 1, 97359 Schwarzach, Telefon: 0 93 24/98 20-0, Fax: 98 20 20, E-Mail: zentrale@paulig.de, Internet: www.paulig.de.

Öffnungszeiten
Donnerstag und Freitag 10.00 bis 18.00 Uhr, Samstag 10.00 bis 16.00 Uhr.

Anreise
A3 Frankfurt–Nürnberg, Ausfahrt Kitzingen/Schwarzach. Rechts auf die L 2271 Richtung Volkach (berühmter Weinort). Nach dem Ort Hörblach (Ortsumfahrung) auf die B22 Richtung Bamberg. Am Kreisverkehr 1. Ausfahrt Richtung Bamberg. Man umfährt Schwarzach. Nach ca. 1 km rechts Richtung Kleinlangheim. Nach 200 m links in das Gewerbegebiet. Dort 1. Gebäude auf der linken Seite. Nicht den Haupteingang benutzen, sondern links den separaten Eingang.

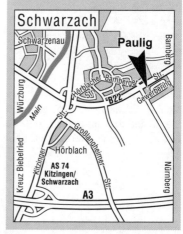

RENÉ LEZARD

Die Mode dieses Herstellers steht für kompromisslose Qualität bei Material und Verarbeitung, klassische Modernität und entspannte Eleganz auf hohem Niveau.

Gelassenheit mit Stil

Warenangebot

Damen- und Herrenbekleidung, 2.-Wahl-Ware, 1.-Wahl-Ware jeweils Vorjahres- und Musterkollektionen. Herrenbekleidung: Anzüge, Hosen, Sakkos, Lederbekleidung, Mäntel, Hemden, Jeans, Schuhe, Strickwaren, Gürtel und Krawatten etc. Damenbekleidung: Kostüme, Anzüge, Röcke, Kleider, Hosen, Blazer, Mäntel, Abendmode, Lederbekleidung, Strickwaren, Schuhe, Taschen und Accessoires.

Ersparnis

30 bis 50%.

Adresse

René Lezard Mode GmbH, Industriestraße 5-9, 97359 Schwarzach, Telefon: 0 93 24/30 2-6 22, Fax: 3 02-6 38, Internet: www.rene-lezard.com.

Öffnungszeiten

Montag bis Mittwoch 10.00 bis 18.00 Uhr, Donnerstag und Freitag 10.00 bis 20.00 Uhr, Samstag 9.00 bis 17.00 Uhr.

Anreise

Schwarzach liegt östlich von Würzburg. A3 Frankfurt–Nürnberg, Ausfahrt Kitzingen/Schwarzach. Nach der Ausfahrt rechts in Richtung Volkach (berühmter Weinort). Nach dem Ort Hörblach (Ortsumfahrung) auf die B22 in Richtung Bamberg abbiegen. Man umfährt Schwarzach. Am Ortsende an einer Kreuzung (Gewerbegebiet) nach links und dann sofort wieder nach rechts abbiegen. Am Firmengelände vorbeifahren. Fabrikverkauf nach 200 m rechts.

s.Oliver®

Der Rottendorfer Herstellers s.Oliver hat eine neue Zielgruppe entdeckt: Waren es bisher eher die Teens und Twens, so werden nun auch verstärkt Business-Bekleidung für die Frau und den Mann angeboten.

Neue Zielgruppe

Warenangebot

Sportswear und Freizeitbekeidung, Business-Bekleidung für Sie und Ihn. Sakkos, Krawatten, Damen- und Herrenunterwäsche, Röcke, Hosen, Hemden, Blusen, T-Shirts, Sweatshirts, Tücher, Accessoires, Schuhe. Kleines Angebot an Kinderbekleidung. Ausschließlich 1A-Ware aus Rückläufen und Produktionsüberhängen, aktuelle und Vorjahresmode.

Ersparnis

30 % bis 50 %. Bei Sonderverkäufen noch etwas mehr.

Ambiente

Ca. 500 m² Verkaufsfläche. Die Ware ist in Regalen und auf Kleiderständern präsentiert und preisausgezeichnet. Umkleidekabinen vorhanden. Freundliches Personal. Gute Parkmöglichkeiten.

Adresse

s.Oliver, Gewerbering 3, 97359 Schwarzach, Telefon: 0 93 24/98 04 05, Fax: 98 04 18.

Öffnungszeiten

Montag bis Mittwoch 10.00 bis 18.00 Uhr, Donnerstag und Freitag 10.00 bis 19.00 Uhr, Samstag 9.00 bis 16.00 Uhr.

Weitere Verkaufsstellen

● 63843 **Niedernberg**, Großostheimer Straße, Telefon: 0 60 28/99 77 94.

● 97228 **Rottendorf**, Edekastraße 1 (Gewerbegebiet), Telefon: 0 93 02/ 3 09 64 95, Fax: 3 09 64 96.

Anreise

A3 Frankfurt–Nürnberg, Ausfahrt Kitzingen/Schwarzach. Rechts abbiegen in Richtung Schwarzach, auf die B22 Richtung Bamberg. s.Oliver liegt schräg gegenüber von René Lezard in Schwarzach im Gewerbegebiet.

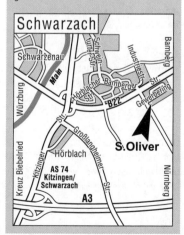

Modische Herrenbekleidung, die in der Branche einen guten Namen hat. Ein umfassendes Angebot an sportlicher und klassischer Mode. Bekleidung in allen (auch in Über-) Größen.

Sportlich und klassisch für den Herrn

Warenangebot
1.- und 2.-Wahl-Ware. Sakkos, Leder-jacken, Hemden, Hosen, Jeans, Pullover, T-Shirts, Anzüge.

Ersparnis
1. Wahl bis zu 40% günstiger. 2.-Wahl-Ware, je nach Fehler, bis zu 60%.

Ambiente
Angenehme Einkaufsatmosphäre auf ca. 450 m². Gute Beratung. Ware über-sichtlich nach Themen und Größen geordnet. Ca. 20 Umkleidekabinen. Gute Parkmöglichkeiten.

Adresse
Sportman Mode, Inhaber: René Lezard Mode GmbH, Industriestraße 2, Gewer-begebiet, 97359 Schwarzach, Telefon: 0 93 24/3 02-0.

Öffnungszeiten
Montag bis Mittwoch 10.00 bis 18.00 Uhr, Donnerstag und Freitag 10.00 bis 20.00 Uhr, Samstag 9.00 bis 17.00 Uhr.

Anreise
A3 Nürnberg–Frankfurt, Ausfahrt Kitzingen/Schwarzach. Rechts Rich-tung Volkach. Nach dem Ort Hörb-lach auf die B22 Richtung Bamberg. Man umfährt Schwarzach. Am Orts-ende an einer Kreuzung (Gewerbe-gebiet) links und dann sofort wieder rechts. In der selben Straße ist der Verkauf von René Lezard.

DEUTSCHE STEINZEUG ◤AGROB **BUCHTAL**

Agrob Buchtal bietet ein Komplettprogramm für den Wohnbereich. Vom Fußboden bis zum Badezimmer.

Die Marke für Wohnkeramik

Warenangebot

Die breite Palette dekorativer Fliesen umfasst verschiedene Stilrichtungen: von „exklusiv" über „klassisch" bis hin zu „new fashion". Eine Fülle von unterschiedlichen Oberflächen, Farben, Strukturen, Formaten, Dekoren und Bordüren ermöglicht individuelle Gestaltungen im Wohn- und Badbereich.

Ersparnis

Bis 30%, nur bei 2. Wahl und Auslaufprodukten. Keine Ersparnis bei 1. Wahl.

Ambiente

Die Keramik kann in der Keramothek besichtigt werden (Fundgrube). Fachliche Beratung.

Adresse

Deutsche Steinzeug Keramik GmbH, 92519 Schwarzenfeld, Telefon: 09435/3910, Fax: 3913452, Internet: www.agrob-buchtal.de.

Öffnungszeiten

Keramothek Montag bis Donnerstag 8.00 bis 17.00 Uhr, Freitag 8.00 bis 15.00 Uhr, Samstag geschlossen.

Anreise

A6 Nürnberg–Amberg, Ausfahrt Amberg-Ost (Autobahnende). Rechts Richtung Amberg, dann rechts Richtung Schwarzenfeld, immer geradeaus. Nach 12 km links Richtung Buchtal, dann 1 km geradeaus. Hinweisschild Buchtal folgen.
Oder: A93 Regensburg–Weiden/Hof, Ausfahrt Schwarzenfeld, ca. 500 m Richtung Schwarzenfeld, immer geradeaus. Ca. 3 km nach Schwarzenfeld rechts Richtung Buchtal abbiegen. Dann noch 1 km geradeaus.

Als einer der Marktführer im Bereich textile Accessoires bietet Codello mit seinen Eigenmarken Codello und Medici Qualität auf höchstem Niveau. Verstärkt wird das Warensortiment durch Lizenzen sowie Kunstwerke berühmter Maler auf Seide.

Der Seidenexperte

Warenangebot
Tücher, Schals, Krawatten, Gürtel, Taschen. Hauptsächlich 1.-Wahl-Ware aus Überhängen, Restposten und Musterteilen, auch aus aktuellen Kollektionen.

Ersparnis
Ca. 50 %.

Ambiente
Großzügiges Ladengeschäft auf zwei Ebenen. Freundliche Verkäuferin berät auch. Gute Parkplatzsituation auf dem Firmengelände.

Adresse
Codello GmbH, Brunnenweg 3, 82229 Seefeld-Hechendorf, Telefon: 0 81 52/ 9 90 30, Fax: 99 03 10, Internet: www. codello.de.

Öffnungszeiten
Mittwoch bis Freitag 13.30 bis 18.30 Uhr, Samstag 10.00 bis 14.00 Uhr.

Anreise
A96 aus Landsberg in Richtung München, Ausfahrt Inning/Herrsching am Ammersee. Nach der Ausfahrt links abbiegen in Richtung Inning/Herrsching. Am Ortsende von Inning weiter in Richtung Starnberg/Seefeld, auf der Inninger Straße nach Hechendorf hineinfahren, ca. 200 m nach der Ortseinfahrt der Beschilderung „Codello" folgen.

Barbara Flügel **Porzellan**

EINKAUFS-
GUTSCHEIN

Die Künstlerin Barbara Flügel hat sich mit Leib und Seele der Gestaltung von Porzellan verschrieben. Jedes einzelne Stück ist von ihr entworfen und modelliert. In der Weltstadt des Porzellans fertigt sie in der eigenen Porzellanmanufaktur – direkt neben den großen Marken – ihre Stücke ausschließlich in Handarbeit. Das Porzellan ist spülmaschinengeeignet.

Lebenslust in Porzellan

Warenangebot
Kaffee- und Speiseservice, Prunkservice, Espressotassen, großes Angebot an Geschenkartikeln und Accessoires von romantisch bis modern.

Ersparnis
Da es sich um Manufaktur-Arbeiten handelt, sind die Preise hier wesentlich höher als bei der herkömmlichen Industrieware. Ersparnis 20%, nur in der Schnäppchenecke bis 50%.

Ambiente
Stilvoller Laden, angenehmes Ambiente, fachkundige Beratung. Hier geht man gern auf individuelle Wünsche ein.

Adresse
Der Porzellan Laden, Vielitzer Straße 26, Factory In, 95100 Selb, Telefon: 0 92 87/ 80 09 32, Fax: 23 24.

Öffnungszeiten
Montag bis Freitag 10.00 bis 18.00 Uhr, Samstag 10.00 bis 14.00 Uhr, Erster Samstag im Monat 10.00 bis 16.00 Uhr.

Anreise
Der Porzellan Laden ist im Factory In. Hier u.a. ein großer Fabrikverkauf der Porzellanmarke Villeroy & Boch. Das Factory In liegt im westlichen Stadtgebiet von Selb, ca. 250 m südwestlich vom Bahnhof Selb-Stadt.

Die exklusiven Rosenthal Produktlinien sind weltweit bekannt für anspruchsvolles Design und hervorragende Produktqualität. Künstler und Designer von internationalem Rang arbeiten für die Rosenthal Studio-Line. Die Löwenmarke Hutschenreuther steht für exzellente Porzellanqualität, für handwerkliches Können und hohes künstlerisches Niveau.

Faszination Porzellan

Warenangebot

Es wird 2. Wahl angeboten sowie eine große Auswahl an Auslaufserien. Das Warensortiment umfasst Porzellan-Service, Porzellan-Geschenke, Bestecke, Gläser, Saisonartikel, Kunstfiguren sowie Tischwäsche. In den Rosenthal Shops werden überwiegend die Marken Rosenthal Studio-Line, Rosenthal, Versace und Thomas angeboten. In den Hutschenreuther Shops wird überwiegend die Marke Hutschenreuther sowie in geringem Umfang auch Arzberg angeboten. Besonders interessant sind die neue Figurenpräsentation sowie der Weihnachtsmarkt.

Ersparnis

30 bis 50% unter Ladenverkaufspreis. Großer Schnäppchenmarkt in der „Fundgrube" mit Sonder- bzw. Restposten sowie Ergänzungsteilen ausgelaufener Porzellanserien.

Ambiente

Sehr stilvoll gestaltete Präsentation der Ware. Selbstbedienung, auf Wunsch fachkundige Beratung. Parkplätze ausreichend vorhanden.

Besonderheiten

Die Verkaufsstellen in Selb sind nur durch eine Straße getrennt. Dem Hutschenreuther Verkauf ist ein Atelier-Café angegliedert. In unmittelbarer Nähe befinden sich das Industriemuseum sowie das Deutsche Porzellanmuseum. Besonders während der „Wochen des Weißen Goldes" Ende Juli/Anfang August sind in Selb viele attraktive Veranstaltungen geboten. Das Rosenthal Casino (Kasinostraße 3, Telefon: 0 92 87/80 50, Fax: 8 05 48) bietet kulinarische Köstlichkeiten und angenehme Übernachtungsmöglichkeiten.

Adressen

● Rosenthal Shop, Philip-Rosenthal-Platz 1, 95100 Selb, Telefon: 0 92 87/72-4 90, Fax: 72-4 92. Viele Sonderveranstaltungen, z.B. Vorführungen von Porzellanmalern.

● Hutschenreuther Shop, Hutschenreuther Platz 2, 95100 Selb, Telefon: 0 92 87/8 04-1 79, Fax: 8 04-117. Riesige Auswahl an Figuren und Weihnachtsartikeln.

● Thomas Shop, Hutschenreuther Platz 2, 95100 Selb, Telefon: 0 92 87/80 42 08, Schwerpunkt: Thomas-Kollektion.

● Die Fundgrube, Hutschenreuther Platz 2, 95100 Selb, Telefon: 8 04-1 07.

Öffnungszeiten
Montag bis Freitag 10.00 bis 18.00 Uhr, Samstag 9.00 bis 15.00 Uhr.

Weitere Verkaufsstellen
● 94227 **Zwiesel**, Hutschenreuther Shop, Theresienthal 27, Telefon: 0 99 22/8 01 50. Montag bis Freitag 9.30 bis 18.00 Uhr, Samstag 9.30 bis 16.00 Uhr, während der Saison an Sonn- und Feiertagen geöffnet. Schwerpunkt: Hutschenreuther, Arzberg.

Anreise
A9 Nürnberg—Berlin, Ausfahrt Gefrees oder Hof in Richtung Selb. Direkt an der A93 Regensburg—Hof. Ab dem Ortsschild sehr gut ausgeschildert.

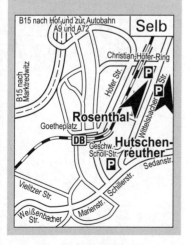

● 94249 **Bodenmais**, Rosenthal Shop, Kötztinger Straße 36, Telefon: 0 99 24/ 90 50 56. Montag bis Freitag 10.00 bis 18.00 Uhr, Samstag 10.00 bis 14.00 Uhr, Sonntag während der Saison Juli/ August geöffnet. Schwerpunkt: Rosenthal.

● 95469 **Speichersdorf**, Rosenthal Thomas am Kulm, Dresdner Straße 11, Telefon: 0 92 75/6 02 76. Montag bis Freitag 9.30 bis 18.00 Uhr, Samstag 9.00 bis 13.00 Uhr. Schwerpunkt: Thomas, Rosenthal.

● 95643 **Tirschenreuth**, Hutschenreuther Shop, Mitterteicher Straße 19, Telefon: 0 96 31/45 94. Montag und Donnerstag 9.00 bis 18.00 Uhr, Dienstag, Mittwoch und Freitag 10.00 bis 18.00 Uhr, Samstag 9.00 bis 13.00 Uhr. Schwerpunkt: Hutschenreuther.

● 95679 **Waldershof**, Rosenthal Waldershof, Havilandstraße 62, Telefon: 0 92 31/7 01-0. Dienstag bis Donnerstag 12.00 bis 16.00 Uhr. Schwerpunkt: Hotelgeschirr.

● 95691 **Hohenberg/Eger**, Hutschenreuther Shop, Schirndinger Straße 10, Telefon: 0 92 33/71 30 59. Montag bis Freitag 10.00 bis 18.00 Uhr, Samstag 9.00 bis 13.00 Uhr. Schwerpunkt: Hutschenreuther.

● 96317 **Kronach**, Rosenthal an der Rodach, Industriestraße 48, Telefon: 0 92 61/62 91 11. Montag bis Freitag 10.00 bis 17.00 Uhr, Samstag 10.00 bis 13.00 Uhr. Schwerpunkt: Rosenthal, Thomas.

 **Paul Finley**

Aus dem alten Fabrikgebäude von Heinrich Porzellan ist jetzt ein Factory Outlet Center mit dem Namen Factory In geworden. Neben Villeroy & Boch gibt es hier in der Ladenpassage die Marken Möve, Frottana und Paul Finley.

Kuschelig, mollig, farbenfroh

Warenangebot
Frottierwaren: Handtücher, Gäste- und Badetücher, Künstler-Designtücher, Bademäntel. Saugstarke Walkqualitäten mit hochfloriger Reliefstruktur vor allem bei Möve. 1A- und 1B-Ware getrennt präsentiert. Möve ist im höherpreisigen Segment angesiedelt, Frottana ist eher preisgünstiger. Hemden der Marke Paul Finley.

Ersparnis
1A-Ware 10%, 1B-Ware 30 bis 50%.

Ambiente
Gute Präsentation der Ware in Regalen, sehr große Auswahl an Frottierwaren. Ansprechendes Bistro im Factory In.

Adresse
V. u. M. Vertriebs- und Handelsagentur, Vielitzer Straße 26, 95100 Selb, Telefon: 0 92 87/50 08 35, Fax: 5 00 95 33.

Öffnungszeiten
Montag bis Freitag 9.00 bis 18.00 Uhr, Samstag 9.30 bis 15.00 Uhr.

Anreise
A9, Nürnberg–Berlin, Ausfahrt Gefrees oder Hof. Oder A93 Regensburg–Marktredwitz–Hof. Das Factory In liegt im westlichen Stadtgebiet von Selb, ca. 250 m südwestlich vom Bahnhof Selb-Stadt.

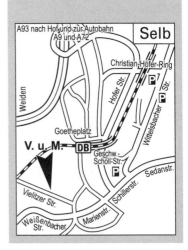

Villeroy & Boch
1748

Das 1748 gegründete Unternehmen Villeroy & Boch hat sich zu einem der bedeutendsten Keramikhersteller der Welt entwickelt. Die Marke Villeroy & Boch bürgt für Qualität und gutes Design, eine Marke mit Ausstrahlung, Charakter und Prestige.

Tischkultur komplett

Warenangebot

Alles für den schön gedeckten Tisch. Geschirre aus Bone China, Vitro-Porzellan, Faience, Trinkgläser, Bestecke, Tisch- und Raumaccessoires. Umfangreiches Sortiment an Serien; alle Teile auch einzeln erhältlich. Gesamtes aktuelles Sortiment.

Ersparnis

20 bis 40% im regulären Sortiment. Restposten, Auslaufdekore bis 70%.

Ambiente

Ansprechende Atmosphäre und Präsentation der Ware, fachkundige Beratung auf Wunsch. Sehr große Auswahl.

Besonderheiten

Das Gebäude der ehemaligen Porzellanfabrik Heinrich Porzellan ist jetzt das Factory In. Werksverkauf weiterer Firmen: Relix-Schuhe, Manz-Fortuna-Schuhe, Möve, Koziol, Barbara Flügel. Bistro-Café Kulisse mit Biergarten.

Adresse

Villeroy & Boch – Factory Outlet, Vielitzer Straße 26, 95100 Selb, Telefon: 09287/998070, Fax: 998077, Internet: www.factory-in.de.

Öffnungszeiten

Montag bis Freitag 9.00 bis 18.00 Uhr, Samstag 9.30 bis 15.00 Uhr.

Anreise

Villeroy & Boch und das Factory In liegen im westlichen Stadtgebiet von Selb, ca. 250 m südwestlich vom Bahnhof Selb-Stadt. Nach Selb gelangt man über die A9 Nürnberg–Berlin, Ausfahrt Gefrees oder Hof oder über die A9 Regensburg/Marktredwitz/Hof.

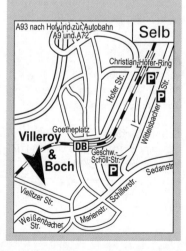

Flotte Mode für dynamische Frauen, die auch am Abend noch so schick sind wie am Morgen. Sehr aktuelle Kollektion; pflegeleichte, gute Qualitäten.

Femininer Schick

Warenangebot
Blusen, Hosen, Blazer, Röcke, Jacken, Kostüme, Hosenanzüge; Mode bestens zum Kombinieren geeignet.

Ersparnis
30%.

Ambiente
Winziger Verkaufsraum mit zwei Umkleidekabinen, Ware teilweise preisausgezeichnet. Man erfährt Pauschalpreise von der sehr netten Verkäuferin.

Besonderheiten
Ebenfalls am Bahnhof ist eine Fleischfabrik, in der man Fleisch und Wurst zu Großhandelspreisen und sehr frisch erhält.

Adresse
Ventidue, Adolf-Kolping-Straße 11, 84359 Simbach am Inn, Telefon: 0 85 71/97 26 75, Fax: 97 26 77.

Öffnungszeiten
Montag bis Freitag 10.00 bis 18.00 Uhr, Samstag 10.00 bis 12.30 Uhr.

Anreise
Simbach ist Grenzort am Inn zwischen Deutschland und Österreich. Von Passau auf der B12 Richtung Simbach/Inn. In Simbach zum Bahnhof fahren, rechts neben dem Bahnhof beginnt die Kolping-Straße. Ventidue ist bereits beschildert.

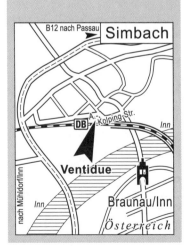

Mit Produktionsstätten auf der ganzen Welt gehört die Firma Hauck zu den Großen der Branche. Die Stiftung Warentest unterstreicht die Bedeutung des Herstellers. Sie stellt in ihren Tests Kinderwagen und Kindersportwagen von Hauck vor. Das Unternehmen führt auch Kinderwagenzubehör und Kinderausstattung wie Kinder-Autositze, Tischsitze, Wickelauflagen, Wippen und Lauflerngeräte.

Viel mehr als „Kinderkutschen"

Warenangebot
Hauptsächlich 2.-Wahl-Ware, Auslaufmodelle und Restposten. Kinderwagen, Kombi-Kinderwagen, Zwillingskinderwagen, Geschwisterwagen, Sportwagen, Dreirad-Sportwagen, Buggies, Kinderwagenzubehör wie Fußsäcke, Kinderausstattung, z.B. Autositze, Kinderbetten, Reisebetten, Tischsitze, Rückentragen, Bauchtragen, Wickeltaschen, Wickelauflagen, Wippen, Lauflerngeräte.

Ersparnis
30 %, bei Einzelstücken 50 % und mehr.

Ambiente
Große Lagerhalle mit viel Auswahl. Die Ware ist preisausgezeichnet und nach Artikeln geordnet. Parkplatz auf dem Firmengelände vor dem Werksverkauf.

Adresse
Hauck GmbH & Co. KG, Frohnlacher Straße 8, 96242 Sonnefeld, Telefon: 0 95 62/98 60, Fax: 62 72, Internet: www.Hauck.de.

Öffnungszeiten
Montag bis Donnerstag 9.15 bis 12.00 und 12.30 bis 16.30 Uhr, Freitag 9.15 bis 16.00 Uhr, Samstag 9.00 bis 13.00 Uhr.

Anreise
B303 Coburg–Kronach. Das Firmengelände befindet sich gleich am Ortseingang von Sonnefeld. Nach dem Ortseingang links abbiegen und gleich wieder rechts.

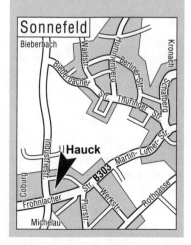

Ein traditionsreiches Familienunternehmen, das als einer der wenigen Hersteller in Deutschland bereits in der dritten Generation Kinderwagen „Made in Germany" produziert. Mit besonders viel Liebe entwickelt und zur Großserie gebracht wurde der beliebte Bollerwagen.

Da steckt viel Liebe drin

Warenangebot
Hauptsächlich 1.-Wahl-Ware. Kinderwagen, Kombi-Kinderwagen, Zwillingskinderwagen, Dreirad-Kindersportwagen, Kindersportwagen, Bollerwagen.

Ersparnis
30 %, bei Einzelstücken bis 50 %.

Ambiente
Zum Verkauf geht es in den 1. Stock. Die Kinderwagen stehen gut zugänglich im Verkaufsraum. Freundliche und fachkundige Beratung. Besonderer Service ist die individuelle Farbauswahl. Gute Parkmöglichkeiten.

Adresse
Hauck & Sohn Kinderwagen, Bieberbacher Straße 12, 96242 Sonnefeld, Telefon: 0 95 62/84 16, Fax: 73 64, E-Mail: Hauck.Kinderwagen@t-online.de, Internet: www.Hauck-Kinderwagen.de.

Öffnungszeiten
Montag bis Freitag 8.00 bis 18.00 Uhr, Samstag 9.00 bis 13.00 Uhr.

Anreise
B303 Coburg–Kronach nach Sonnefeld. Nach dem Ortseingang in Sonnefeld links abbiegen in die Industriestraße, Richtung Bieberbach. Der Beschilderung Hauck-Kinderwagen folgen. Das Fabrikgelände befindet sich etwas versteckt in einem Wohnviertel.

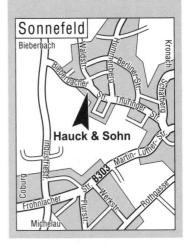

Wer mit dem Nachwuchs mobil sein will, braucht einen Kinderwagen. Bei Hartan haben Mami und Papi die Qual der Wahl. Aus der Kinderwagen-Produktion des Herstellers verlassen bis zu 100 verschiedene Kinderwagenmodelle die Produktionsstätten. Diese befinden sich nicht nur in Deutschland, sondern auch in Europa, ja sogar in Übersee. Da ist für jeden Geschmack und jeden Geldbeutel was dabei.

Ein Großer der Branche

Warenangebot
1.-Wahl-Ware. Kinderwagen, Kindersportwagen, Zwillingswagen.

Ersparnis
30 %.

Ambiente
Großes Warenangebot im 2. Stock des Firmengebäudes, auch mit dem Aufzug zu erreichen. Man muss sich an der Pforte erkundigen, ob auch eine Verkäuferin im Verkaufsraum ist. Beratung unbedingt zu empfehlen und vorher Kinderwagen-Tests und Kauf-Tipps der Stiftung Warentest lesen. Die Kinderwagen sind nicht preisausgezeichnet, aber die Verkäuferin kennt sich gut aus. Großparkplatz.

Adresse
J. G. Hartan Kinderwagenwerk, Mühlenweg 1, 96242 Sonnefeld-Gestungshausen, Telefon: 0 92 66/96 90, Fax: 96 91 80, Internet: www.hartan.de.

Öffnungszeiten
Montag bis Donnerstag 13.00 bis 16.00 Uhr.

Anreise
B303 Coburg–Kronach nach Sonnefeld. Ca. 3 km nach Sonnefeld links abbiegen in den Ortsteil Gestungshausen. In Richtung Ortsmitte und der Beschilderung „Kronach" folgen. Weiter auf der Kronacher Straße. Kurz vor dem Ortsende befindet sich das Firmengelände auf der rechten Seite.

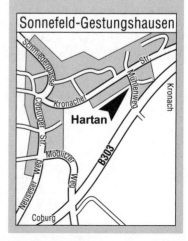

Die Authentic-Sportmode gibt ein in sich stimmiges Bild ab: moderne, aber nicht poppige Designs und Farben, hochwertige Qualität.

Das Echte

Warenangebot
Für Damen und Herren: Outdoor-Jacken, Anoraks, Westen, Skihosen, Fitness- und Freizeitanzüge. Ein kleines Sortiment an Fleeceshirts und T-Shirts. Accessoires.

Ersparnis
Ca. 30 %, bei Einzelstücken mehr.

Ambiente
Der Fabrikverkauf findet im Untergeschoss statt. Die Angebote hängen auf Ständern im Flur. Ware ordentlich und preisausgezeichnet präsentiert. Großzügige Umkleidekabinen.

Adresse
Authentic Sportmoden, Hans Klein, Imberger Straße 17, 87527 Sonthofen, Telefon: 0 83 21/67 24 40, Fax: 6 72 44 44.

Öffnungszeiten
Montag bis Freitag 9.30 bis 18.00 Uhr, Samstag 9.30 bis 12.00 Uhr.

Anreise
A7 Kempten–Füssen, Ausfahrt Oy. Auf der B310 nach Sonthofen. Die Firma befindet sich am Ortsbeginn auf der linken Seite.

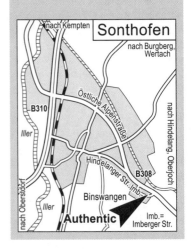

comazo

Comazo ist eine der führenden Marken im Damen-Tagwäsche-Bereich. Die Firma produziert klassische Tagwäsche und ergänzt diese durch freche, lässige Kollektionen für jung Gebliebene. Jahrzehntelange Erfahrung und eine eigene Qualitätssicherung gewährleisten den hohen Qualitätsstandard.

Wäsche-Träume seit 1884

Warenangebot

Exklusive Damenwäsche, modische Herrenwäsche, klassische Damen- und Herrenwäsche, pfiffige Kinderwäsche, Funktionswäsche, Nachtwäsche für Damen, Herren, Kinder, Miederwaren.

Ersparnis

50 % Ersparnis bei 1A-Ware. Bei 2. Wahl noch mehr.

Ambiente

Auf ca. 300 m² Fläche übersichtliche Warenpräsentation, Kinderspielecke, Kundenparkplätze.

Adresse

Comazo-Herstellerverkauf, Bahnhofstraße 22, 87527 Sonthofen, Telefon: 0 83 21/61 96 50.

Öffnungszeiten

Montag bis Freitag 9.00 bis 18.00 Uhr, Samstag 9.00 bis 13.00 Uhr.

Weitere Verkaufsstellen (Auswahl)

● 81371 **München-Sendling**, Implerstraße 11, Telefon/Fax: 0 89/72 01 54 44. Montag bis Freitag 10.00 bis 18.00 Uhr, Samstag 10.00 bis 13.00 Uhr.
● 82418 **Murnau**, Strassäcker 19 (gegenüber Norma), Telefon/Fax: 0 88 41/62 85 40. Montag bis Freitag 9.00 bis 18.00 Uhr, Samstag 9.00 bis 13.00 Uhr.
● 87700 **Memmingen**, Schlachthofstraße 49, Telefon/Fax: 0 83 31/8 64 34. Montag bis Freitag 10.00 bis 18.00 Uhr, Samstag 10.00 bis 13.00 Uhr.

Anreise

Auf der B19 Kempten-Oberstdorf nach Sonthofen. Dort Richtung Bahnhof. Zwischen Bahnhof und Zentrum (Fußgängerzone) ist der Verkauf von Comazo.

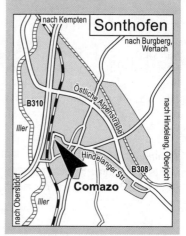

Man gewöhnt sich schnell an den Luxus von Ergee Strümpfen und Strumpf-hosen. An neugierige Blicke übrigens auch. Für den Winter zeigt die Strumpfmode gemütlichen Kuschelstrick und grobe Maschen. Im Sommer im Mittelpunkt: zarter Glanz, der sich mit mehr Farbe ganz schön sexy gibt.

Zarter Glanz und Kuschelstrick

Warenangebot

Feinstrumpfhosen, Strickstrumpfhosen für die Dame. Socken und Kniestrümpfe für Erwachsene und Kinder. Mützen Schals und Handschuhe für die ganze Familie. Tagwäsche für Damen und Herren, Herrenhemden. Ständig Ak-tionsartikel.

Ersparnis

30 bis 70 % bei B-Qualitäten und 2.-Wahl-Ware.

Ambiente

Großer Raum, schlicht eingerichtet, übersichtliche Warenpräsentation. Parkplätze direkt vor der Tür.

Adresse

Ergee GmbH, Hindelanger Straße 33, (Sontra Technologie- und Dienstleis-tungszentrum gegenüber dem Eissta-dion), 87527 Sonthofen, Telefon: 0 83 21/80 11 16.

Öffnungszeiten

Montag bis Donnerstag 9.30 bis 17.00 Uhr, Freitag 9.30 bis 15.00 Uhr, Samstag 10.00 bis 12.00 Uhr.

Anreise

Über die B19 Kempten-Oberstdorf nach Sonthofen. Dort in Richtung Hindelang. Firma befindet sich im Sontra Technologie- und Dienst-leistungszentrum, gegenüber dem Eisstadion.

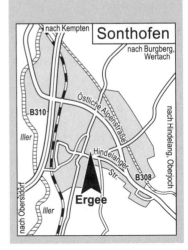

SEIDENSTICKER

EINKAUFS-GUTSCHEIN

Seidensticker gehört zu den bekanntesten und beliebtesten Marken für Herrenhemden. Der Name steht für hochwertige Verarbeitung, bequemen Schnitt, erstklassige Stoffe. Neben Hemden der Marke Seidensticker gibt es hier auch die Marken Jacques Britt, Otto Kern, Alpenland und Redford.

Die Vorzeigemarken

Warenangebot
Breite Auswahl an Herrenbekleidung: Pullover, Polo-, T-Shirts, Hemden, Krawatten, Nachtwäsche, Jacken, Hosen. 1B-Ware und Musterteile. Marken: Seidensticker, Otto Kern, Jacques Britt, Alpenland, Seidensticker Private Label, Redford.

Ersparnis
Meist 30 bis 40 % und manchmal 50 %, Sonderangebote darüber.

Ambiente
Gute, übersichtliche Warenpräsentation, nach Größen und Farben sortiert. Ausreichendes Parkplatzangebot.

Adresse
Seidensticker, Fairbanks Factory Store, Burgsiedlung 1, 87527 Sonthofen, Telefon: 08321/67 43 50, Fax: 67 43 51.

Öffnungszeiten
Montag bis Freitag 9.30 bis 13.00 und 14.00 bis 17.00 Uhr, Samstag 9.00 bis 14.00 Uhr.

Weitere Verkaufsstellen
● 33378 **Rheda-Wiedenbrück**, Bosfelder Weg 7, Telefon: 0 52 42/40 40 44.

● 33609 **Bielefeld**, Herforder Straße 182-194, Telefon: 05 21/3 06-3 47.
● 72555 **Metzingen**, Mühlstraße 5, Telefon: 0 71 23/2 14 90.
● NL-6041 **Roermond**, McArthurGlen Designer Outlet, Stadsweide 2.

Anreise
A7 Ulm–Kempten, Richtung Oberstdorf/Lindau. 2. Ausfahrt Waltenhofen und auf der B19 Richtung Immenstadt/Sonthofen, Ausfahrt Sonthofen. Auf der B308 in Sonthofen 3. Ampel links: Burgsiedlung.

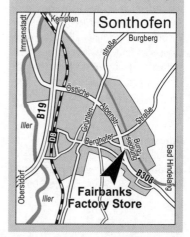

In nahezu 500 Jahren hat sich in Spiegelau im Bayerischen Wald aus einer kleinen Glashütte die Kristallglasfabrik Spiegelau entwickelt. Sie exportiert Gläser in alle Welt. Einen besonderen Akzent hat Spiegelau mit der Produktion von Gourmetgläsern gesetzt. Damit steht die Marke Spiegelau als Synonym für Gläser zum perfekten Genuss.

Professionelle Gourmetgläser

Warenangebot

Kristallglas, mundgeblasen, Bleikristall, Porzellan, Glaswaren, Schmuck.

Ersparnis

Auslaufposten und 2. Wahl (Gläser mit kleinen Schönheitsfehlern). Preisnachlässe bis 40 %. Spiegelau-Gläser sind keine Billigware, sondern Produkte in sehr guter Qualität. Umtausch ist ausgeschlossen.

Ambiente

Fünf Verkaufsräume: Pavillon mit Kelchglasserien und Geschenkartikeln in Kristallglas. Bleikristallcenter mit Bleikristall von Nachtmann und Marc Aurel. Glaskeller mit mundgeblasener 2B-Hüttensortierung. Porzellanhaus: Markenporzellan. Schmuckkästchen: Uhren von Swatch, Calvin Klein; Schmuck von Dior uvm.

Adresse

Kristallglasfabrik Spiegelau GmbH, Hauptstraße 2-4, 94518 Spiegelau, Telefon: 0 85 53/24 00, Fax: 24-2 00.

Öffnungszeiten

Montag bis Freitag 9.30 bis 18.00 Uhr, Samstag 9.30 bis 16.00 Uhr, Sonn- und Feiertage 11.00 bis 16.00 Uhr (nur Mai bis September).

Anreise

A3 München-Deggendorf–Passau, Ausfahrt Hengersberg. Von Grafenau noch 7 km bis Spiegelau, in Spiegelau am Ortseingang rechts.

Naturstein

EINKAUFS-GUTSCHEIN

Schwerste Schnäppchen findet man hier aus Naturstein. Es handelt sich um Überhänge und Verschnitte aus der Natursteinindustrie. Mengen, die für Großaufträge zu wenig sind, aber Häuslebauer und Renovierer „steinhart" begeistern. Motto des Verkaufs: edle Materialien zu Sonderpreisen.

Schwerste Schnäppchen ...

Warenangebot
Platten aus Sandstein, Muschelkalk, Marmor, Granit, Gneis. Naturstein-Fliesen aus unterschiedlichen Steinbrüchen und Herkunftsländern. Qualitativ hochwertige Ware.

Ersparnis
Je nach Materialart ca. 50 bis 90 %. Quadratmeterpreise: Sandstein, Muschelkalk, Marmor 13,- bis 33,- €. Granit, Gneis 26,- bis 46,- €, Naturstein-Fliesen 26,- bis 46,- €, Abschnitte, Krusten z.B. für Bildhauer, Landschaftsgestalter 150,- bis 450,- € pro Kubikmeter.

Ambiente
Die Platten liegen mitnahmebereit aus. Fachkundige Beratung.

Besonderheiten
Ware wird (gegen Aufpreis) nach Maß zugeschnitten und geliefert.

Adresse
Naturstein Sonderposten P. Essel, Mühlberg 7a, 96129 Strullendorf, Telefon: 0 95 43/93 76, Fax: 85 06 51, Internet: www.naturstein-sonderposten.com.

Öffnungszeiten
Freitag 14.00 bis 18.00 Uhr, Samstag 9.00 bis 13.00 Uhr und nach telefonischer Vereinbarung. Betriebsferien im August. Winterpause je nach Witterung.

Anreise
A73 Bamberg–Nürnberg. Von Nürnberg Ausfahrt Hirschaid. Von Bamberg Ausfahrt Strullendorf. Nach jeweils 2 km die B4 Richtung Hauptsmoorhalle verlassen. Der 2000 m² große Lagerplatz befindet sich in gut einsehbarer Ortsrandlage.

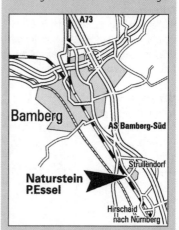

Seit mehr als 70 Jahren produziert Steba Elektrogeräte in zuverlässiger Qualität und technischer Perfektion. Bekannt durch Langlebigkeit, hohe Sicherheit und Zuverlässigkeit sowie durch innovatives Styling und schick im Design. Ständige Kontrollen und Tests sichern den anerkannten Qualitätsstandard.

Der Grillspezialist

Warenangebot
Nur 2. Wahl. Back- und Grillautomaten in unterschiedlichen Größen und Leistungsklassen, Kontaktgrill-Waffelautomaten, Fritteusen, Raclettegeräte, Speicherplatten, Barbecue-Grills, Eierkocher.

Ersparnis
Bis 30 %, auch günstige Auslaufmodelle.

Ambiente
Schauregale, fachkundige Bedienung.

Adresse
Steba Elektrogeräte GmbH & Co. KG, Pointstraße 2, 96129 Strullendorf, Telefon: 0 95 43/44 90, Fax: 4 49 19, Internet: www.steba.com.

Öffnungszeiten
Montag bis Donnerstag 7.30 bis 15.00 Uhr. Freitag und Samstag geschlossen.

Anreise
Strullendorf liegt ca. 10 km südlich von Bamberg (Richtung Nürnberg). Von München oder Würzburg kommend: A3, Ausfahrt Pommersfelden. Bis Hirschaid auf der B505, weiter auf der B4 Richtung Bamberg. Nächster Ort ist Strullendorf. Von Nürnberg kommend: A73 Nürnberg-Bamberg, Ausfahrt Hirschaid, weiter Richtung Bamberg auf der B4. Firma befindet sich im Gewerbegebiet, gegenüber dem Bahnhof.

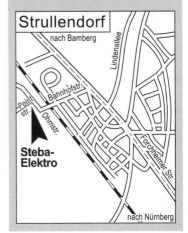

JOBIS

Die Jobis-Kollektionen zeichnen sich aus durch perfekte Passform und Verarbeitung. Der Stil ist zeitlos klassisch, aber zeitgemäß und lädt zum Variieren und Kombinieren ein. Mode von Jobis gibt es für jeden Anlass. Sie ist feminin und vielseitig.

Hochklassig, aber bezahlbar

Warenangebot
Damenbekleidung in den Größen 36 bis 48. Mäntel, Jacken, Hosenanzüge, Kostüme, Coordinates, Hosen, Blazer, Röcke, T-Shirts, Blusen, Strickwaren.

Ersparnis
30 %. Musterteile und 2.-Wahl-Ware 50 %. Sonderaktionen mit Sonderpreisen.

Ambiente
Atmosphäre wie in einem Modehaus. 900 m² Verkaufsfläche, übersichtliche Warenpräsentation. Parkplätze vor dem Haus.

Adresse
Jobis Factory Shop, Bahnhofstraße 68, 63834 Sulzbach am Main, Telefon: 0 60 28/40 60 32.

Öffnungszeiten
Montag bis Freitag 10.00 bis 18.00 Uhr, Samstag 10.00 bis 14.00 Uhr.

Weitere Verkaufsstelle
● 33609 **Bielefeld**, Am Stadtholz 39-43, Telefon: 05 21/32 83 39. Montag bis Freitag 10.00 bis 18.00 Uhr, Samstag 10.00 bis 14.00 Uhr.

Anreise
A3 Frankfurt-Nürnberg, Ausfahrt Aschaffenburg/Goldbach. Nach ca. 400 m halb rechts auf die B26/ Schönbornstraße Richtung Aschaffenburg. Nach ca. 1,5 km links ab Richtung Obernau. In Obernau halb links auf die Staatsstraße 2309/ Maintalstraße Richtung Sulzbach am Main. Am Ortseingang an der Aral-Tankstelle vorbei; nach 200 m erreicht man rechts die Hofeinfahrt zu Jobis.

Einer der renommiertesten Polstermöbelhersteller in Europa: hochwertige Polstermöbel – eine wahre Fundgrube.

Der Polstermöbel-Riese

Warenangebot
Polstermöbel, die als Fotostücke, Messegarnituren oder Ausstellungsstücke gedient haben: Einzelsofas und -sessel sowie komplette Garnituren.

Ersparnis
Bei Garnituren durchschnittlich 50%, Einzelstücke sind oft so günstig, dass nicht einmal der Materialwert ersetzt wird.

Ambiente
Sehr gute Beratung, großes Angebot, helle, übersichtliche Ausstellung, Parkplätze vor dem Haus.

Besonderheiten
Bei Wohnort in der näheren Umgebung können die Möbel zugestellt werden.

Adresse
Himolla-Polstermöbelwerk, ZV-Lager, Schlossfeldstraße, 84416 Taufkirchen/Vils, Telefon: 0 80 84/2 52 36, Fax: 2 55 00.

Öffnungszeiten
Montag bis Freitag 12.45 bis 17.00 Uhr, Samstag 9.00 bis 13.00 Uhr. Betriebsferien im August.

Anreise
Taufkirchen liegt südlich von Landshut. In Taufkirchen orientiert man sich Richtung Landshut, am Kreisverkehr zweimal rechts in die Schlossfeldstraße. Der Verkauf kommt nach ca. 200 m links, hinter Deichmann Schuhe. Vorsicht! Das Werk und die Verwaltung sind in der Landshuter Straße. Dort kein Verkauf.

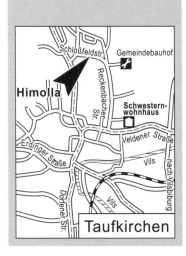

Voith

Voith kleidet Sie für die Gymnastikstunde, für Freizeit und Kur passend und flott ein. Mollig-weiche, gute Qualitäten.

Fit sein ist alles

Warenangebot
Gymnastikleggings, Jazz Pants, Radler- und Caprihosen, Gymnastikbodys, passende Sportkombinationen. Normal- und Übergrößen: Nicki-Freizeitanzüge, Jogginganzüge, Kuranzüge, Freizeit- und Jogginghosen. Kinderbekleidung: Gymnastikbekleidung, Badebekleidung, T-Shirts und Sweatshirts, Nickipullis, Jogginghosen.

Ersparnis
30 bis 50 %.

Ambiente
Eng bestückter Verkaufsraum; Ware gut sortiert, die Preise sind ausgezeichnet; auf Wunsch Beratung.

Adresse
Voith Sportswear GmbH & Co., Marktredwitzer Straße 18, 95707 Thiersheim, Telefon: 0 92 33/7 73 60, Fax: 77 36 36.

Öffnungszeiten
Montag bis Freitag 9.00 bis 12.00 und 14.00 bis 16.30 Uhr.

Anreise
Autobahn A93 Weiden–Hof. Ausfahrt Thiersheim. Staatsstraße Gefrees–Schirnding. Die Firma ist im Ort mit braunen Hinweisschildern ausgeschildert.

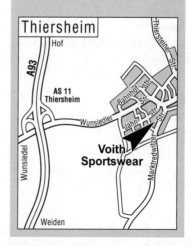

Müller

Auf 7000 m² Lagerfläche über 100.000 Töpfe aus Ton, Keramik, Terrakotta. 2.-Wahl-Ware in allen Größen.

Terrakotta für den Garten

Warenangebot
Tontöpfe von 3 cm bis 36 cm Durchmesser, Glockentöpfe von 9 cm bis 70 cm Durchmesser, gedrehte und handgefertigte Ware für Garten, Balkon, Terrasse, Wintergarten. Übertöpfe in allen Größen und Farben, auch Töpfe mit farbigen, bepulverten Glasuren sowie ein spezielles Sortiment zum Basteln.

Ersparnis
Ca. 30 bis 50 % bei 2. Wahl, Einzelteile noch günstiger. Auch Sonderposten.

Ambiente
Verkauf direkt ab Lager.

Adresse
Claus Müller Pflanzgefäße GmbH, Kornbühlstraße 49a, 95643 Tirschenreuth, Telefon: 0 96 31/13 35, Fax: 54 33.

Öffnungszeiten
Donnerstag 16.00 bis 18.00 Uhr, Freitag 13.00 bis 17.00 Uhr.

Anreise
A93 Weiden-Hof, Ausfahrt Windischeschenbach-Tirschenreuth. In Richtung Stadtmitte Tirschenreuth, dort weiter auf der B15 Richtung Mitterteich. Nach der Stadtmitte links abbiegen Richtung Falkenberg. Das ist die Falkenberger Straße. Nach ca. 500 m rechts über die Gleise in die Kornbühlstraße.

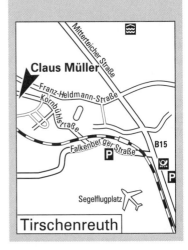

Hatico ist als Hemdenhersteller bekannt für hochwertige und topmodische Qualitätshemden. Den Fabrikverkauf hielt man bisher auf Sparflamme. Das hat sich jetzt geändert. T.O.C. nennt sich der neue Hemden-Werksverkauf von Hatico. Man hat hier ständig bis zu 10.000 Hemden auf Lager. Die Marken: Hatico, pure, Key West und Hatico Super Cotton.

Oberpfälzer Hemdenparadies

Warenangebot
Riesige Auswahl an Hemden, ein Drittel davon aktuelle 1.-Wahl-Ware, zwei Drittel 2.-Wahl-Ware. Auch Sonderposten. Große Auswahl bei Übergrößen. Hosen, Anzüge, Strickwaren, Krawatten, Gürtel, Accessoires, Socken, Tag- und Nachtwäsche, T-Shirts, Poloshirts, modische Damenbekleidung.

Ersparnis
1.-Wahl-Ware ca. 30 bis 50 %, 2.-Wahl-Ware, Sonderposten und Saison-Auslaufware bis zu 75 %.

Ambiente
Großer, heller Verkaufsraum, Top-Übersicht, Kaffee-Ecke und Kinderspieltisch. Zwei Umkleidekabinen, freundliches Verkaufspersonal.

Adresse
T.O.C., Bahnhofstraße 23, 95643 Tirschenreuth, Telefon: 0 96 31/6 07-1 88.

Öffnungszeiten
Dienstag bis Freitag 9.00 bis 18.00 Uhr, Samstag 9.00 bis 13.00 Uhr.

Anreise
Von Weiden kommend auf der B15 nach Tirschenreuth, Richtung Mitterteich–Hof. Ab Ortsschild Tirschenreuth noch ca. 1,5 km weiter, bei der Post rechts in die Bahnhofstraße abbiegen. Der Fabrikverkauf befindet sich direkt neben der Post.

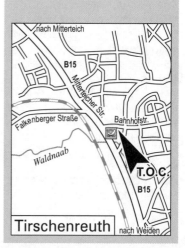

Tracht- & Countrymode

Moschen Bayern

Markenzeichen der Firma sind drei weiß-blaue Rauten. Die gesamte Produktion ist „Made in Bavaria". Breite Produktpalette in sehr guten Qualitäten für Damen, Kinder und Herren.

Schicke Landhausmode

Warenangebot
Große Auswahl an Jacken aus Walk und Strick. Landhauskleider, -röcke; Westen, Hosen, Blusen, Hemden. Kindertrachtenmode, Trachtenhüte, Artikel mit Applikationen oder Stickereien, Accessoires wie Taschen und Gürtel. Fast alle Artikel in reinen Qualitäten, wie Schurwolle, Baumwolle, Seide, Leder etc.

Ersparnis
Ca. 30 bis 50 % auf 1. Wahl.

Ambiente
Separate Abteilungen für Damen-, Herren- und Kinderbekleidung. Ware preisausgezeichnet auf Ständerreihen, die 2. Wahl ist gekennzeichnet (nicht immer vorrätig).

Adresse
Moschen Bayern, Rudolf-Diesel-Straße 6, 86842 Türkheim, Telefon: 0 82 45/ 15 71, Fax: 23 07, Internet: www. Moschen-Bayern.de.

Öffnungszeiten
Montag bis Freitag 14.00 bis 18.00 Uhr, Samstag 9.00 bis 13.00 Uhr.

Anreise
A96 Memmingen–München, Ausfahrt Bad Wörishofen. Durch Türkheim Richtung Augsburg/Ettringen; letzte Straße vor Ortsende rechts, nächste Straße links.

SALAMANDER

Salamander ist die bekannteste Schuhmarke in Europa und kann auf eine gut 100-jährige Tradition zurückblicken. Der grün stilisierter Salamander in grünem Ring auf weißem Grund und der gelb-schwarze Lurchi, der für die Kinderkollektion steht, ist für Millionen Verbraucher Inbegriff internationaler Schuhmode, erstklassiger Verarbeitung und perfekter Passform.

Die Nr. 1 in Sachen Schuh

Warenangebot

Herren-, Damen- und Kinderschuhe. Saisonbedingter Wechsel (Frühjahr-/ Sommerschuhe ab März, Herbst-/ Winterschuhe ab September). 1. und 2. Wahl. Folgende Marken des Unternehmens wurden angetroffen: Salamander, Lurchi, Betty Barclay, Yellomiles, Apollo. Vollsortiment.

Ersparnis

1.-Wahl-Ware 25%, 2.-Wahl-Ware 40%.

Ambiente

Der SB-Schuhladen ist auf dem Firmengelände. Ware wie im einfachen Fachgeschäft präsentiert und ausgezeichnet.

Adresse

Salamander GmbH, Industriegebiet, Jakob-Sigle-Straße 58, 86842 Türkheim, Telefon: 0 82 45/5 20, Fax: 5 21 81, Internet: www.sip.de.

Öffnungszeiten

Montag und Freitag 10.00 bis 17.30 Uhr, Samstag 9.00 bis 13.00 Uhr.

Weitere Verkaufsstellen

● 14641 **Wustermark**, beim B5 Desig-

ner Outlet Berlin-Brandeburg, Alter Spandauer Weg 4a, Telefon: 03 32 34/ 2 20 75, Fax: 2 20 77.

● 70806 **Kornwestheim**, Stammheimer Straße 14, Telefon: 0 71 54/15 21 16, Fax: 15 27 63.

Anreise

B18 Memmingen–Landsberg a. L., Ausfahrt Wörishofen/Türkheim. Kurz vor Türkheim, nach der Eisenbahnbrücke, ist Salamander bereits ausgeschildert.

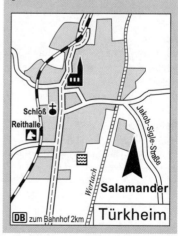

Als „Active Wear" bezeichnet die Firma ihre sportliche Trendmode. Die Qualität ist erstklassig – die topmodische Kollektion für Profi-Sportler. Nobelmarke für Junge und Junggebliebene.

Die junge Nobelmarke

Warenangebot
2. Wahl und Restposten: Jogging- und Freizeitanzüge, Fleecejacken, Regenbekleidung, Bademoden, Shorts und Bermudas, Bodys, Shirts, Jeans, Sweatshirts, Sporttaschen, Öko-Pullover. Ware im Hochpreissegment.

Ersparnis
Ca. 30 %.

Ambiente
Bereits 15 Minuten vor Öffnen des 2.-Wahl-Verkaufs stehen die Kunden an, nach dem Startschuss „die Schlacht" im neuen Verkaufsraum. Kein Umtausch der Ware möglich.

Adresse
Chiemsee Seconds, Greimelstraße 28 a, 83236 Übersee-Feldwies, Telefon: 0 86 42/50 39. Das Telefon ist nur während der Öffnungszeiten besetzt.

Öffnungszeiten
Montag, Mittwoch und Freitag 16.30 bis 18.00 Uhr, Samstag 9.30 bis 11.00 Uhr.

Anreise
A8 München–Salzburg, Ausfahrt Feldwies-Übersee, rechts nach Übersee. In Übersee-Feldwies der Beschilderung Hitec folgen. 1. Straße rechts bis zum Gasthaus Feldwies, dann rechts abbiegen. Firma am Ende der Straße, linke Seite.

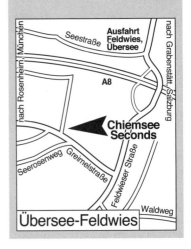

...Blusen für Anspruchsvolle

Die Firma Reichart ist Blusenspezialist seit über 30 Jahren mit eigener Kollektion. Bekannt für gute Qualität und Passform.

Blusen für Anspruchsvolle

Warenangebot
Blusen von jugendlich-flott, gepflegt bis damenhaft, feminin, klassisch; Blusenjacken, Tops, Shirts, Softkombis. Modische und Standard-Qualitäten in uni und Druck, Knöpfe, Musterstoffe, Strümpfe, Pullover, Damenhosen, T-Shirts, Herrenhemden. Mustercoupons, 1. und 2. Wahl.

Ersparnis
1.-Wahl-Ware ca. 30%, 2. Wahl ca. 50% reduziert. Nochmalige Preisreduzierung bei Sonderaktionen.

Ambiente
Freundliches und hilfsbereites Verkaufspersonal, neuer, heller Verkaufsraum, große Umkleidekabinen. Kinderspielecke, ausreichend Parkplätze.

Adresse
Firma Reichart Blusen GmbH, Bad Windsheimer Straße 3, 97215 Uffenheim, Telefon: 0 98 42/9 81 30, Fax: 98 13 30.

Öffnungszeiten
Montag bis Freitag 9.00 bis 18.00 Uhr, Samstag 9.00 bis 13.00 Uhr.

Anreise
A7 Ulm–Würzburg, Ausfahrt Uffenheim/Gollhofen. B13 Richtung Ansbach, am Ortsausgang bei Lidl rechts abbiegen, Eingang gegenüber von Lidl.

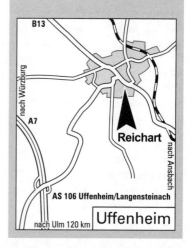

Glaeser ist der Mode immer um eine Nasenlänge voraus, da die Stoffe ein halbes Jahr vor der fertigen Kollektion erhältlich sind.

Paradies für Schneiderinnen

Warenangebot
Bekleidungsstoffe, Kurzwaren Kunst-leder, Teddystoffe, Bastelfilz, Schaum-stoff für Matratzen und Kissen, Nessel, Vliesstoffe, Füllmaterial etc., sowie Wachstuch, Gardinen-, Möbel-, Mar-kisen- und Dekostoffe. Große Auswahl an Vorhangstangen und Zubehör, Tisch- und Bettwäsche, Frottierwaren, Kissen, Accessoires und vieles mehr.

Ersparnis
Stoffe werden größtenteils nach Ge-wicht verkauft. Ersparnis: 5 bis 30%, teilweise mehr.

Ambiente
Fabrikverkauf auf drei Etagen, fachliche Beratung, Nähservice für Gardinen, on-line-shop.

Adresse
Heinr. Glaeser Nachf. GmbH, Fabrik-verkauf, Blaubeurer Straße 263, 89081 Ulm, Telefon: 07 31/39 81-37, Fax 39 81-55, online-shop: www.glaeser-textil.com.

Öffnungszeiten
Montag bis Freitag 9.00 bis 18.30 Uhr, Samstag 9.00 bis 14.00 Uhr.

Anreise
A8 bis Ausfahrt Ulm-West; erst Richtung Ulm dann Richtung Blau-beuren fahren. Ca. 2 km nach Orts-ende Ulm Fabrik linker Hand. Der Fabrikladen ist groß beschildert, kostenlose Parkplätze rechts und links nach der Einfahrt.

faustmann
GERMANY

Es gibt eben Hüte – und solche von Faustmann. Dem Spezialausstatter für Hüte bescheinigen die Kunden höchste Qualität der Materialien, erstklassige Verarbeitung, identitätsbewusste Kreationen und Designs sowie ausgesuchte Accessoires.

Mann mit Hut – gut

Warenangebot
Klassische Modelle für Damen und Herren, große Auswahl an Jagdhüten, Wanderhüten und – seit Generationen bewährt – Trachtenhüten. Ebenso Straßenhüte, Humphry-Bogart-Hüte in vielen Farben, modische und elegante Damenhüte, Strohhüte, Kappen und Mützen.

Ersparnis
1.-Wahl-Hüte 20 bis 30 %, 2. Wahl mehr als 50 %.

Ambiente
Großer Verkaufsraum neben der Werkstatt. Gesamtes Sortiment ist ausgestellt, Fachberatung, großer Spiegel. Verkaufseingang ist beschildert.

Adresse
Gunther Faustmann, Hut- und Mützenfabrik, Mindeltalstraße 23, 87782 Unteregg, Telefon: 0 82 69/4 11, Fax: 4 73, Internet: www.faustmann.org.

Öffnungszeiten
Montag bis Freitag 8.00 bis 12.00 und 13.00 bis 17.00 Uhr, Samstag 9.00 bis 12.00 Uhr.

Anreise
B16 Mindelheim–Kaufbeuren bis nach Dirlewang. In Dirlewang am Ortsende rechts. 6 km bis Unteregg. Nach dem Ortseingang ist die Firma nach ca. 20 m auf der rechten Seite zu finden.

MORE & MORE

Ein eigener Stil zeichnet die Lifestyle-Marke aus. Qualitativ bietet More & More einiges für „Groß" und „Klein". Die Hauptzielgruppe ist dabei aber die Frau zwischen 20 und 45 Jahren.

Für jeden etwas

Warenangebot
1.-Wahl-Ware, teilweise aktuell und aus Überhängen und Restposten. Damen-, Herren-, Kinderbekleidung, Hosen, Blazer, Röcke, Mäntel, Pullover, Kleider, Tops, Gürtel, Schuhe, Accessoires.

Ersparnis
Zwischen 30 und 50 %. Sonderaktionen mit nochmals 10 bis 20 % Ersparnis.

Ambiente
Die Ware ist übersichtlich präsentiert, Einzelhandelsatmosphäre, freundliche Verkäuferinnen, sechs Umkleidekabinen, ständig „Schnäppchen". Großparkplatz vor dem Baumarkt nutzbar.

Besonderheiten
Umtausch innerhalb von 14 Tagen.

Adresse
More & More Outlet, Carl-von-Linde-Straße 32, 85716 Unterschleißheim-Lohhof, Telefon: 0 89/31 77 05 08.

Öffnungszeiten
Montag bis Freitag 10.00 bis 19.00 Uhr, Samstag 9.00 bis 17.00 Uhr.

Weitere Verkaufsstelle
● 82319 **Starnberg**, Emslanderstraße 3, Telefon: 0 81 51/3 65-0 (Zentrale). Mittwoch, Donnerstag 13.00 bis 19.00 Uhr, Freitag 10.00 bis 19.00 Uhr, Samstag 10.00 bis 14.00 Uhr.

Anreise
A9 München–Nürnberg bis Dreieck Neufahrn, A92 Richtung Stuttgart, Ausfahrt Lohhof. 1. Ampel links, nächste Ampel rechts auf die Landshuter Straße. Nach ca. 600 m links in die Carl-von-Linde-Straße. More & More links, über einem Baumarkt.

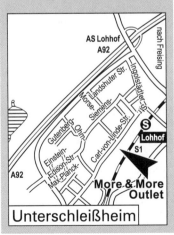

Qualität im Fabrikverkauf

Greuther Teeladen ist der Fabrikverkauf der Firma Martin Bauer, einer der größten Kräuterteeproduzenten weltweit. Die Firma beschäftigt sich seit mehr als 70 Jahren mit der Aufbereitung von Kräutern und Heilpflanzen.

Die ganze Welt des Tees

Warenangebot
Kräuter-, Früchte- und Gesundheitstees, Schwarztees der verschiedenen Anbaugebiete, Riesenauswahl an Grüntees, Gewürze und Gewürzmischungen, Dragées und Kapseln, Gesundheits- und Naturheilmittel, Kosmetik und Körperpflege, Teezubehör, Geschenkkörbe mit Tee und Gewürzen, Diätische Lebensmittel, Kräuterbonbons.

Ersparnis
30 bis 50 % bei losen Tees, Kräutern und Gewürzen.

Besonderheiten
Versandpreisliste kann angefordert werden; Mindestbestellwert 17,- €. Der Teehersteller ist als Hauptsponsor der SpVgg Greuther Fürth bekannt, die ohne den Greuther Teeladen längst nicht mehr in der 2. Bundesliga spielen würde.
Im Greuther Teeladen in Fürth und in Gremsdorf ist deshalb auch ein Fanshop integriert. Dort auch Karten für die Heimspiele im Ronhof in Fürth.

Ambiente
Verkaufsraum mit sachkundigen Verkäuferinnen und freundlicher Beratung. Übersichtliche Warenpräsentation. Probeausschank.

Adresse
Greuther Teeladen GmbH & Co. KG, Dutendorfer Straße 5-7, 91487 Vestenbergsgreuth, Telefon: 0 91 63/88-5 55, Fax: 88-5 98.

Öffnungszeiten
Montag bis Freitag 8.00 bis 18.00 Uhr, Samstag 9.00 bis 13.00 Uhr.

Anreise

Auf der A3 Würzburg–Nürnberg aus Richtung Würzburg, Ausfahrt Schlüsselfeld. Über die Orte Gleißenberg, Oberwinterbach und Dutendorf nach Vestenbergsgreuth.

Auf der A3 Nürnberg–Würzburg von Nürnberg kommend Ausfahrt Höchstadt-Ost. Über die Orte Gremsdorf, Höchstadt und Uehlfeld nach Vestenbergsgreuth.

Weitere Verkaufsstellen

● 90765 **Fürth**, Sportpark Ronhof, Laubenweg 60, Telefon: 09 11/9 79 40 55. Montag bis Freitag 9.00 bis 18.00 Uhr, Samstag 9.00 bis 14.00 Uhr.

Anreise

Auf dem Frankenschnellweg A73, Ausfahrt Poppenreuth, Richtung Fürth Innenstadt. Nach dem Novotel rechts in den Laubenweg einbiegen, vor dem Stadion ist „Greuther".

● 91315 **Gremsdorf**, Gewerbepark 1, Telefon: 0 91 93/5 07-4 45. Montag bis Freitag 9.00 bis 18.00 Uhr, Samstag 9.00 bis 14.00 Uhr.

Anreise

A3 Würzburg–Nürnberg, Ausfahrt Höchstadt-Ost, das Gewerbegebiet Gremsdorf liegt direkt an der Autobahnausfahrt.

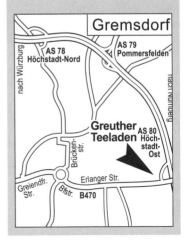

Trachten- und Landhausmode für Individualisten. Hier geht es nicht um schnelle Modetrends, sondern um gediegene Qualität, die sich überhaupt nicht altbacken, sondern bodenständig, schick und selbstbewusst zeigt.

Schicke Trachten

Warenangebot
Hochwertiges Angebot an Trachten-bekleidung für Damen und Herren. Jacken, Röcke, Hemden, Blusen, Kleider.

Ersparnis
30 bis 50 % bei regulärer Ware, bei Einzelstücken bis 70 %.

Ambiente
Ca. 300 m² Verkaufsfläche, vier Um-kleidekabinen. Ware in Regalen und auf Ständern präsentiert, Lagerhallenatmo-sphäre. Großparkplatz.

Adresse
Huber Strick-Sportmoden GmbH, Klos-ter-Mondsee-Straße 4, 94474 Vilsho-fen, Telefon: 0 85 41/9 60 60.

Öffnungszeiten
Montag bis Freitag 10.00 bis 18.00 Uhr, Samstag 10.00 bis 12.00 Uhr.

Anreise
Aus Regensburg auf der A9, Aus-fahrt Vilshofen/Garham. 8 km weiter bis Vilshofen. Nach Vilshofen hinein-fahren, über die Donau-Brücke, in die Stadtmitte und dann Richtung Bad Füssing/Bad Griesbach/Orten-burg. Kurz vor dem Ortsende von Vilshofen befindet sich rechter Hand das Fabrikgebäude.

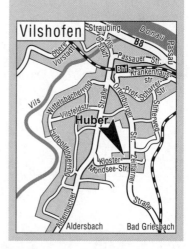

Weber & Ott

Traditionsreiches Unternehmen, das sich vorrangig auf Markenqualität spezialisiert hat.

Preiswert und aktuell

Warenangebot
Hosen, Jeans, Blusen, T-Shirts und Strickwaren.

Ersparnis
30 bis 50%.

Ambiente
Verkaufsfläche ca. 160 m², überwiegend Selbstbedienung. Kostenlose Parkplätze.

Besonderheiten
Vilshofen ist ein nettes Städtchen und lädt zu einem Bummel ein.

Adresse
Weber & Ott AG, Aidenbacher Straße 74, 94474 Vilshofen-Linda, Telefon und Fax: 0 85 41/30 07.

Öffnungszeiten
Montag bis Freitag 10.00 bis 18.00 Uhr.

Anreise
Auf der Bundesstraße von Passau kommend nach dem Ortseingang links (vor dem Norma-Supermarkt). Immer der Vorfahrtsstraße folgen. Nach Vilshofen kommt der Ortsteil Linda; nach dem Ortsschild Linda ist rechts das Fabrikgebäude (10 m); gut erkennbar.

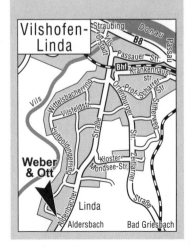

EINKAUFS-
GUTSCHEIN

Murk ist Hosenhersteller. Der Name Murk steht aber auch für das Bekleidungshaus Murk, das auf rund 5500 m² Fläche eine der besten Schnäppchenadressen in Bayern ist.

Die günstige Adresse

Warenangebot
Sportabteilung (wurde vergrößert), Marken wie z.B. Nike, Schöffel, Mexx, Fila, Champion, Killtec, Leithäuser, Ricardo, Whoopy, Masterhand etc., Festmoden für Sie und Ihn, Brautmoden (auch in großen Größen), Umstandsmoden, Abteilung Jeans und junge Mode, Vereinskleidung und Feuerwehrbedarf, Heimtextilien. Große Größen, Gardinennäherei.

Ersparnis
20 bis 50%.

Ambiente
Bekleidungshaus auf zwei Ebenen mit 5500 m² Verkaufsfläche, über 100 Umkleidekabinen, 500 Parkplätze. Kompetente Beratung.

Besonderheiten
Kostenloser Änderungsservice, außer bei Brautmoden, Wartezeit: 60 bis 120 Minuten. Auch Übergrößen, Zwischengrößen und Bauchgrößen. Sehr preiswerte Kunden-Tankstelle.

Adresse
Bekleidungshaus Murk, An der Leite 2, 96193 Wachenroth, Telefon: 0 95 48/92 30-0, Fax: 92 30-40, Internet: www.murk.de.

Öffnungszeiten
Montag bis Freitag 9.00 bis 18.30 Uhr, Samstag 9.00 bis 16.00 Uhr.

Anreise
A3 Nürnberg–Würzburg, Ausfahrt Höchstadt-Nord (von Nürnberg her) bzw. Schlüsselfeld (von Würzburg her); nach ca. 6 km direkt an der Straße Wachenroth-Mühlhausen.

Bekleidungshaus Murk

Schlüsselfeld — Mühlhausen
Possenfelden
Wachenroth
nach Würzburg, Frankfurt — AS 77 — A3 — AS 78 Höchstadt-Nord
Höchstadt a.d.Aisch
B470
nach Nürnberg

MAC

Modisch klar und elegant setzt das Unternehmen seit 1993 auf die Hose. Mit einem Umsatz von über 150 Millionen Euro im Jahr gehört Mac zu den Großen in der Branche. Hochwertige, auch feinfädige Materialien werden verarbeitet zu Hosen in ansprechender, sportiver Optik.

Das blaue Wunder

Warenangebot
1.- und 2.-Wahl-Ware. Damenjeans, Herrenjeans, Stretchhosen.

Ersparnis
30 bis 50 %.

Ambiente
Der kleine, schlichte Verkaufsraum ist nicht direkt beim Werk sondern mitten im Ort. Die begrenzte Anzahl an Umkleidekabinen kann zu Wartezeiten führen.

Adresse
Mac Mode GmbH & Co. KG, Bahnhofstraße 1, 93192 Wald-Roßbach, Telefon: 094 63/85 50, Fax: 85 51 99, Internet: www.mac-mode.de.

Öffnungszeiten
Montag bis Freitag 10.00 bis 18.00 Uhr, Samstag 9.00 bis 13.00 Uhr. Im August ist eine Woche Betriebsurlaub.

Weitere Verkaufsstelle
● **92536 Pfreimd-Weihern**, Weihern 7, Telefon: 0 96 06/4 14. Donnerstag 8.00 bis 12.00 Uhr, Freitag 13.00 bis 16.00 Uhr.

Anreise
A93 Weiden–Regensburg, Ausfahrt Regensburg-Nord, weiter in Richtung Roding/Cham, Ausfahrt Roßbach. In den Ort Roßbach hineinfahren und in der Ortmitte der Beschilderung Nittenau/Walderbach folgen. Gleich rechts in die Bahnhofstraße einbiegen. Parkplätze direkt vor dem Einkaufs-Center.

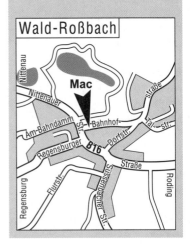

LUXORETTE

EINKAUFS-GUTSCHEIN

Mode fürs Bett: Beste Qualitäten wie Brokat-Damast, Satin aus mercerisierter Baumwolle, Interlockjersey und gewebte Karostoffe prägen den edlen Stil der Wäsche. Modische Muster und aktuelle Farbtöne runden die Optik von Bett und Tisch angenehm ab.

Ein Hauch von Luxus

Warenangebot
Bettwäsche in guter Qualität (auch in Komfortgrößen), Mako-Satin, Brokat-Damast Interlockjersey, Spannbetttücher. Tischdecken in vielen Größen und Designs, Servietten. Frottierwaren in verschiedenen Größen und Farben, Stoffreste, textile Geschenke.

Ersparnis
30 bis 66 %. Sehr lohnenswert vor allem die Auslaufware und Wäsche in 1B-Qualität.

Ambiente
Schlichte Präsentation, aber hervorragende Ware. Erweiterte Verkaufsfläche in renovierten Räumen. Kostenlose Parkplätze.

Adresse
Luxorette-Fabrikverkauf, Neue Textilveredelung Wangen, Ausrüstung 1-20, 88239 Wangen/Allgäu, Telefon: 075 22/ 76 37.

Öffnungszeiten
Dienstag und Freitag 10.00 bis 18.00 Uhr.

Weitere Verkaufsstellen
● 73240 **Wendlingen**, Luxorette Haustextilien GmbH, Gewerbepark Otto, Schäferhauser Straße 2, Telefon: 070 24/ 9 46-1 99.
● 77652 **Offenburg**, Luxorette-Herstellerverkauf, Verkauf in Spinnerei Offenburg GmbH, Wilhelm-Bauer-Straße 12, Telefon: 07 81/2 82 34.

Anreise
Straße in Richtung Isny folgen, links über kleine Brücke, Einfahrt ist gut ausgeschildert.

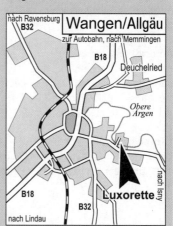

Von den ersten Produktionen vor über 30 Jahren in einem ehemaligen Gasthof hat sich das Unternehmen zu einem Hauptzulieferer großer Versandhäuser gemausert.

Elite für alle

Warenangebot
1. Wahl, Muster und 1B-Ware. Blazer, Jacken, Mäntel, Jeans, Blusen, Röcke, Stoffe, Knöpfe, Pullover, Kostüme, T-Shirts, begrenzte Auswahl an Landhausmode. Eigene Ware meist 1B, zugekaufte Ware 1. Wahl.

Ersparnis
50 % bei 1. Wahl, 1B-Ware bis 70 %.

Ambiente
Die Fehler bei der 1B-Ware sind gekennzeichnet. Ausreichend Parkplätze.

Besonderheiten
Auch bei Sonderpreis-Ware ist Umtausch möglich.

Adresse
elite moden, Verkauf ab Lager, Raiffeisenstraße 8, 94110 Wegscheid, Telefon: 0 85 92/3 03 oder 3 15, Internet: www.elite-moden.de.

Öffnungszeiten
Freitag 9.00 bis 12.00 und 14.00 bis 18.00 Uhr, Samstag 9.00 bis 12.00 Uhr.

Anreise
Über die B388 aus Passau/Obernzell Richtung Wegscheid. Nach dem Ortseingang scharfe Rechtskurve Richtung Hartmannsreuth, Verkauf nach ca. 200 m rechts.

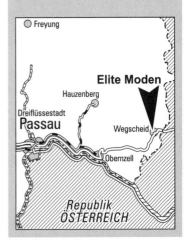

Italienische Mode ist begehrt. Der Lagerverkauf von Colors zeigt vor allem bei Pullovern und Strickwesten Merino-Qualitäten. Bei Colors gibt es keine extravaganten Farbtöne, das Unternehmen setzt auf klassische Farben, geht einen Mittelweg nach dem Motto: edle Materialien zu günstigen Preisen. Es werden nur hochwertige, gefärbte Garne verarbeitet.

Mode „made in Italy"

Warenangebot
Damen- und Herrenbekleidung: Pullover, Strickwesten, Hosen, Hemden, Krawatten, Schuhe und Taschen.

Ersparnis
Ca. 50%, gemessen an vergleichbarer Ware bei Pullovern in Merino-Wolle mit bekanntem Firmen-Label.

Ambiente
Lagerhalle, die durch ansprechendes Design großzügig wirkt. Vier Umkleidekabinen, unaufdringliche, sehr freundliche Bedienung.

Adresse
Colors Textil- und Lederwaren-Produktions- und Handels GmbH, Dr.-von-Fromm-Straße 1, 92637 Weiden/Oberpfalz, Telefon: 09 61/2 70 21, Fax: 2 77 88.

Öffnungszeiten
Montag bis Freitag 11.00 bis 18.00 Uhr, Samstag 10.00 bis 16.00 Uhr.

Anreise
A93 Regensburg–Hof, Ausfahrt Weiden-West. Auf der B470 Richtung Pressath (Westen). Nach ca. 1 km ab Ausfahrt Weiden-West kommt das Industriegebiet Weiden-West (Brandweiher). Hier links abbiegen, 1. Querstraße wieder links.

Seltmann
Weiden

„Aus Freude am Schönen" lautet der Werbeslogan von Seltmann. Der Schwerpunkt liegt auf der Herstellung von Gebrauchsporzellan, das höchsten Ansprüchen gerecht wird. Seltmann produziert ausschließlich in Deutschland.

Aus Freude am Schönen

Warenangebot

Speise-, Kaffee-, Teeservice und Ersatzteile, Gastronomieporzellan, Geschenkartikel, Vasen, Leuchten, Thüringer Porzellanfiguren. Sonderposten und 2.-Wahl-Ware in reicher Auswahl, übersichtlich geordnet.

Ersparnis

Nachlässe zwischen 20 und 30%. Bei Sonderposten bis zu 50% und mehr.

Ambiente

Hell und freundlich, Waren ordentlich und übersichtlich präsentiert, Fehlware und Sonderposten ausreichend vorhanden. Parkplätze vor der Tür.

Adresse

Porzellanfabrik Christian Seltmann GmbH, Christian-Seltmann-Straße 59-67, 92637 Weiden, Telefon: 09 61/20 41 15, Internet: www.seltmann-weiden.com.

Öffnungszeiten

Montag bis Freitag 9.00 bis 17.00 Uhr, Samstag 9.00 bis 13.00 Uhr.

Weitere Verkaufsstellen

● 92681 **Erbendorf**, Bahnhofstraße 25, Telefon: 0 96 82/18 26 00.
● 96355 **Tettau**, Fabrikstraße 1, Telefon: 0 92 69-9 80 20.
● 98744 **Unterweißbach**, Unterweißbacher Werkstätten für Porzellankunst, Oberweißbacher Straße 7-10, Telefon: 03 67 30/2 23 41.

Anreise

A93, Hof–Regensburg, Ausfahrt Weiden-West, stadteinwärts. Werksverkauf rechte Seite im Fabrikgelände – gut sichtbar beschildert.

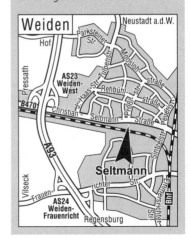

Die anfallenden Restposten und die 2.-Wahl-Ware aus den Warenhäusern von Witt Weiden und der Produktion werden hier supergünstig verkauft. Riesenandrang.

Der Sonderverkauf

Warenangebot
Damen- und Herrenbekleidung, Damen- und Herren Tag- und Nachtwäsche, Bett- und Tischwäsche, Betten, Schuhe, Badausstattung.

Ersparnis
Bei aktueller Markenware 50 %, Restposten 70 bis 90 %. Unter den Restposten befinden sich teilweise nur leicht angeschmutzte Teile zu sehr guten Preisen.

Ambiente
Verkauf im Erdgeschoss auf ca. 1000 m² Verkaufsfläche. Nach Umbau in moderner Ausstattung und angenehmem Ambiente. Parkplätze kostenlos und ausreichend vorhanden. Betriebseigene Kantine auch für Kunden geöffnet.

Adresse
Witt Weiden, Preisland, Bavariastraße 10, 92637 Weiden-Ullersricht, Telefon: 09 61/4 00-53 00, Fax: 4 00-53 14.

Öffnungszeiten
Jeden 1. Donnerstag im Monat bis zum übernächsten Samstag (ca. 10 Tage). Montag bis Freitag 10.00 bis 18.00 Uhr, Samstag 10.00 bis 16.00 Uhr. Zusätzliche Verkaufstage vor Weihnachten.

Anreise
A93, Ausfahrt Weiden-Süd, (Hirschau, Rothenstadt), Richtung Rothenstadt. Nach dem Ortsschild Ullersricht rechts und gleich wieder links abbiegen, an der Gaststätte vorbei.

Design your life

Das Sortiment an alfi-Isolierkannen umfasst sämtliche Designs von klas-
sisch-zeitlos bis hochmodern. Der doppelwandige, vacuumgepumpte
Isolierglas- oder Edelstahleinsatz garantiert optimale Isolierleistung. Dazu:
Starkes Angebot an WMF-Haushaltswaren. Auch die Marken Silit,
Auerhahn, Seltmann-Weiden, Spiegelau, Leonardo, Nordtek und Kaiser
Backformen wurden gesichtet.

Alles andere als kalter Kaffee

Warenangebot
Isolierkannen, Isolierflaschen aus Edel-
stahl, Flaschenkühler, Gläser, Porzellan,
Bestecke, Küchenhelfer, Töpfe, Pfannen,
Tischwäsche, Tischaccessoires, Design-
artikel für Tisch und Küche, Bücher,
Backformen.

Ersparnis
2A-Ware ca. 25 %, Sonderserien und
Restposten bis 50 %.

Ambiente
Ansprechender Werksverkauf im alfi-
Commercial-Center auf ca. 300 m².
Bistro, Spielecke, großer Parkplatz,
Werksbesichtigung auf Anfrage.

Adresse
alfi GmbH, Commercial Center, Ferdinand-Friedrich-Straße 9, 97877 Wertheim-Bestenheid, Telefon: 0 93 42/
87 74 70, Fax: 87 74 62, Internet: www.
alfi.de.

Öffnungszeiten
Montag bis Freitag 9.00 bis 18.00 Uhr,
Samstag 10.00 bis 14.00 Uhr.

Anreise
A3 aus Richtung Frankfurt: Ausfahrt
Marktheidenfeld, Richtung Wertheim,
in Kreuzwertheim (T-Kreuzung) Rich-
tung Hasloch, über die Spessartbrücke
Richtung Wertheim. An der Ampel
Richtung Miltenberg, vor Ecke Auto-
haus Mercedes-Benz/ARAL: rechts
Mühlenweg, später Ernst-Abbe-
Straße. Am alfi-Werk: rechts Hütten-
weg/Beschilderung Commercial Cen-
ter, rechts Ferdinand-Friedrich-Straße.

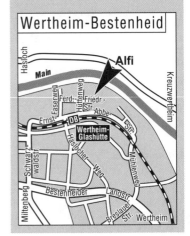

Wertheim-Bestenheid

Als Levi Strauss aus dem fränkischen Buttenheim in die USA auswanderte, ahnte noch niemand, dass er 1853 eine Firma gründen würde, die einmal der weltweite Inbegriff für Jeans und Denimwear werden sollte. Mit robuster und haltbarer Arbeiterbekleidung stattete Levi's die Goldsucher und Pioniere Kaliforniens aus, bis vor 55 Jahren Amerikas Teenager die Levi's Jeans zum Symbol ihrer gesellschaftlichen Rebellion machten.

Quality never goes out of Style

Warenangebot
Produktionsüberhänge, 1. und 2. Wahl, Musterteile, Restposten aus den aktuellen und vergangenen Saisons. Fast das gesamte Sortiment der Marken Levi's, Levi Strauss Signature (tm), Dockers.

Ersparnis
30 bis 50%, Sonderaktionen bis 70%.

Ambiente
Shop im Wertheim Village, einem Factory Outlet Center mit über 40 Boutiquen bekannter Markenhersteller. Café, Restaurant, Spielplatz, Ausstellungen und Events.

Adresse
Levi Strauss Germany, Wertheim Village, Gewerbegebiet Almosenberg, 97877 Wertheim-Dertingen, Telefon: 0 93 42/ 85 94 70.

Öffnungszeiten
Montag bis Samstag 10.00 bis 20.00 Uhr. Nach Ankündigung auch am Sonntag geöffnet.

Weitere Verkaufsstellen
● 63150 **Heusenstamm**, Levis-Strauss-Allee 18-22, Telefon: 0 61 04/6 01-0.
● 72555 **Metzingen**, Reutlinger Straße 63-67, Levi's Docker Factory Outlet, Telefon: 0 71 23/2 04 33.

Anreise
A3 Frankfurt–Würzburg, Ausfahrt 66, Wertheim-Lengfurt. Der Beschilderung Richtung Gewerbegebiet Almosenberg folgen.

Puma ist einer der führenden Sportartikelhersteller weltweit. Die Raubkatze hat den Sprung von der Sport-Marke zum Lifestyle-Label gemeistert und begeistert Jung und Alt gleichermaßen.

Outlet mit Ambiente

Warenangebot
Große Auswahl in allen Sportartikelbereichen: Sport-, Jogging-, Fußball-, Tennis-, Fitness-, Outdoor- und Allwetter-Schuhe sowie Lifestyle- und Kinderschuhe. Großes Angebot an Freizeit-, Funktions-, Sport-, Tennis-, Jogging-, Fitness- und Kinderbekleidung, Lifestyle-Mode. Teamsportartikel wie Bälle, Trikots, Sporttaschen, Accessoires. Topaktuelle Lifestyle-Kollektionen zu regulären Preisen.

Ersparnis
35 bis 50%, bei Einzelteilen bis 70%. Keine Ersparnis bei topaktueller Ware.

Ambiente
Shop im Wertheim Village, einem Factory Outlet Center mit über 40 Boutiquen bekannter Markenhersteller. Café, Restaurant, Spielplatz, Ausstellungen und Events.

Adresse
Puma Outlet, Wertheim Village, Gewerbegebiet Almosenberg, 97877 Wertheim-Dertingen, Telefon: 09342/9199111, Internet: www.puma.de.

Öffnungszeiten
Montag bis Samstag 10.00 bis 20.00 Uhr. Nach Ankündigung auch am Sonntag geöffnet.

Weitere Verkaufsstellen (Auswahl)
● 72555 **Metzingen**, Lindenplatz 1-5, Telefon: 07123/9 74 30.
● 91074 **Herzogenaurach**, Zeppelinstraße 2, Telefon: 09132/741715, Fax: 741716.

Anreise
A3 Frankfurt–Würzburg, Ausfahrt 66, Wertheim-Lengfurt. Der Beschilderung Richtung Gewerbegebiet Almosenberg folgen.

Reebok

Reebok ist einer der bekanntesten Sportartikelhersteller der Welt. Im Reebok-Outlet Store im Factory Outlet Center in Wertheim-Dertingen hat der Sportfreund die Qual der Wahl.

Wear the vector outperform

Warenangebot

Sportschuh- und Sportbekleidungsangebot, jedoch keine aktuelle Ware. Lauf-, Tennis-, Fußball-, Fitness- und Basketballschuhe, Tennis-, Fitness-, Freizeitbekleidung, Kindersportbekleidung. Auch Business- und Freizeitschuhe der Marke Rockport, Taschen, Rucksäcke.

Ersparnis

30 bis 50 %. Bei Aktionen bis zu 70 %.

Ambiente

Shop im Wertheim Village, einem Factory Outlet Center mit über 40 Boutiquen von bekannten Markenherstellern. Café, Restaurant, Spielplatz, Ausstellungen, Events.

Adresse

Reebok-Outlet Store, Wertheim Village, Gewerbegebiet Almosenberg, 97877 Wertheim-Dertingen, Telefon: 0 93 42/ 9 19 91 11.

Öffnungszeiten

Montag bis Samstag 10.00 bis 20.00 Uhr. Nach Ankündigung auch am Sonntag geöffnet.

Weitere Verkaufsstellen

● 72555 **Metzingen**, Mühlstraße 5, Telefon: 0 71 23/94 72 97, Fax: 94 96 81, E-Mail: metzingen.outlet@reebok.com.
● 82041 **Oberhaching**, Keltenring 9, Telefon: 0 89/61 38 23 10.
● 91171 **Greding**, An der Autobahn 2, Telefon: 0 84 63/6 42 20, Fax: 6 44 22 10.

Anreise

A3 Frankfurt-Würzburg, Ausfahrt 66, Wertheim-Lengfurt. Der Beschilderung Richtung Gewerbegebiet Almosenberg folgen.

Im Wertheim Village finden Sie knapp 50 Boutiquen mit zum Teil sehr bekannten und hochwertigen Marken wie Levi's, Nike, Puma, Reebok, Tommy Hilfiger, Gent und Pepe. Dieses neue Factory Outlet Center in der Architektur eines fränkischen Fachwerkstädtchens deckt ein breites Warenspektrum ab: Von Mode, Sport- und Outdoor-Bekleidung bis hin zu Haushaltswaren und Accessoires. Für die Shopping-Pause gibt es wahlweise ein italienisches Restaurant, einen Coffee Shop oder eine Snackbar.

Shopping mit Ambiente

Warenangebot
Damen-, Herren- und Kinderbekleidung, Sport- und Outdoor-Bekleidung, Haushaltswaren, Wäsche, Lederwaren, Reisegepäck, Schmuck, Uhren, Accessoires.

Ersparnis
Zwischen 30 und 70%.

Ambiente
Architektur der Shops im typisch fränkischen Fachwerkstil. Café, Restaurant, Spielplatz, Ausstellungen und Events.

Besonderheiten
Herrliche Gegend in Mainfranken. Ideal für einen Kultur-/Shopping-Kurzurlaub.

Adresse
Wertheim Village, Gewerbegebiet Almosenberg, 97877 Wertheim-Dertingen, Telefon: 0 93 42/9 19 91 11. Internet: www.WertheimVillage.com.

Öffnungszeiten
Montag bis Samstag 10.00 Uhr bis 20.00 Uhr. Nach Ankündigung auch am Sonntag geöffnet.

Weitere Verkaufsstelle ab Herbst 05
● 85055 **Ingolstadt**, Ingolstadt Village, Gewerbegebiet Nord-Ost. Informationen unter Telefon: 08 41/9 01 26 00 (Eröffnung: Herbst 2005).

Anreise
A3 Frankfurt-Würzburg, Ausfahrt 66, Wertheim-Lengfurt. Der Beschilderung Richtung Gewerbegebiet Almosenberg folgen.

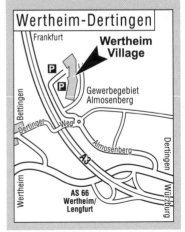

EINKAUFS-GUTSCHEIN

Die Marke erbelle steht vor allem bei Stoffen und Bettwäsche für hochwertige Ware im mittleren Preissegment.

Bettwäsche zum Wohlfühlen

Warenangebot
1.-Wahl-Ware und 1B-Ware mit kleinen Fehlern, Auslaufmodelle, Heimtextilien (Gardinen, Tischwäsche), Bettwäsche in hochwertiger 100%-Baumwoll-Qualität, Frottierwaren, Bademäntel, Stoffreste, Matratzen, Lattenroste.

Ersparnis
1.-Wahl-Ware 30 bis 50%, 1B-Ware bis 60%.

Ambiente
Neu gestalteter, ca. 700 m² großer Verkaufsraum mit Selbstbedienung. Fachkundiges Personal, übersichtliche Präsentation der Ware. Großer Parkplatz vor dem Fabrikgebäude.

Adresse
Erbelle Fabrikverkauf, Sander Straße 3, 97475 Zeil am Main, Telefon: 0 95 24/ 82 24-0, Fax: 82 24 18.

Öffnungszeiten
Montag bis Freitag 10.00 bis 18.00 Uhr, Samstag 10.00 bis 16.00 Uhr.

Anreise
A70 Schweinfurt-Bamberg, Ausfahrt 11, Knetzgau. Weiter in Richtung B26 und Zeil. Nach der Mainbrücke rechts fahren. Die Sander Straße führt etwas später nach links in den Ort.

Der Playmobil-FunPark – Spielraum für Abenteuer und Fantasie. Im Innenbereich stehen Playmobil-Spielwelten zum „handfesten" Ausprobieren bereit. Der Shop bietet das komplette Playmobil-Sortiment.

Die Männchen kennt jeder

Warenangebot
Komplettes Playmobil-Sortiment im Shop: Playmobil 1. 2. 3 für Kinder ab $1^1/_2$ Jahren. Playmobil in blauen Packungen für Jungen ab 4 Jahren und rosa Packungen für Mädchen ab 4 Jahren.

Ersparnis
Nur 1. Wahl. Die Preise liegen am unteren Einzelhandels-Niveau. Gelegentlich Restposten.

Ambiente
In einem separaten Raum wird die Ware, ergänzt um Schaustücke zum jeweiligen Spielthema, übersichtlich in Regalen präsentiert.

Besonderheiten
Angebot an Ersatz- und Erweiterungsteilen. Umfassende Produktausstellung, Freizeitpark mit 90.000 m², Spielzonen mit aktuellen Playmobil Spielzeugen. Es handelt sich nicht um einen Fabrikverkauf im üblichen Sinn.

Adresse
Playmobil-FunPark, Brandstätterstraße 2-10, 90513 Zirndorf, Telefon: 09 11/ 9 66 60, Info-Hotline: 09 11/96 66-7 00, Internet: www.playmobil.com.

Öffnungszeiten
Montag bis Sonntag 9.00 bis 18.00 Uhr.

Anreise
A6/E50 Heilbronn–Nürnberg, Ausfahrt 58, Kreuz Nürnberg-Süd. Auf die A73/B8 Richtung Fürth (Südwesttangente), Ausfahrt Grossreuth. Hier kommt man auf die Rothenburger Straße Richtung Zirndorf. Von der Rothenburger Straße abbiegen in die Schwabacher Straße, Richtung Gewerbepark Zirndorf (Carl-Benz-Straße), Brandstätterstraße.

SCHOTT
ZWIESEL

Das Unternehmen rühmt sich, das beste Kristallglas der Welt auf dem Markt zu haben. Besonders in Spülmaschinen leidet herkömmliches Kristallglas. Deshalb hat Schott-Zwiesel zusammen mit der Universität Erlangen-Nürnberg „das Glas noch einmal neu erfunden".

Weltbestes Kristallglas

Warenangebot
Hochwertige Trinkgläser von Schott Zwiesel, Wein-Accessoires von Screwpull, Jenaer Glas und Tchibo Restposten. Es wird das gesamt Tchibo-Sortiment verkauft. Die Ware kommt ca. sechs Wochen nach dem Angebot in den Tchibo-Läden hierher und ist ca. 30 % günstiger.

Ersparnis
20 bis 70 % über das gesamte Sortiment. 2. Wahl und Auslaufartikel noch günstiger.

Ambiente
1600 m² Verkaufsfläche. Werksverkauf mit Schauglaswanne, „Glasmacherstube" mit deftigen Brotzeiten und bayerischen Schmankerln, Café. Tägliche Werksführungen.

Besonderheiten
Schott Zwiesel bietet unterschiedliche, auf den jeweiligen Weincharakter abgestimmte Kelchformen an.

Adresse
Schott Zwiesel Werksverkauf, Dr.-Schott-Straße 35, 94227 Zwiesel, Telefon: 0 99 22/9 82 49.

Öffnungszeiten
Montag bis Freitag 9.30 bis 18.00 Uhr, Samstag 9.30 bis 14.00 Uhr.

Anreise
A3 (Regensburg-Passau), Ausfahrt Deggendorf-Mitte, auf B11 nach Zwiesel, Ausfahrt Zwiesel-Süd, Sie kommen auf die Regener Straße. Bei der 2. Ampel biegen Sie links in die Dr.-Schott-Straße ab. Das Gebäude auf der linken Seite ist nicht zu übersehen.

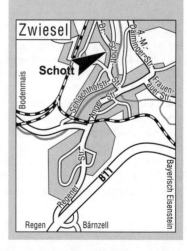

Rahmenbedingungen

zum Einlösen der Einkaufsgutscheine
(bitte unbedingt vor dem Einkauf lesen!)

1. Die Einkaufsgutscheine werden von zahlreichen, in diesem Buch aufgeführten Herstellern/Adressaten zur Verfügung gestellt. Die entsprechenden Firmen sind jeweils auf ihrer Firmendarstellung im Innenteil des Buches mit dem Hinweis „Einkaufsgutschein" gekennzeichnet. Von genau diesen Firmen finden Sie die Gutscheine auf den nachfolgenden Seiten.

2. Der Verlag übernimmt keinerlei Haftung. Der Verlag tritt als Mittler auf, der nach bestem Wissen und Gewissen die Gutschein-Aktion für den „Großen Schnäppchenführer Bayern" organisiert. Insbesondere haftet der Verlag nicht bei einer etwaigen Nichtgewährung eines Gutscheines.

3. Der Einkaufsgutschein stellt einen geldwerten Vorteil für den Kunden dar. Er kann nur bei einem tatsächlichen Einkauf im Fabrikverkauf/Factory Outlet eingelöst werden. Die Bedingungen zum Einlösen des Einkaufsgutscheines sind in diesen Rahmenbedingungen und darüber hinaus individuell direkt auf dem Gutschein selbst verbindlich festgelegt. Insbesondere kann der Einkaufsgutschein nicht in Bargeld eingetauscht werden. Der Gutschein ist in den meisten Fällen auch an einen Mindestwarenwert des Einkaufs gekoppelt.

4. Unabhängig von einem Einkaufsgutschein für einen konkreten Betrag in Euro kann auch ein Rabattwert in % oder ein anderer Kundenvorteil benannt werden. Ein Kumulieren (Aufaddieren) von geldwerten Vorteilen ist nicht möglich (Beispiel: 10,- € Warengutschein und zusätzlich 10 % Rabatt).

5. Der Einkaufsgutschein ist nur direkt an dem Standort des Herstellers einlösbar, der auf der Firmenseite unter der Rubrik Adresse aufgeführt ist. Wenn keine besondere Einschränkung auf dem Gutschein vermerkt ist, gilt der Einkaufsgutschein auch in den „Weiteren Verkaufsstellen", die ebenfalls auf dieser Seite genannt sind.

6. Alle Einkaufsgutscheine werden auf den nachfolgenden Seiten abgedruckt und zwar in alphabetischer Reihenfolge der Marken. Enthält eine Adresse mehrere Marken, ist der Einkaufsgutschein unter der Marke mit dem höchsten Bekanntheitsgrad abgedruckt.

7. Die Gutscheine sind fester Bestandteil dieses Buches und können, um gültig zu werden, nur vom Kassenpersonals des Fabrikladens/Factory Outlets aus dem „Großen Schnäppchenführer Bayern" ausgeschnitten werden, es sei denn, das Kassenpersonal fordert den Inhaber des Gutscheines extra dazu auf, das Ausschneiden des Gutscheines selbst vorzunehmen.

8. Jeder Käufer kann bei einem Einkauf nur einen Gutschein einlösen.

9. **Die Gültigkeit der Gutscheine endet Ende Dezember 2006.**

WICHTIG!

Diese Gutscheine sind nur dann gültig, wenn sie beim Einkauf vom Kassenpersonal des Fabrikverkaufs ausgeschnitten werden; es sei denn, das Personal gibt Ihnen im Einzelfall andere Anweisungen.

SCHNÄPPCHENFÜHRER EINKAUFSGUTSCHEIN

FACTORY OUTLET

OUTLET STORE

WERT: **10,-** €

beim Kauf von 1 Paar Sportschuhen. Gültig im Factory Outlet in Herzogenaurach sowie in den Outlet Stores Piding-Mauthausen, Stuhr-Brinkum und Zweibrücken.

SCHNÄPPCHENFÜHRER EINKAUFSGUTSCHEIN

WERT: **10,-** €

Mindestwarenwert des Einkaufs: 200,- €.
Gültig nur bei Barzahlung.

SCHNÄPPCHENFÜHRER EINKAUFSGUTSCHEIN

WERT: **10,-** €

Mindestwarenwert des Einkaufs: 100,- €.
Nicht gültig für Aktions- und Sonderangebote.

SCHNÄPPCHENFÜHRER EINKAUFSGUTSCHEIN

Otto Bittel.

WERT: **10,-** €

Mindestwarenwert des Einkaufs: 50,- €.

Schnäppchenführer-Einkaufsgutschein

Schnäppchenführer-Einkaufsgutschein

Schnäppchenführer-Einkaufsgutschein

Schnäppchenführer-Einkaufsgutschein

www.schnaeppchenfuehrer.com

WICHTIG!

Diese Gutscheine sind nur dann gültig, wenn sie beim Einkauf vom Kassenpersonal des Fabrikverkaufs ausgeschnitten werden; es sei denn, das Personal gibt Ihnen im Einzelfall andere Anweisungen.

SCHNÄPPCHENFÜHRER EINKAUFSGUTSCHEIN

WERT: **30,-** €

Mindestwarenwert des Einkaufs: 120,- €. Einzulösen in allen Bogner Outlets. Nicht gültig bei Bogner Leather in Offenbach

SCHNÄPPCHENFÜHRER EINKAUFSGUTSCHEIN

WERT: **10,-** €

Mindestwarenwert des Einkaufs: 100,- €.

SCHNÄPPCHENFÜHRER EINKAUFSGUTSCHEIN

WERT: **10,-** €

Mindestwarenwert des Einkaufs: 100,- €.

SCHNÄPPCHENFÜHRER EINKAUFSGUTSCHEIN

CODELLO

WERT: **10,-** €

Beim Kauf eines Pashmina-Schals gibt es einen kleinen Pashmina gratis.

Schnäppchenführer-Einkaufsgutschein

Schnäppchenführer-Einkaufsgutschein

Schnäppchenführer-Einkaufsgutschein

Schnäppchenführer-Einkaufsgutschein

www.schnaeppchenfuehrer.com

WICHTIG!

Diese Gutscheine sind nur dann gültig, wenn sie beim Einkauf vom Kassenpersonal des Fabrikverkaufs ausgeschnitten werden; es sei denn, das Personal gibt Ihnen im Einzelfall andere Anweisungen.

SCHNÄPPCHENFÜHRER EINKAUFSGUTSCHEIN

WERT: **10,-** €

Mindestwarenwert des Einkaufs: 100,- €.

SCHNÄPPCHENFÜHRER EINKAUFSGUTSCHEIN

WERT: **20,-** €

Mindestwarenwert des Einkaufs: 100,- €.
Nicht gültig für Aktions- und Sonderangebote.

SCHNÄPPCHENFÜHRER EINKAUFSGUTSCHEIN

DANIEL HECHTER
PARIS

WERT: **10,-** €

Mindestwarenwert des Einkaufs: 50,- €.

SCHNÄPPCHENFÜHRER EINKAUFSGUTSCHEIN

DIERIG Ⓖ

WERT: **10,-** €

Mindestwarenwert des Einkaufs: 100,- €.
Nicht gültig für reduzierte Ware.

Schnäppchenführer-Einkaufsgutschein

Schnäppchenführer-Einkaufsgutschein

Schnäppchenführer-Einkaufsgutschein

Schnäppchenführer-Einkaufsgutschein

www.schnaeppchenfuehrer.com

WICHTIG!

Diese Gutscheine sind nur dann gültig, wenn sie beim Einkauf vom Kassenpersonal des Fabrikverkaufs ausgeschnitten werden; es sei denn, das Personal gibt Ihnen im Einzelfall andere Anweisungen.

Schnäppchenführer EINKAUFSGUTSCHEIN

DR.SCHNELL
QUALITÄT UND SERVICE

WERT: **10,-** €

Mindestwarenwert des Einkaufs: 20,- €.
Nicht gültig für Aktions- und Sonderangebote.
Nur gültig im Fabrikverkauf München, Taunusstraße 19.

Schnäppchenführer EINKAUFSGUTSCHEIN

Eduard Dressler

WERT: **10,-** €

Mindestwarenwert des Einkaufs: 100,- €.
Nicht gültig für Aktions- und Sonderangebote.

Schnäppchenführer EINKAUFSGUTSCHEIN

DSI

WERT: **10,-** €

Mindestwarenwert des Einkaufs: 100,- €.

Schnäppchenführer EINKAUFSGUTSCHEIN

elite moden

WERT: **10,-** €

Mindestwarenwert des Einkaufs: 100,- €.

Schnäppchenführer-Einkaufsgutschein

Schnäppchenführer-Einkaufsgutschein

Schnäppchenführer-Einkaufsgutschein

Schnäppchenführer-Einkaufsgutschein

www.schnaeppchenfuehrer.com

WICHTIG!

Diese Gutscheine sind nur dann gültig, wenn sie beim Einkauf vom Kassenpersonal des Fabrikverkaufs ausgeschnitten werden; es sei denn, das Personal gibt Ihnen im Einzelfall andere Anweisungen.

SCHNÄPPCHENFÜHRER EINKAUFSGUTSCHEIN

 WERT: **10,-** €

Mindestwarenwert des Einkaufs: 100,- €.

SCHNÄPPCHENFÜHRER EINKAUFSGUTSCHEIN

ESPRIT home **10%** Rabatt

Mindestwarenwert des Einkaufs: 50,- €. Nur auf reguläre Ware, nicht gültig für Aktions- und Sonderangebote.

SCHNÄPPCHENFÜHRER EINKAUFSGUTSCHEIN

 WERT: **10,-** €

Mindestwarenwert des Einkaufs: 100,- €. Oder 10% Rabatt bis 100,- € Mindestwarenwert des Einkaufs. Nicht gültig für Aktions- und Sonderangebote.

SCHNÄPPCHENFÜHRER EINKAUFSGUTSCHEIN

 Barbara Flügel Porzellan

WERT: **10,-** €

Mindestwarenwert des Einkaufs: 100,- €. Nicht gültig für Aktions- und Sonderangebote.

Schnäppchenführer-Einkaufsgutschein

Schnäppchenführer-Einkaufsgutschein

Schnäppchenführer-Einkaufsgutschein

Schnäppchenführer-Einkaufsgutschein

www.schnaeppchenfuehrer.com

WICHTIG!

Diese Gutscheine sind nur dann gültig, wenn sie beim Einkauf vom Kassenpersonal des Fabrikverkaufs ausgeschnitten werden; es sei denn, das Personal gibt Ihnen im Einzelfall andere Anweisungen.

SCHNÄPPCHENFÜHRER EINKAUFSGUTSCHEIN

FUJITSU COMPUTERS
SIEMENS

WERT: **25,-** €

Mindestwarenwert des Einkaufs: 500,- €.
Nur 1 Gutschein pro Einkauf einlösbar.

SCHNÄPPCHENFÜHRER EINKAUFSGUTSCHEIN

Josef Geis
Germany

WERT: **10,-** €

Mindestwarenwert des Einkaufs: 100,- €.
Nur 1 Gutschein pro Einkauf einlösbar.

SCHNÄPPCHENFÜHRER EINKAUFSGUTSCHEIN

W. Goebel Porzellanfabrik

WERT: **10,-** €

Mindestwarenwert des Einkaufs: 50,- €.

SCHNÄPPCHENFÜHRER EINKAUFSGUTSCHEIN

GOLD◯FINK
Fabrikverkauf

WERT: **20,-** €

Mindestwarenwert des Einkaufs: 200,- €.
Nicht gültig für Aktions- und Sonderangebote.

Schnäppchenführer-Einkaufsgutschein

Schnäppchenführer-Einkaufsgutschein

Schnäppchenführer-Einkaufsgutschein

Schnäppchenführer-Einkaufsgutschein

www.schnaeppchenfuehrer.com

WICHTIG!

Diese Gutscheine sind nur dann gültig, wenn sie beim Einkauf vom Kassenpersonal des Fabrikverkaufs ausgeschnitten werden; es sei denn, das Personal gibt Ihnen im Einzelfall andere Anweisungen.

Schnäppchenführer EINKAUFSGUTSCHEIN

Gönner

WERT: **10,-** €

Mindestwarenwert des Einkaufs: 50,- €.

Schnäppchenführer EINKAUFSGUTSCHEIN

GREIFF

WERT: **20,-** €

Oder **10 %** Rabatt

Mindestwarenwert des Einkaufs: 80,- €.

Schnäppchenführer EINKAUFSGUTSCHEIN

Hatico
men's shirts

WERT: **10,-** €

Mindestwarenwert des Einkaufs: 100,- €.
Nicht gültig für Aktions- und Sonderangebote.

Schnäppchenführer EINKAUFSGUTSCHEIN

Sportswear GmbH

WERT: **10,-** €

Mindestwarenwert des Einkaufs: 100,- €.
Nicht gültig für Aktions- und Sonderangebote.

Schnäppchenführer-Einkaufsgutschein

Schnäppchenführer-Einkaufsgutschein

Schnäppchenführer-Einkaufsgutschein

Schnäppchenführer-Einkaufsgutschein

www.schnaeppchenfuehrer.com

WICHTIG!

Diese Gutscheine sind nur dann gültig, wenn sie beim Einkauf vom Kassenpersonal des Fabrikverkaufs ausgeschnitten werden; es sei denn, das Personal gibt Ihnen im Einzelfall andere Anweisungen.

SCHNÄPPCHENFÜHRER EINKAUFSGUTSCHEIN

WERT: **10,-** €

Mindestwarenwert des Einkaufs: 50,- €.
Ab Mindestwarenwert 100,- € nochmaliger Rabatt möglich.
Nicht gültig für Aktions- und Sonderangebote.

SCHNÄPPCHENFÜHRER EINKAUFSGUTSCHEIN

WERT: **10,-** €

Mindestwarenwert des Einkaufs: 50,- €.

SCHNÄPPCHENFÜHRER EINKAUFSGUTSCHEIN

WERT: **10,-** €

Mindestwarenwert des Einkaufs: 50,- €.

SCHNÄPPCHENFÜHRER EINKAUFSGUTSCHEIN

WERT: **50,-** €

Mindestwarenwert des Einkaufs: 1000,- €.

Schnäppchenführer-Einkaufsgutschein

Schnäppchenführer-Einkaufsgutschein

Schnäppchenführer-Einkaufsgutschein

Schnäppchenführer-Einkaufsgutschein

www.schnaeppchenfuehrer.com

WICHTIG!

Diese Gutscheine sind nur dann gültig, wenn sie beim Einkauf vom Kassenpersonal des Fabrikverkaufs ausgeschnitten werden; es sei denn, das Personal gibt Ihnen im Einzelfall andere Anweisungen.

SCHNÄPPCHENFÜHRER EINKAUFSGUTSCHEIN

KALB
FABRIKVERKAUF*
...alles zum Anziehen.

WERT: **10,-** €

Oder **10 %** Rabatt

Mindestwarenwert des Einkaufs: 80,- €.

SCHNÄPPCHENFÜHRER EINKAUFSGUTSCHEIN

KAULFUSS
DER ... KRÄUTER-GEWÜRZ-TEELADEN

WERT: **10,-** €

Mindestwarenwert des Einkaufs: 80,- €. Nicht gültig für Sonderangebote, Alkohol, Nudeln und Bücher.

SCHNÄPPCHENFÜHRER EINKAUFSGUTSCHEIN

der **KeramikBasar**
Werksverkauf von scheurich

WERT: **10,-** €

Oder **10 %** Rabatt

Mindestwarenwert des Einkaufs: 50,- €.

SCHNÄPPCHENFÜHRER EINKAUFSGUTSCHEIN

 **Kocheler Keramik**
Meister Töpferei

WERT: **10,-** €

Mindestwarenwert des Einkaufs: 100,- €.

Schnäppchenführer-Einkaufsgutschein

Schnäppchenführer-Einkaufsgutschein

Schnäppchenführer-Einkaufsgutschein

Schnäppchenführer-Einkaufsgutschein

www.schnaeppchenfuehrer.com

WICHTIG!

Diese Gutscheine sind nur dann gültig, wenn sie beim Einkauf vom Kassenpersonal des Fabrikverkaufs ausgeschnitten werden; es sei denn, das Personal gibt Ihnen im Einzelfall andere Anweisungen.

Schnäppchenführer EINKAUFSGUTSCHEIN

KÖSSINGER
Aktiengesellschaft

WERT: 10,- €

Mindestwarenwert des Einkaufs: 100,- €.
Nicht gültig für Aktions- und Sonderangebote.

Schnäppchenführer EINKAUFSGUTSCHEIN

KRAWATTEN & TÜCHER
FABRIKATION WINKLHOFER

10%
Rabatt

Kombination mit zusätzlichen Rabatten ausgeschlossen.

Schnäppchenführer EINKAUFSGUTSCHEIN

Leder Bär

Sagt man Leder –
meint man Bär!

WERT: 10,- €

Mindestwarenwert des Einkaufs: 100,- €.
Nicht gültig für reduzierte Ware.

Schnäppchenführer EINKAUFSGUTSCHEIN

LODEN-FREY
VERKAUFSHAUS
OUTLET

WERT: 20,- €

Mindestwarenwert des Einkaufs: 100,- €.
Gültig für das gesamte Sortiment.

Schnäppchenführer-Einkaufsgutschein

Schnäppchenführer-Einkaufsgutschein

Schnäppchenführer-Einkaufsgutschein

Schnäppchenführer-Einkaufsgutschein

www.schnaeppchenfuehrer.com

WICHTIG!

Diese Gutscheine sind nur dann gültig, wenn sie beim Einkauf vom Kassenpersonal des Fabrikverkaufs ausgeschnitten werden; es sei denn, das Personal gibt Ihnen im Einzelfall andere Anweisungen.

Schnäppchenführer EINKAUFSGUTSCHEIN

SNACK-WORLD

WERT: **10,-** €

Mindestwarenwert des Einkaufs: 20,- €. Getränke und Eis sind vom Mindestwarenwert ausgeschlossen.

Schnäppchenführer EINKAUFSGUTSCHEIN

LUXORETTE

WERT: **10,-** €

Oder **10 %** Rabatt

Mindestwarenwert des Einkaufs: 100,- €.

Schnäppchenführer EINKAUFSGUTSCHEIN

MADELEINE

WERT: **10,-** €

Mindestwarenwert des Einkaufs: 100,- €.

Schnäppchenführer EINKAUFSGUTSCHEIN

Marc O'Polo®

WERT: **10,-** €

Mindestwarenwert des Einkaufs: 75,- €.

Schnäppchenführer-Einkaufsgutschein

Schnäppchenführer-Einkaufsgutschein

Schnäppchenführer-Einkaufsgutschein

Schnäppchenführer-Einkaufsgutschein

www.schnaeppchenfuehrer.com

Diese Gutscheine sind nur dann gültig, wenn sie beim Einkauf vom Kassenpersonal des Fabrikverkaufs ausgeschnitten werden; es sei denn, das Personal gibt Ihnen im Einzelfall andere Anweisungen.

Schnäppchenführer EINKAUFSGUTSCHEIN

marJo WERT: **10,-** €

Mindestwarenwert des Einkaufs: 100,- €.
Nicht gültig bei Sonderfabrikverkäufen.

Schnäppchenführer EINKAUFSGUTSCHEIN

WERT: **10,-** €

Mindestwarenwert des Einkaufs: 100,- €.
Nicht gültig für Aktions- und Sonderangebote.

Schnäppchenführer EINKAUFSGUTSCHEIN

Mikolasch

WERT: **30,-** €

Mindestwarenwert des Einkaufs: 100,- €.

Schnäppchenführer EINKAUFSGUTSCHEIN

WERT: **10,-** €

Mindestwarenwert des Einkaufs: 100,- €. Nicht gültig
für Aktions- und Sonderangebote oder 2.-Wahl-Ware.

Schnäppchenführer-Einkaufsgutschein

Schnäppchenführer-Einkaufsgutschein

Schnäppchenführer-Einkaufsgutschein

Schnäppchenführer-Einkaufsgutschein

www.schnaeppchenfuehrer.com

Schnäppchenführer EINKAUFSGUTSCHEIN

MIRROR &ART
by Hans Lang

WERT: **10,-** €

Mindestwarenwert des Einkaufs: 80,- €.
Nicht gültig für 2.-Wahl-Artikel.

Schnäppchenführer EINKAUFSGUTSCHEIN

Monte pelle
MODE IN LEDER

WERT: **10,-** €

Mindestwarenwert des Einkaufs: 50,- €.
Ab 100,- € Warenwert zusätzlich 5% Rabatt. Nur gültig
für Ware, die nicht zusätzlich reduziert ist. Nicht gültig
für Ware, die neu bestellt oder gefertigt werden muss.

Schnäppchenführer EINKAUFSGUTSCHEIN

MURK

WERT: **10,-** €

Oder **10%** Rabatt

für maximal 3 Artikel nach Wahl des Käufers.
Mindestwarenwert des Einkaufs: 80,- €.

Schnäppchenführer EINKAUFSGUTSCHEIN

nascherie.com

WERT: **10,-** €

Mindestwarenwert des Einkaufs: 60,- €.
Nicht gültig für Aktions- und Sonderangebote.

Schnäppchenführer-Einkaufsgutschein

Schnäppchenführer-Einkaufsgutschein

Schnäppchenführer-Einkaufsgutschein

Schnäppchenführer-Einkaufsgutschein

www.schnaeppchenfuehrer.com

WICHTIG!

Diese Gutscheine sind nur dann gültig, wenn sie beim Einkauf vom Kassenpersonal des Fabrikverkaufs ausgeschnitten werden; es sei denn, das Personal gibt Ihnen im Einzelfall andere Anweisungen.

SCHNÄPPCHENFÜHRER EINKAUFSGUTSCHEIN

WERT: **25,-** €

Mindestwarenwert des Einkaufs: 120,- €. Der Bonus-Gutschein für Sammeleinkäufer! Profitieren Sie beim Einkauf für Verwandte und Freunde. Nicht gültig für Aktions- und Sonderangebote.

SCHNÄPPCHENFÜHRER EINKAUFSGUTSCHEIN

Naturstein

WERT: **10,-** €

Mindestwarenwert des Einkaufs: 100,- €.
Nur gültig für Lagerware.

SCHNÄPPCHENFÜHRER EINKAUFSGUTSCHEIN

www.nici.de

WERT: **10,-** €

Mindestwarenwert des Einkaufs: 50,- €.
Nur gültig im Nici-Laden, Altenkunstadt.

SCHNÄPPCHENFÜHRER EINKAUFSGUTSCHEIN

WERT: **10,-** €

Mindestwarenwert des Einkaufs: 50,- €.

Schnäppchenführer-Einkaufsgutschein

Schnäppchenführer-Einkaufsgutschein

Schnäppchenführer-Einkaufsgutschein

Schnäppchenführer-Einkaufsgutschein

www.schnaeppchenfuehrer.com

WICHTIG!

Diese Gutscheine sind nur dann gültig, wenn sie beim Einkauf vom Kassenpersonal des Fabrikverkaufs ausgeschnitten werden; es sei denn, das Personal gibt Ihnen im Einzelfall andere Anweisungen.

Schnäppchenführer EINKAUFSGUTSCHEIN

otuma®

WERT: **30,-** €

Mindestwarenwert des Einkaufs: 100,- €.

Schnäppchenführer EINKAUFSGUTSCHEIN

PAULIG
TEPPICHE

WERT: **10,-** €

Mindestwarenwert des Einkaufs: 100,- €.

Schnäppchenführer EINKAUFSGUTSCHEIN

neso
Der Hemdenprofi

WERT: **10,-** €

Oder **3%** Rabatt

auf alle reguläre Ware.
Mindestwarenwert des Einkaufs: 100,- €.

Schnäppchenführer EINKAUFSGUTSCHEIN

von Poschinger
GLASMANUFAKTUR seit 1568

WERT: **10,-** €

Mindestwarenwert des Einkaufs: 100,- €. Nur gültig
in Frauenau vor Ort, nicht bei Bestellung und Versand.

Schnäppchenführer-Einkaufsgutschein

Schnäppchenführer-Einkaufsgutschein

Schnäppchenführer-Einkaufsgutschein

Schnäppchenführer-Einkaufsgutschein

www.schnaeppchenfuehrer.com

Diese Gutscheine sind nur dann gültig, wenn sie beim Einkauf vom Kassenpersonal des Fabrikverkaufs ausgeschnitten werden; es sei denn, das Personal gibt Ihnen im Einzelfall andere Anweisungen.

Schnäppchenführer EINKAUFSGUTSCHEIN

PUMA WERT: **10,-** €

Mindestwarenwert des Einkaufs: 100,- €. Gültig in den Verkaufsstellen Herzogenaurach, Nürnberg-Schafhof, Schlüsselfeld-Elsendorf und Wertheim-Dertingen.

Schnäppchenführer EINKAUFSGUTSCHEIN

WERT: **10,-** €

Mindestwarenwert des Einkaufs: 100,- €.

Schnäppchenführer EINKAUFSGUTSCHEIN

Reebok WERT: **10,-** €

Oder **10 %** Rabatt

Mindestwarenwert des Einkaufs: 75,- €.

Schnäppchenführer EINKAUFSGUTSCHEIN

RENA LANGE WERT: **10,-** €

Oder **10 %** Rabatt

Mindestwarenwert des Einkaufs: 100,- €.
Nicht gültig bei extra reduzierten Teilen.

Schnäppchenführer-Einkaufsgutschein

Schnäppchenführer-Einkaufsgutschein

Schnäppchenführer-Einkaufsgutschein

Schnäppchenführer-Einkaufsgutschein

www.schnaeppchenfuehrer.com

WICHTIG!

Diese Gutscheine sind nur dann gültig, wenn sie beim Einkauf vom Kassenpersonal des Fabrikverkaufs ausgeschnitten werden; es sei denn, das Personal gibt Ihnen im Einzelfall andere Anweisungen.

Schnäppchenführer EINKAUFSGUTSCHEIN

SAN SIRO

HOOPER's
LONDON

WERT: **10,-** €

Mindestwarenwert des Einkaufs: 100,- €.
Nur 1 Gutschein pro Einkauf einlösbar.

Schnäppchenführer EINKAUFSGUTSCHEIN

WERT: **10,-** €

Mindestwarenwert des Einkaufs: 100,- €. Nicht gültig
für Aktions- und Sonderangebote sowie Anfertigungen.

Schnäppchenführer EINKAUFSGUTSCHEIN

WERT: **10,-** €

Mindestwarenwert des Einkaufs: 50,- €.
Nicht gültig für Aktions- und Sonderangebote.

Schnäppchenführer EINKAUFSGUTSCHEIN

exclusive Herrenmode

WERT: **10,-** €

Mindestwarenwert des Einkaufs: 100,- €.
Nicht gültig für Aktions- und Sonderangebote.

Schnäppchenführer-Einkaufsgutschein

Schnäppchenführer-Einkaufsgutschein

Schnäppchenführer-Einkaufsgutschein

Schnäppchenführer-Einkaufsgutschein

www.schnaeppchenfuehrer.com

WICHTIG!

Diese Gutscheine sind nur dann gültig, wenn sie beim Einkauf vom Kassenpersonal des Fabrikverkaufs ausgeschnitten werden; es sei denn, das Personal gibt Ihnen im Einzelfall andere Anweisungen.

SchnäppchenFührer EINKAUFSGUTSCHEIN

SEIDENSTICKER

Fairbanks
Factory Store

WERT: **10,-** €

Oder **10 %** Rabatt

Mindestwarenwert des Einkaufs: 100,- €.
Kein Aufaddieren mit anderen Rabatten möglich. Gültig in
den Verkaufsstellen Bielefeld, Metzingen und Sonthofen.

SchnäppchenFührer EINKAUFSGUTSCHEIN

WERT: **10,-** €

Mindestwarenwert des Einkaufs: 100,- €.
Nur gültig in den Outlet Stores in Mistelbach und Metzingen.

SchnäppchenFührer EINKAUFSGUTSCHEIN

solar
Functional Fashion

WERT: **10,-** €

Mindestwarenwert des Einkaufs: 100,- €.

SchnäppchenFührer EINKAUFSGUTSCHEIN

since 1521
SPIEGELAU
Finest glasses

WERT: **10,-** €

Mindestwarenwert des Einkaufs: 100,- €.
Nicht gültig für Aktions- und Sonderangebote.

Schnäppchenführer-Einkaufsgutschein

Schnäppchenführer-Einkaufsgutschein

Schnäppchenführer-Einkaufsgutschein

Schnäppchenführer-Einkaufsgutschein

www.schnaeppchenfuehrer.com

WICHTIG!

Diese Gutscheine sind nur dann gültig, wenn sie beim Einkauf vom Kassenpersonal des Fabrikverkaufs ausgeschnitten werden; es sei denn, das Personal gibt Ihnen im Einzelfall andere Anweisungen.

SCHNÄPPCHENFÜHRER EINKAUFSGUTSCHEIN

WERT: **15,-** €

Oder **10 %** Rabatt

Mindestwarenwert des Einkaufs: 100,- €.

SCHNÄPPCHENFÜHRER EINKAUFSGUTSCHEIN

SportScheck

WERT: **15,-** €

Mindestwarenwert des Einkaufs: 50,- €.
Nur gültig in den Hot-Spot-Filialen.

SCHNÄPPCHENFÜHRER EINKAUFSGUTSCHEIN

LEDER & TRACHT
STEIGER
WWW.LEDERMODEN-STEIGER.DE

WWW.WIRKES.DE
WIRKES
GROSS- U. EINZELHANDEL

WERT: **10,-** €

Mindestwarenwert des Einkaufs: 100,- €.
Nicht gültig für Aktions- und Sonderangebote.

SCHNÄPPCHENFÜHRER EINKAUFSGUTSCHEIN

ST.EMILE

WERT: **10,-** €

Mindestwarenwert des Einkaufs: 100,- €.

Schnäppchenführer-Einkaufsgutschein

Schnäppchenführer-Einkaufsgutschein

Schnäppchenführer-Einkaufsgutschein

Schnäppchenführer-Einkaufsgutschein

www.schnaeppchenfuehrer.com

WICHTIG!

Diese Gutscheine sind nur dann gültig, wenn sie beim Einkauf vom Kassenpersonal des Fabrikverkaufs ausgeschnitten werden; es sei denn, das Personal gibt Ihnen im Einzelfall andere Anweisungen.

Schnäppchenführer EINKAUFSGUTSCHEIN

WERT: **10,-** €

Mindestwarenwert des Einkaufs: 100,- €.
Nicht gültig für Aktions- und Sonderangebote.

Schnäppchenführer EINKAUFSGUTSCHEIN

TAUBERT

WERT: **10,-** €

Mindestwarenwert des Einkaufs: 100,- €.
Nicht gültig während der Musterverkaufsaktionen.

Schnäppchenführer EINKAUFSGUTSCHEIN

WERT: **10,-** €

Mindestwarenwert des Einkaufs: 80,- €.
Nicht gültig für Sonderangebote und reduzierte Ware.

Schnäppchenführer EINKAUFSGUTSCHEIN

10% Rabatt

Nicht gültig für reduzierte Artikel und Sonderangebote.

Schnäppchenführer-Einkaufsgutschein

Schnäppchenführer-Einkaufsgutschein

Schnäppchenführer-Einkaufsgutschein

Schnäppchenführer-Einkaufsgutschein

www.schnaeppchenfuehrer.com

WICHTIG!

Diese Gutscheine sind nur dann gültig, wenn sie beim Einkauf vom Einkauf vom Kassenpersonal des Fabrikverkaufs ausgeschnitten werden; es sei denn, das Personal gibt Ihnen im Einzelfall andere Anweisungen.

SCHNÄPPCHENFÜHRER EINKAUFSGUTSCHEIN

TRAVELLER
FINE LEATHER GERMANY

WERT: **10,- €**
15,- €
20,- €

Mindestwarenwert des Einkaufs: 100,- €/200,- €/300,- €.

SCHNÄPPCHENFÜHRER EINKAUFSGUTSCHEIN

WAVE ✹ BOARD
AMERICAN SPORTSWEAR
Factory Outlet Stores

WERT: **10,- €**

Mindestwarenwert des Einkaufs: 100,- €.

SCHNÄPPCHENFÜHRER EINKAUFSGUTSCHEIN

tru.
DUO

WERT: **20,- €**
Oder **20 %** Rabatt

Mindestwarenwert des Einkaufs: 75,- €.

SCHNÄPPCHENFÜHRER EINKAUFSGUTSCHEIN

weidner
Sportmodenfabrik

WERT: **10,- €**

Mindestwarenwert des Einkaufs: 100,- €.
Nicht gültig für Aktions- und Sonderangebote.

Schnäppchenführer-Einkaufsgutschein

Schnäppchenführer-Einkaufsgutschein

Schnäppchenführer-Einkaufsgutschein

Schnäppchenführer-Einkaufsgutschein

www.schnaeppchenfuehrer.com

Diese Gutscheine sind nur dann gültig, wenn sie beim Einkauf vom Kassenpersonal des Fabrikverkaufs ausgeschnitten werden; es sei denn, das Personal gibt Ihnen im Einzelfall andere Anweisungen.

WICHTIG!

Schnäppchenführer EINKAUFSGUTSCHEIN

WERT: **10,-** €

Mindestwarenwert des Einkaufs: 100,- €.
Nicht gültig für Aktions- und Sonderangebote.

Schnäppchenführer EINKAUFSGUTSCHEIN

WERT: **10,-** €

Mindestwarenwert des Einkaufs: 150,- € (netto).

Schnäppchenführer EINKAUFSGUTSCHEIN

WERT: **10,-** €

Mindestwarenwert des Einkaufs: 50,- €.

Schnäppchenführer EINKAUFSGUTSCHEIN

Wolf
ECHT GUTE WURST

15% Rabatt

auf reguläre Bedien- und SB-Ware. Nicht gültig für
Sonderangebote, Bruchware und Großhandelspreise.

Schnäppchenführer-Einkaufsgutschein

Schnäppchenführer-Einkaufsgutschein

Schnäppchenführer-Einkaufsgutschein

Schnäppchenführer-Einkaufsgutschein

www.schnaeppchenfuehrer.com

Schnäppchenführer EINKAUFSGUTSCHEIN

WERT: **10,-** €

Mindestwarenwert des Einkaufs: 100,- €. Nur gültig für Lagerware. Nicht gültig für Aktions- und Sonderangebote.

WICHTIG!

Diese Gutscheine sind nur dann gültig, wenn sie beim Einkauf vom Kassenpersonal des Fabrikverkaufs ausgeschnitten werden; es sei denn, das Personal gibt Ihnen im Einzelfall andere Anweisungen.

Schnäppchenführer-Einkaufsgutschein

www.schnaeppchenfuehrer.com

Warenregister

Firmen- und Markenregister

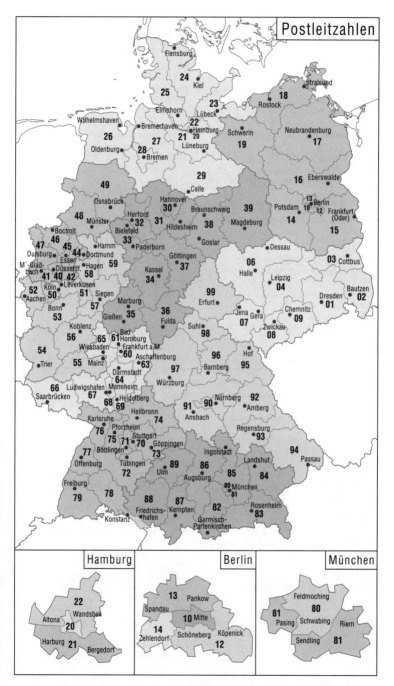

Postleitzahlenregister

00000

02625 Bautzen, Lorenz Snack-World 168
03630 Maasmechelen, Rena Lange 152
04626 Schmölln, Wolf 259
04758 Oschatz, F.a.n. 171
06041 Roermond, Hooper's London/San Siro 110
07580 Braunichswalde, Palm Beach 56
07751 Jena-Sulza, Wolf 259
09228 Wittgensdorf bei Chemnitz, Schiesser 68
09419 Thum-Jahnsbach, LS Bademoden 158
09468 Geyer, Kunert 139

10000

10587 Berlin-Charlottenburg, Dolzer 257
14057 Berlin-Charlottenburg, Marc O'Polo 239
14641 Wustermark, Adidas Outlet Store 126
14641 Wustermark, Nike 128
14641 Wustermark, Salamander 289
14641 Wustermark bei Berlin, Hallhuber 196

20000

22761 Hamburg-Bahrenfeld, Dolzer 257
22765 Hamburg-Ottensen, Hallhuber 196
28816 Stuhr-Brinkum bei Bremen, Adidas Outlet Store 126
28816 Stuhr-Brinkum bei Bremen, Marc O'Polo 239
28816 Stuhr-Brinkum bei Bremen, Nike 128
29386 Hankensbüttel, Lorenz Snack-World 168

30000

33378 Rheda-Wiedenbrück, Prophete 250
33378 Rheda-Wiedenbrück, Seidensticker 279
33609 Bielefeld, Jobis Factory Shop 283
33609 Bielefeld, Seidensticker 279
33803 Steinhagen-Brockhagen, s.Oliver 251

40000

48432 Rheine, Bi Shopping Store 165

50000

50825 Köln-Ehrenfeld, Dolzer 257

60000

60314 Frankfurt-Ostend, Dolzer 257
60314 Frankfurt-Ostend, Lorenz Snack-World 205
60326 Frankfurt-Gallusviertel, Bosch 61
63150 Heusenstamm, Levi Strauss Germany 132
63165 Mühlheim-Lämmerspiel, Traveller 183
63263 Neu-Isenburg, Lorenz Snack-World 205
63512 Hainburg-Klein-Krotzenburg, Mc Neill/Thorka 118
63741 Aschaffenburg-Damm, Kalb 49
63741 Aschaffenburg-Nilkheim, Nik Boll 50
63741 Aschaffenburg-Nilkheim, Quinny 51
63762 Großostheim, Aubi 108
63762 Großostheim, Dressler 109
63762 Großostheim, Petermann 110
63762 Großostheim, San Siro/Hooper's London 111
63762 Großostheim, Schuler 112
63768 Hösbach, Kastell 138
63773 Goldbach bei Aschaffenburg, Basler 103
63773 Goldbach bei Aschaffenburg, Desch 104
63814 Mainaschaff, F.a.n. 171
63814 Mainaschaff, Trigema 172
63834 Sulzbach am Main, Jobis Factory Shop 283
63839 Kleinwallstadt, St.Emile 155
63843 Niedernberg, s.Oliver 251
63849 Leidersbach, Schuck 166
63853 Mömlingen, Schildmann 182
63868 Großwallstadt, CM Creativ Mode 113
63868 Großwallstadt, Josef Geis 114
63868 Großwallstadt, R & R Collection 115
63897 Miltenberg/Main, Miltenberger 180
63924 Kleinheubach bei Miltenberg/Main, Keramik Basar 154
63928 Eichenbühl bei Miltenberg, Brümat-Küchen 83
63936 Schneeberg bei Aschaffenburg, Dolzer 256
64711 Erbach, Bosch 61
66424 Homburg (Saar), Bosch 61
66482 Zweibrücken, Adidas Outlet Store 126
66482 Zweibrücken, Bogner 151
66482 Zweibrücken, Hallhuber 196
66482 Zweibrücken, Nike 128
66482 Zweibrücken, San Siro/Hooper's London 111
66482 Zweibrücken, Strenesse 214
69245 Bammental, Gefi Matratzen 88

70000

70469 **Stuttgart-Feuerbach**, Bosch 61
70469 **Stuttgart-Feuerbach**, Dolzer 257
70771 **Leinfelden-Echterdingen**, Bosch 61
70806 **Kornwestheim**, Salamander 289
70839 **Gerlingen**, Bosch 61
71063 **Sindelfingen**, Zellner 178
71332 **Waiblingen**, Bosch 61
71701 **Schwieberdingen**, Bosch 61
72379 **Hechingen**, Ludwig Beck 232
72411 **Bodelshausen**, Madeleine 90
72555 **Metzingen**, Basler 103
72555 **Metzingen**, Bogner 151
72555 **Metzingen**, Levi Strauss Germany 132
72555 **Metzingen**, Marc O'Polo 239
72555 **Metzingen**, Nike 128
72555 **Metzingen**, Puma 130
72555 **Metzingen**, Reebok 105
72555 **Metzingen**, Schiesser 68
72555 **Metzingen**, Sigikid 181
72555 **Metzingen**, Strenesse 214
72555 **Metzingen**, Triumph International 194
72762 **Reutlingen**, Bosch 61
73207 **Plochingen**, Bosch 61
73240 **Wendlingen**, Luxorette 301
73329 **Kuchen**, Ludwig Beck 232
73430 **Aalen**, Triumph International 194
73527 **Schwäbisch Gmünd**, Bosch 61
73538 **Heubach**, Triumph International 194
74148 **Neckarsulm**, Audi 140
74172 **Neckarsulm**, Audi/BRG 141
74232 **Abstatt**, Bosch 61
76227 **Karlsruhe-Durlach**, Bosch 61
77652 **Offenburg**, Luxorette 301
77815 **Bühl**, Bosch 61
78305 **Radolfzell**, Schiesser 68

80000

80323 **München-Maxvorstadt**, Triumph International 194
80335 **München-Maxvorstadt**, Europa Leisten 193
80469 **München**, Helga Baur 188
80636 **München-Neuhausen**, Scherer 199
80788 **München**, BMW/MINI 187
80797 **München-Schwabing**, Zellner 178
80807 **München-Milbertshofen**, Dr. Schnell 195
80807 **München-Milbertshofen**, Hallhuber 196
80807 **München-Schwabing**, Dolzer 201
80809 **München-Milbertshofen**, Oui 197
80993 **München-Moosach**, Bogner 151
80993 **München-Moosach**, Loden-Frey 198
80993 **München-Moosach**, Steiger 191
80999 **München-Allach**, Sport Bittl 189

81371 **München-Sendling**, Comazo 277
81477 **München-Forstenried**, Steiger 191
81667 **München-Haidhausen**, Sport-Scheck 192
81673 **München-Berg am Laim**, Bosch 61
81739 **München-Neuperlach**, Fujitsu-Siemens 200
82008 **Unterhaching**, Sport-Scheck 192
82041 **Oberhaching**, Reebok 222
82065 **Baierbrunn-Buchenhain bei München**, Timberland 59
82152 **Planegg-Martinsried**, Bassetti 237
82152 **Planegg-Martinsried**, Marc O'Polo 238
82178 **Puchheim-Bahnhof**, DSI 244
82229 **Seefeld-Hechendorf**, Codello 266
82319 **Starnberg**, More & More 294
82383 **Hohenpeißenberg**, Vollmer 137
82395 **Obersöchering**, Frotti-Markt 226
82418 **Murnau**, Comazo 277
82431 **Kochel am See**, Kocheler Keramik 156
82538 **Geretsried-Stein**, Isartaler Handschuhfabrik 101
83024 **Rosenheim**, Gabor 248
83026 **Rosenheim**, Tru-Duo 53
83026 **Rosenheim**, Wave Board 249
83026 **Rosenheim**, Zellner 178
83059 **Kolbermoor**, Werndl 157
83236 **Übersee-Feldwies**, Chiemsee Seconds 290
83324 **Ruhpolding**, Trigema 172
83395 **Freilassing**, Petra-electric 74
83417 **Kirchanschöring**, Meindl 149
83451 **Piding**, Adidas Outlet Store 236
83714 **Miesbach**, Sport Fundgrube 179
84069 **Schierling**, Kössinger 252
84359 **Simbach am Inn**, Ventidue 272
84364 **Bad Birnbach-Asenham**, Ludwig Kirschner 57
84416 **Taufkirchen/Vils**, Himolla 284
84428 **Buchbach-Ranoldsberg**, Country Line 71
84478 **Waldkraiburg**, Tru-Duo 53
84539 **Ampfing-Wimpasing**, Dimor 43
85045 **Ingolstadt**, Audi/BRG 141
85055 **Ingolstadt**, Bäumler 142
85055 **Ingolstadt**, Ingolstadt Village 310
85055 **Ingolstadt**, Rosner 143
85057 **Ingolstadt**, Audi 140
85072 **Eichstätt**, Haco 84
85354 **Freising**, Molkerei Weihenstephan 94
85356 **Freising**, Taubert 95
85356 **München-Flughafen**, Ringeltaube 190
85391 **Allershausen**, Völkl 38
85551 **Kirchheim-Heimstetten**, Aigner 150
85551 **Kirchheim-Heimstetten**, Bogner 151
85551 **Kirchheim-Heimstetten**, Rena Lange 152

85599 **Parsdorf**, Hallhuber 230
85599 **Parsdorf**, Käfer's Delikatessen 231
85599 **Parsdorf**, Ludwig Beck 232
85599 **Parsdorf**, Palmers 233
85599 **Parsdorf**, Tretter Schuh-Center 234
85609 **Aschheim**, Salewa 52
85609 **Aschheim**, Tru-Duo 53
85716 **Unterschleißheim-Lohhof**, More & More 294
85748 **Garching-Hochbrück bei München**, Fjällräven 100
86153 **Augsburg**, Steiger 191
86157 **Augsburg-Pfersee**, Dierig 55
86161 **Augsburg-Hochfeld**, Lembert 54
86199 **Augsburg-Haunstetten**, Fujitsu-Siemens 200
86368 **Gersthofen bei Augsburg**, Deuter 102
86609 **Donauwörth**, Käthe Kruse 80
86690 **Mertingen**, Zott 176
86720 **Nördlingen**, Strenesse 214
86842 **Türkheim**, Moschen Bayern 288
86842 **Türkheim**, Salamander 289
86850 **Aretsried-Fischach**, Molkerei Müller 47
86899 **Landsberg/Lech**, Lutz 116
86972 **Altenstadt bei Schongau**, Bi Shopping Store 165
86972 **Altenstadt bei Schongau**, Vatter 41
87435 **Kempten**, Schafft 45
87463 **Dietmannsried**, Breitfeld 76
87463 **Dietmannsried**, Töpfer 77
87480 **Weitnau-Hofen**, Gönner 106
87509 **Immenstadt/Allgäu**, Kunert 139
87509 **Immenstadt/Allgäu**, Schiesser 68
87509 **Immenstadt-Gießen**, Bosch 61
87527 **Altstädten bei Sonthofen**, Allgäuer Keramik 42
87527 **Sonthofen**, Authentic Sportmoden 276
87527 **Sonthofen**, Comazo 277
87527 **Sonthofen**, Ergee 278
87527 **Sonthofen**, Seidensticker 279
87527 **Sonthofen**, Vatter 41
87541 **Bad Hindelang**, Trigema 172
87544 **Blaichach**, Bosch 61
87600 **Kaufbeuren**, Gold-Fink 144
87600 **Kaufbeuren-Neugablonz**, EHS 145
87600 **Kaufbeuren-Neugablonz**, Mikolasch 146
87600 **Kaufbeuren-Neugablonz**, Stöckel, Walter 147
87616 **Marktoberdorf**, Rösle 173
87645 **Schwangau**, Trigema 172
87700 **Memmingen**, Comazo 277
87700 **Memmingen**, K+R Fashion 175
87719 **Mindelheim**, Kunert 139
87770 **Oberschönegg**, Ehrmann 225
87782 **Unteregg**, Faustmann 293
88131 **Goldenstedt**, Lorenz Snack-World 168

88131 **Lindau-Reutin**, Lorenz Snack-World 168
88161 **Lindenberg/Allgäu**, Mayser 169
88161 **Lindenberg-Goßholz**, Baldauf 170
88239 **Wangen/Allgäu**, Luxorette 301
88279 **Amtzell-Schattbuch**, Mountain-Shop 44
88499 **Riedlingen/Donau**, Gönner 106
88499 **Riedlingen/Donau**, Silit 72
89081 **Ulm**, Glaeser 292
89165 **Dietenheim**, Litzinger Strumpffabrik 75
89231 **Neu-Ulm-Offenhausen**, Jérome Leplat 213
89231 **Neu-Ulm-Schwaighofen**, Palmers 233
89312 **Günzburg/Donau**, Lutz 116
89331 **Burgau**, Silit 72
89331 **Burgau**, Zimmermann 73
89331 **Burgau-Unterknöringen**, Petra-electric 74
89407 **Dillingen**, Bavaria/Wetzel 78
89407 **Dillingen**, Bosch 61
89415 **Lauingen/Donau**, Bi Shopping Store 165
89415 **Lauingen/Donau**, Vatter 41
89537 **Giengen/Brenz**, Bosch 61

90000

90403 **Nürnberg-Lorenz**, Hallhuber 196
90411 **Nürnberg-Marienberg**, Ringeltaube 190
90411 **Nürnberg-Marienberg**, Wolf 259
90411 **Nürnberg-Schafhof**, Puma 130
90425 **Nürnberg-Großreuth**, Wolff, Ferdinand 217
90429 **Nürnberg-Seeleinsbühl**, Quelle Fundgrube 221
90441 **Nürnberg-Schweinau**, Bosch 61
90469 **Nürnberg-Langwasser**, Lebkuchen-Schmidt 218
90471 **Nürnberg-Langwasser**, Mederer 96
90471 **Nürnberg-Langwasser**, Schuhmann Lebkuchen 219
90471 **Nürnberg-Langwasser**, Wendler 220
90475 **Nürnberg-Altenfurt**, Scout 215
90478 **Nürnberg-Glockenhof**, Zellner 216
90513 **Zirndorf**, Playmobil 312
90763 **Fürth**, Mederer 96
90765 **Fürth**, Greuther Teeladen 296
90765 **Fürth-Stadeln**, Dickie-Simba Group 98
90765 **Fürth-Stadeln**, Mirror & Art 99
90766 **Fürth**, Stehmann 97
91052 **Erlangen**, Couture & Trends 85
91052 **Erlangen**, Via Appia 86
91074 **Herzogenaurach**, Adidas Factory Outlet 125
91074 **Herzogenaurach**, Craft Shop, Harvest Outlet Store 127
91074 **Herzogenaurach**, Nike 128
91074 **Herzogenaurach**, Puma Outlet 129

Belgien

Niederlande

Österreich

Schnäppchenführer–Verlag

Wie jeder Jäger muss der Schnäppchenjäger sein Revier pflegen. Die Hege und Pflege ist auch wichtiger Teil der Schnäppchenjagd. Deshalb werden unsere Adressen ständig gepflegt. Die Hege liegt den Autoren am Herzen. Deshalb unsere Bitte: Helfen Sie uns, wenn Sie neue Adressen finden und schreiben Sie uns, wenn Sie mit einem Fabrikverkauf nicht zufrieden waren.

Das Schnäppchen-Revier wächst

Warenangebot

Ein paar Angaben, was in etwa verkauft wird, helfen uns.

Ersparnis

Hier würden wir uns über Ihre Schätzung freuen, auch wenn wir verpflichtet sind, selbst noch einmal zu recherchieren. Aber die berühmte „Hausnummer" signalisiert schon einmal, welche Qualität der Fabrikverkauf besitzt. Ein paar Preisbeispiele sind sicher nützlich.

Ambiente

Es gibt angenehme Märkte und Geschäfte, die sich kaum von üblichen Einzelhandelsgeschäften unterscheiden. Manchmal aber wird man auf den Hof gebeten, weil dort ein Lagerverkauf im abgeteilten Bereich einer großen Halle veranstaltet wird. Ein paar Tipps helfen uns weiter. Gibt es Ankleidekabinen? Ist das Personal motiviert oder mürrisch? Hat es Sachkunde? Uns interessiert alles, was Ihnen in einem Fabrikverkauf aufgefallen ist.

Adresse

Hier kommt es schlicht auf die Adresse an, unter der Sie den Verkauf gefunden haben. Wenn möglich, eine Telefonnummer dazu schreiben. Uns erreichen Sie unter: Schnäppchenführer-Verlag, Heinz Waldmüller, Postfach 44 29, 70782 Filderstadt, Fax: 07 11/77 72 06, E-Mail: info@schnaeppchenfuehrer-verlag.de.

Besonderheiten

Keine Leistung ohne Gegenleistung. Jeder gute Tipp ist uns die nächste Ausgabe des Schnäppchenführers mit den neuesten Adressen, direkt von den Jägern und Hegern, wert.

Öffnungszeiten

Wann hat der Laden geöffnet? An welchen Tagen, zu welcher Uhrzeit?

Anreise

Wie kommt man hin? Ist der Eingang zum Fabrikverkauf leicht zu finden. Eine Anfahrtsskizze oder das örtliche Straßenverzeichnis helfen uns für den Erstbesuch sehr.
Herzlichen Dank im voraus.

www.schnaeppchenfuehrer.com